**JOACHIM ANLAUF /
PETER GERDES (Hrsg.)**

Tod unterm Schwanz

JOACHIM ANLAUF / PETER GERDES (Hrsg.)

Tod unterm Schwanz

Kurzkrimis aus Hannover

GMEINER

Die Veröffentlichung dieser Anthologie erfolgte
mit Unterstützung des SYNDIKATs e. V.

Immer informiert

Spannung pur – mit unserem Newsletter informieren wir Sie
regelmäßig über Wissenswertes aus unserer Bücherwelt.

Gefällt mir!

Facebook: @Gmeiner.Verlag
Instagram: @gmeinerverlag
Twitter: @GmeinerVerlag

Besuchen Sie uns im Internet:
www.gmeiner-verlag.de

© 2020 – Gmeiner-Verlag GmbH
Im Ehnried 5, 88605 Meßkirch
Telefon 07575 / 2095 - 0
info@gmeiner-verlag.de
Alle Rechte vorbehalten
1. Auflage 2020

Lektorat: Claudia Senghaas, Kirchardt
Herstellung: Mirjam Hecht
Umschlaggestaltung: U.O.R.G. Lutz Eberle, Stuttgart
unter Verwendung eines Fotos von: © May_Lana / shutterstock.com
Druck: CPI books GmbH, Leck
Printed in Germany
ISBN 978-3-8392-2609-4

DER KRIMINAL-LITERARISCHE ROTE FADEN DURCH HANNOVER

Im Jahre 1969 bescheinigte eine von der Stadtverwaltung in Auftrag gegebene Image-Studie dem Hannoveraner an sich, »kühl, steif und beamtenhaft« zu sein, »keinen Spaß zu verstehen« und »weder sich noch anderen Freiheiten zu erlauben«. Daraufhin ersann der damalige Oberstadtdirektor Martin Neuffer eine Image-Kampagne mit zwei Komponenten: dem Straßenkunstprogramm und der Hannover-Werbung. Dazu gehörte eine 4,2 Kilometer lange Linie, die mit roter Farbe über das Pflaster der Innenstadt gezogen wurde und insgesamt 36 Sehenswürdigkeiten miteinander verband und immer noch verbindet. Was nun hat dieser »Rote Faden« mit der Anthologie zur CRIMINALE 2020 zu tun?

Die in dieser Anthologie enthaltenen 20 Kurzkrimis sind eng mit den liebenswerten Eigenarten und den Sehenswürdigkeiten dieser Stadt verwoben, kreuzen sogar an mehreren Stellen den real existierenden roten Faden. Zwei Dutzend Krimiautorinnen und -autoren des SYNDIKATs haben anlässlich der CRIMINALE Geschichten erdacht, in denen Hannover ganz und gar nicht kühl, steif oder beamtenhaft gezeigt wird, sondern im Gegenteil: cool, emotional und humorvoll.

Und ähnlich wie beim roten Faden, der an der Tourist Information gegenüber vom Hauptbahnhof beginnt und am Ernst-August-Denkmal endet, ist das Reiterstandbild der Dreh- und Angelpunkt dieses Sammelbandes, der seinen verwegenen Titel »Tod unterm Schwanz« vollkommen zu Recht trägt. Unsere Krimiautorinnen und -autoren, darunter GLAUSER-Preisträger, alte Hasen und Newcomer, haben historisch oder aktuell, kulinarisch oder politisch, lokal oder grenzüberschreitend einen kriminal-literarischen roten Faden durch Hannover gezogen. Seien Sie gewiss: Nach der Lektüre dieses Buches werden Sie manche Sehenswürdigkeit mit anderen Augen sehen.

Deshalb ist Hannover im CRIMINALE-Jahr 2020 eine würdige Krimihauptstadt. Wen wundert's, kommen doch in diesem Verkehrsknotenpunkt so viele begabte Menschen aus Politik, Showbusiness und Wirtschaft zusammen, die sicherlich auch künftig zuverlässig guten Stoff für weitere Geschichten liefern werden. Nicht zu vergessen: Das jährlich stattfindende Krimifest, die vielen gut sortierten Buchhandlungen und liebevoll organisierten Bibliotheken. Aber genug der Vorrede: Vorhang auf und Bühne frei für die Anthologie zur CRIMINALE 2020 in Hannover.

Wir wünschen Ihnen viel Freude bei der Lektüre!

Joachim Anlauf
Peter Gerdes

LIEBE LESERINNEN UND LESER,

seit über dreißig Jahren veranstaltet das SYNDIKAT, die Vereinigung der deutschsprachigen Krimiautorinnen und -autoren, an wechselnden Orten die CRIMINALE, das größte Krimifestival im deutschsprachigen Raum. 2020 ist Hannover unser Gastgeber. Einige ausgewählte Mitglieder unserer Ehrenwerten Gesellschaft haben wir schon vorher heimlich ausgesandt, um mögliche Tatorte für Verbrechen auszubaldowern. Diese Verbrechen möchten wir Ihnen mit der vorliegenden Anthologie präsentieren.

Und wir möchten Sie einladen, mit uns die CRIMINALE zu feiern, wenn über zweihundert Krimiautorinnen und -autoren für fünf Tage in die Stadt kommen, um Lesungen abzuhalten, Seminare über das kunstvolle Morden zu besuchen, sich auf der Bühne mit professionellen Ermittlern auszutauschen und dem Publikum das ganze Spektrum der deutschsprachigen Kriminalliteratur vorzustellen.

Doch nun lassen Sie sich verführen in die chaotische, sinnliche und immer kriminelle Welt unserer Mitglieder, der höchst Ehrenwerten Gesellschaft des SYNDIKATs.

Mit criminellem Gruß

Jens J. Kramer
(Vorsitzender des SYNDIKAT e.V.)

INHALT

WENCKE UND WILSBERG AUF DER SCHIEFEN BAHN

SANDRA LÜPKES UND JÜRGEN KEHRER

»Georg! Aufwachen!«

Ich wusste sofort, wem die Stimme gehörte. Eine energische, nicht unfreundliche Frauenstimme, aktuell von einer gehörigen Portion Besorgnis durchdrungen. Die Besorgnis gefiel mir besonders gut. Ich bekam einen sanften Klaps gegen die Wange. »Georg, mach die Augen auf, verdammt!«

Na gut. Ich öffnete die Augen und erblickte zuerst einen Pferdearsch aus Bronze und dann Wencke Tydmers' Gesicht. Die Polizistin aus Hannover beugte sich über mich.

»Na endlich! Wie fühlst du dich?«

Ich richtete mich auf, sofort durchzuckte ein stechender Schmerz meinen Hinterkopf. Ich ertastete eine fette Beule. »So lala.«

»Dann geht's dir im Vergleich zu Hast-ma-ne-Mark ja blendend.«

»Hast-ma-ne-Mark?«

»Er liegt neben dir.«

Ich drehte meinen Kopf in schmerzvermeidender Zeitlupe und blickte in die leeren Augen des Mannes, mit dem ich verabredet gewesen war. Es hätte nicht die klaffende Wunde am Hals und die riesige Blutlache gebraucht, um zu wissen, dass er tot war.

»Was ist passiert?«, fragte Wencke.

»Weiß nicht. Wir waren verabredet. Hier, unterm Schwanz, wie ihr Einheimischen das nennt. Um Mitternacht.«

»Warum?«

»Er hat mir meinen Fotoapparat geklaut. Und ich habe ihm 300 Euro für die Rückgabe der Speicherkarte geboten.«

»Und darüber ist es zu einem Streit gekommen?«

»Nee«, sagte ich. »Bevor er aufgetaucht ist, hat mir jemand eins über die Rübe gezogen.«

»Und weshalb bist du überhaupt in Hannover?«

»Ein Auftrag, was sonst?« Ich streckte meine Hände aus, um mich von Wencke hochziehen zu lassen. »Jede weitere Frage beantworte ich erst, nachdem du mir ein paar Schmerztabletten besorgt hast.«

Ein paar Stunden zuvor, genauer gesagt: 16.25 Uhr, in einem schicken Seminarraum in einem noch schickeren Hotel in Bahnhofsnähe:

Seit Wencke denken konnte, beneidete sie Antonia Zündel. Die hatte aber auch mal wirklich alles Glück der Welt hinterhergeschmissen bekommen. Durfte in den 70ern das Ferienprogramm für Kinder moderieren, in den 80ern in einem Scorpions-Videoclip mitspielen, in den 90ern Werbung für Nivea machen und

in den ooern für Nivea-Age. Ach ja, und Schauspielerin war sie auch noch.

Dass dieses Glückskind gerade unter einer Leinwand saß, auf der »Auf der schiefen Bahn« geschrieben stand, war reiner Zynismus. »Ich weiß, wie es sich
anfühlt, obdachlos zu sein«, flötete sie. »Welche Kälte
einem entgegenschlägt, wenn man seinen Körper an
wildfremde Männer verkaufen muss, um den nächsten Schuss zu bezahlen.« Auf der Leinwand startete
der Trailer des neuesten Films mit Antonia Zündel, in
dem die Schauspielerin in makellos blutroten Stiefeln
an einer mit Grafitti besprühten Wand vorbeilief und
ihren legendären Hüftschwung aus drei verschiedenen
Kameraperspektiven präsentierte. »Zur Vorbereitung
auf meine Rolle habe ich zwölf Stunden auf der Straße
gelebt. Ich kenne die Bitterkeit des wahren Lebens.«

Als Antonia Zündel eine Träne aus dem Augenwinkel wischte, erhellte ein Blitzlichtgewitter den Raum.
Sie hatte es eben drauf. Weil sie zu bewegt war, um
weiterzureden, übernahm ihr PR-Manager es, den
Grund der Pressekonferenz zusammenzufassen: Frau
Zündel habe durch ihre aufreibende Rollenrecherche
und auch durch die politische Arbeit ihres Mannes
verstanden, dass die Zustände auf Deutschlands Straßen erbärmlich seien und man dringend etwas unternehmen müsse. Deshalb habe sie die Stiftung »Auf der
schiefen Bahn« gegründet und wolle sie heute hier in
ihrer Heimatstadt Hannover der Öffentlichkeit vorstellen.

Warmer Applaus erfüllte den unterkühlten Raum.
»Endlich tut mal jemand was!«, jubelte es aus dem

Publikum. Und Wencke hasste Antonia Zündel noch ein kleines bisschen mehr.

Die setzte sich frisch frisiert und geschminkt in ihrem Designerdress hin, ließ sich den Kaffee bringen, rührte die Kekse nicht an und bekam in zehn Minuten mehr Lob und Anerkennung als Wencke in den letzten drei Jahren, die sie sich als LKA-Expertin durch das Milieu geschuftet hatte.

»Nennen wir es doch beim Namen«, meldete sich die blöde Kuh wieder zu Wort. »Die Polizei hat auf ganzer Linie versagt. Rund um den Bahnhof existiert eine Parallelwelt, in der die Gesetze nicht gelten. In der Menschen in ihrem Elend ...«

Es reichte. Wencke griff zu, leerte den gesamten Keksteller in ihre Handtasche, denn solch leckeres Backwerk war in der Polizeistation am Raschplatz nie im Angebot. Dann stand sie auf und verließ den Raum. Niemand schaute ihr nach.

Doch, einer folgte ihrem Abgang mit interessiertem Blick. Wencke bemerkte es erst, als sie schon fast durch die Glastür war. Blondes, halblanges, mit Stirnband zurückgefasstes Haar, schwarze Lederweste, die das Tattoo-Gesamtkunstwerk, welches er als Arme benutzte, in Szene setzte: Konny Fassan. Was machte der denn hier?

17.05 Uhr, vor einem Hotel, das sich bemüht, schick auszusehen:

Ich kannte Hannover bislang nur vom Durchfahren, als ICE-Haltestelle auf der Strecke von Münster nach Berlin. Eine Frau, eine Polizistin genauer gesagt, die ich mal in Münster kennengelernt hatte, wäre wahrscheinlich ein Grund gewesen, länger als zehn Minuten in Hannover zu bleiben. Aber Wencke Tydmers hatte mich nie eingeladen.

Wieso hätte ich Hannover also eine Chance geben sollen, den Ruf als langweiligste Metropole Deutschlands zu widerlegen? Obwohl ich zugeben musste, dass sich Hannovers Elite – nach allem, was man so las – reichlich Mühe gab, gegen das Image anzukämpfen: Anrüchige Milliardäre wurden Fernsehstars; Volksvertreter feierten ihren runden Geburtstag im Rotlichtbezirk; Kirchenobere fuhren alkoholisiert Auto.

Womit wir bei meinem Klienten wären: Gisbert Schrunder, Ministerpräsident von Niedersachsen. Schrunder tat alles dafür, den Einzug ins Kanzleramt zu schaffen. Er hatte sich zusätzliche Haare auf den Kopf verpflanzen lassen, modernere Anzüge gekauft, an seiner Rhetorik gefeilt, seine Walle-Walle-Kleider tragende Ehefrau in die Wüste geschickt und dafür eine Filmschauspielerin zur First Lady befördert. Jetzt musste er nur noch die nächste Landtagswahl gewinnen, dann konnte ihn niemand mehr stoppen.

Nur: Schrunder hatte ein Problem. Und so kam ich ins Spiel. Der Ministerpräsident glaubte nämlich, dass die zukünftige Kanzlergattin die Sache mit der ehelichen Treue nicht so eng sah. Im Gegensatz zu seiner Altfrau, die abends gerne Migräneanfälle bekam und lieber zu Hause blieb, ließ sich die schauspielernde Neue keine Chance auf eine Party entgehen. Und sie war fit genug, um bei jedem Event bis zum frühen Morgen durchzuhalten. Meist schlief sie bis in den mittleren Nachmittag, eine Tageszeit, in der ihr regierender Gatte schon eine Kabinettssitzung geleitet und zwei Autobahnabschnitte eröffnet hatte. Kein Wunder, dass Schrunder immer öfter schlappmachte und seine Frau alleine zurücklassen musste – inmitten einer Horde testosterongesteuerter Männer. Was, wenn die Klatsch-und-Tratsch-Medien davon Wind bekommen würden? Ein einziges Foto, das seine Frau in inniger Umarmung mit einem x-beliebigen Schönling zeigte, hatte das Potenzial, Schrunders Karriere zu zerstören.

Inzwischen hatte ich den Hauptbahnhof verlassen und war bis zu dem Hotel getigert, in dem Antonia Zündel – ihren Schauspielerinnennamen hatte Schrunders Frau sich nicht wegheiraten lassen – eine Pressekonferenz gab. Es ging um eine Charity-Initiative für Obdachlose, so viel hatte ich dem Internet entnommen, aber auch wenn Antonia Zündel für gradere Bananen gekämpft hätte, wären die hannoverschen Medien vermutlich genauso zahlreich erschienen. Ich sparte mir die Reden und das Blitzlichtgewitter und wartete auf den Moment, in dem die Schauspielerin den Ort ihrer wohltätigen Ankündigungen verlassen würde.

Bloß: Der kam und kam nicht. Die letzten Reporter waren längst gegangen und ich fürchtete bereits, dass Zündel durch einen Hinterausgang verschwunden sein könnte, da öffnete sich die Hoteltür. Heraus trat – ein Motorradpärchen. In voller Lederkluft und mit aufgesetzten Helmen. Enttäuscht verfolgte ich, wie die beiden zu einer fetten Harley Davidson stapften. Die Lederbraut reichte trotz einer beachtlichen Größe ihrem Biker-Freund nur bis zur Schulter und … Verdammt, das war er doch, der unverwechselbare Hüft-schwung der Antonia Zündel. Ein männerherzenerwei-chendes Wackeln mit dem Po, auf den der Biker jetzt seine behandschuhte Hand legte.

Ich hastete zu dem nächstbesten herumstehenden Taxi und wies den Fahrer an, dem Motorrad zu folgen.

Der Mann kicherte. »So 'ne richtige Verfolgungs-jagd?«

»Ist nur Spaß«, sagte ich, zog meinen Fotoappa-rat aus dem Rucksack und schoss schon mal ein paar Fotos, die zeigten, wie Zündel ihren bulligen Vorder-mann umklammerte.

»Ihre Frau?«, fragte der Taxifahrer.

»Nee. Aber auch nicht seine.«

Wir fuhren nach Osten, die Straßen wurden grüner und die Villen herrschaftlicher.

»Wie heißt das hier?«, fragte ich.

»Philosophenviertel. Am Rand der Eilenriede, wo die Bonzen wohnen.«

Das Motorrad stoppte vor einer Gründerzeitvilla. Zündel und ihr Begleiter stiegen ab und zogen sich die Helme vom Kopf. Ich hob den Fotoapparat.

22.12 Uhr, in der Polizeistation am Raschplatz, die etwas schicker ist als noch vor zehn Jahren:

Zehn, allerhöchstens fünfzehn Minuten, und die Kekse waren weg. Die unleckeren mit der Creme hatte zum Schluss einer der Kleinganoven weggefuttert, der sich gern mal beim Hanfdealen erwischen ließ, um in der Polizeistation ein wenig auszuruhen. Spitzname »Flip«, wie der Grashüpfer bei der Biene Maja.

Wencke musste zugeben, in einem hatte Antonia Zündel recht gehabt: Rund um den Hannoveraner Bahnhof existierte ein Parallelkosmos. Der war bereits architektonisch so angelegt. Zwei Etagen zum Flanieren, die eine verlief im Städtebaujargon auf der Minus-Eins-Ebene, was schon verdächtig nach Unterwelt klang. Vor dem Bahnhof ritt der bronzene Ernst August ins Sonnenlicht. Hinter dem Bahnhof war der graue Raschplatz immer noch grau, obwohl ein Architektenwettbewerb und viele Millionen es gut mit ihm gemeint hatten. Wäre Wencke Gaunerin, sie würde genau hier ihrem Tagwerk nachgehen.

Doch sie war Kriminalkommissarin und im Auftrag des LKA damit beschäftigt, für die Stadtmitte ein neues Sicherheitskonzept zu entwickeln. Also saß Wencke oft stundenlang vor ihren Bildschirmen, um das mit zahlreichen Überwachungskameras aufgenommene Geschehen zu analysieren. Sie musste jeden Winkel kennen, und zwar zu jeder Tages- und Nachtzeit. Wie konnte man die dämlichen Nicht-Hannoveraner, die sich meist nur zum Umsteigen am Bahnhof aufhielten, endlich dazu bringen, auf ihre Wertsachen aufzupassen? So wie diesen Herrn da auf Monitor 8. Sechzig-plus, hatte sich am Stehtisch bei Maxxi-Pizza gerade den Gaumen am Käse verbrannt und steckte nach dem Bezahlen das Portemonnaie in die Gesäßtasche seiner ausgebeulten Jeans. Und die mittelwertvoll aussehende Spiegelreflexkamera hing ihm allzu lässig über der Schulter. Hallo? Der *wollte* doch beklaut werden!

»Morgen komme ich übrigens in der HAZ, Frau Kommissarin«, sagte Flip, der satt und zufrieden wirkte.

»Zusammen mit dieser Sexbombe, die von den Titelseiten am Kiosk.«

»Antonia Zündel.«

»Keine Ahnung.« Flip konnte nicht besonders gut lesen. »Aber nett is se. Will mir helfen, hat se versprochen. Und ganz lieb geguckt. So kuckste mich nie an, Frau Kommissarin.«

»Ich hab hier schon genug zu gucken.« Der Mann am Pizzastand kam Wencke bekannt vor. Wenn er endlich mal in ihre Richtung schauen würde …

»Ach nee, Hast-ma-ne-Mark is auch schon wach!« Flip zeigte auf den schlaksigen Kerl, der auf Monitor 8 näher kam. Einer, bei dem Wencke immer dachte, wie kann ein Körper das mitmachen. Der Kerl lebte schon so lange auf der Straße, dass er sich seinen Spitznamen bereits vor der Währungsreform verdient hatte. Ein harmloser Typ, der sich redlich durchs Leben schnorrte.

Wencke rückte näher an die Mattscheibe. Hast-ma-ne-Mark schlenderte auf den Pizza-Stand zu. Manchmal fragte er die Leute, ob er was vom Rand abhaben könne. Meistens gaben sie ihm was. Wahrscheinlich, weil er aussah wie Jesus, wenn der etwas älter geworden wäre. Nun, ein Heiliger war Hast-ma-ne-Mark nicht, aber auch keine Gefahr für die Allgemeinheit. Doch jetzt … das war nicht zu glauben … griff er, für seine Verhältnisse blitzschnell, nach dem Fotoapparat, zog ihn von der Schulter, so heftig, dass dem Kauenden die Pizza von der Pappe rutschte, und rannte davon. Der Bestohlene schien perplex. Als er endlich begriff und die Verfolgung aufnahm, hatte Hast-ma-ne-Mark trotz seines schlaksigen Ganges schon einen kleinen Vorsprung gewonnen und humpelte die Rolltreppe zur U-Bahn hinunter.

Wencke drückte die Sprechtaste. »Jungs, geht mal in den Keller, Diebstahl eines Fotoapparats. Der Täter hat lange Haare, der Verfolger dafür kaum noch welche …« Wencke schärfte den Blick. Dieb und Opfer waren jetzt auf Monitor 2 angekommen, der die U-Bahn-Gleise zeigte. Um diese Uhrzeit war kaum noch jemand auf dem Bahnsteig. Hast-ma-ne-Mark schien aus der Puste zu sein, er drehte sich um und erkannte wohl die Ausweglosigkeit. Doch statt das Diebesgut einfach rauszurücken, stellte er sich dem Verfolger mit einer Drohgebärde entgegen.

»Jungs, beeilt euch. Sie sind an Gleis drei und das könnte böse ausgehen!«

Die Rangelnden näherten sich gefährlich der Bahnsteigkante.

»Jungs, wo bleibt ihr denn?«

Hast-ma-ne-Mark nahm all die Kraft seiner dünnen Ärmchen zusammen und schubste seinen Gegner von sich. Der strauchelte, knickte mit dem Fuß um – und stürzte ins Gleisbett.

»Jungs, haltet die U-Bahn auf! Mann im Gleisbett! Habt ihr gehört?«

Während sich Hast-ma-ne-Mark aus dem Staub machte, blieb der Mann im Gleisbett regungslos liegen. Ausgerechnet jetzt hatte er das erste Mal eine Position eingenommen, in der Wencke ihn gut erkennen konnte. Das war nicht zu fassen! Dieser saudumme Idiot, der sich vom schlaffsten aller Hannoveraner Unterweltler hatte fertigmachen lassen und jetzt in Lebensgefahr schwebte, war gar kein saudummer Idiot. Sondern Wilsberg! Ausgerechnet Georg Wilsberg! Oder? Wencke konnte sich nicht vergewissern, denn der Monitor wurde schwarz, pechschwarz, genau wie alle anderen Bildschirme auch.

»Jungs, ich glaube, das System bricht gerade zusammen. Jungs? Hey? Könnt ihr mich hören?«

22.18 Uhr, auf Gleis drei:

Der Mistkerl hatte mich tatsächlich auf das Bahngleis gestoßen. Ich bekam keine Luft. Wahrscheinlich hatte ich mir irgendwas gebrochen, das Rückgrat oder einen anderen wichtigen Knochen. Ich konnte nur liegen bleiben, darauf warten, dass … Nein, so viel Zeit hatte ich nicht. In den nächsten Minuten oder Sekunden würde hier eine U-Bahn auftauchen und wollte ich nicht in mindestens drei Teile zerlegt werden, musste ich von dem Gleis runter, Schmerz hin oder her. Ich rollte mich auf den Bauch und krabbelte zur Bahnsteigkante. Es ging, der Schmerz verebbte langsam, vielleicht doch nichts gebrochen.

Nach der ersten Schrecksekunde war auch wieder Leben in die wenigen Leute auf dem Bahnsteig zurückgekehrt. Die Schaulustigen verwandelten sich in Helfer, mit vereinten Kräften zog man mich hoch, gerade rechtzeitig vor der einrollenden U-Bahn. Kollektive Erleichterung.

»Danke!«, sagte ich und hätte am liebsten eine Lokalrunde für alle geschmissen. Doch dann fiel mir ein, dass ich durch die heimtückische Attacke meinen Fotoapparat und damit eine wertvolle Einnahmequelle verloren hatte. »Wo ist der Typ hin?«, rief ich. »Haben Sie gesehen, in welche Richtung er gelaufen ist?«

Ein paar Arme wurden ausgestreckt, ein paar »Dalangs« erschallten. Dann schlossen sich die Wagentüren hinter den Leuten und ich stand allein auf dem Bahnsteig. Langsam humpelte ich in die angezeigte Richtung. Den Dieb einzuholen war bei meiner körperlichen Verfassung sowieso unmöglich. Ich konnte nur darauf hoffen, dass er sich noch in der Nähe herumtrieb und es mir gelang, ihn zu überraschen. Kein übertrieben ausgefeilter Plan, aber der Dieb schien mir auch kein Profi zu sein. Ich stieg eine Treppe hinauf, die, wie ich einem Schild entnahm, zur Niki-de-Saint-Phalle-Promenade führte. Ein hochtrabender Name für einen unterirdischen Schlauch, in dem sich in gleichförmigem Stahl- und Glasdesign ein Geschäft an das andere reihte. Bis zum Horizont, wenn es den gegeben hätte.

Zunehmend frustriert, lief ich die Einkaufs- und Fressmeile ab, guckte in Imbissbuden und Trinkhallen. Der Dieb konnte überall oder nirgends sein, wahrscheinlich eher nirgends. Und dann kam er aus einem Laden, in dem ich ihn mit Sicherheit nicht vermutet hätte: »Niki's Nagel Studio«.

Ich humpelte schneller, aber nicht schnell genug, um ihm näher zu kommen. Im Gegenteil, nach kurzer Zeit verschwand der Dieb über eine Treppe in die Oberwelt. Ohne Fotoapparat, soweit ich das erkennen konnte. Der lag vielleicht bei Niki unter dem Behandlungstresen.

Als ich das Nagelstudio betrat, drehte sich eine schmale, nicht sehr große Asiatin unbestimmbaren Alters zu mir um. »Sie setzen sich. Bin gleich bei Ihnen.« Sie schaute auf meine Hände. »Oh, Nägel ganz rissig.«

»Ich möchte nur eine Auskunft.«

Sie schenkte mir ihre ungeteilte Aufmerksamkeit.

»Da war vorhin ein Mann bei Ihnen«, fuhr ich fort. »Lange Haare, Bart, zerfurchtes Gesicht, ist vermutlich jünger, als er aussieht.«

Sie schüttelte den Kopf. »Weiß nicht.«

»Doch. Sie wissen«, widersprach ich. »Und er hat sich bestimmt nicht bei Ihnen die Nägel feilen lassen.«

Sie schüttelte erneut den Kopf und guckte mich ein bisschen ängstlich an.

»Hören Sie«, sagte ich. »Ich hätte einen guten Grund, den Mann anzuzeigen, er hat mir nämlich meinen Fotoapparat geklaut. Aber ich verzichte darauf, wenn ich den Apparat zurückbekomme.«

»Habe keinen Apparat«, sagte die Asiatin.

»Gut. Aber Ihr Freund …«

»Ist nicht mein Freund«, unterbrach sie mich, »nur Bekannter.«

»Okay, ich mache Ihrem Bekannten ein Angebot: Er darf den Fotoapparat behalten, ich möchte nur den Speicherchip zurück. Da sind Familienbilder drauf, von meinen Enkelkindern. Sehr süße Enkelkinder. Und wissen Sie was? Ich lege auch noch dreihundert Euro obendrauf. Für den Speicherchip. Das Angebot gilt aber nur heute. Ich warte um Punkt Mitternacht vor dem Reiterstandbild …«

»Unterm Schwanz«, sagte Niki.

»Von mir aus. Punkt Mitternacht. Unterm Schwanz. Sagen Sie ihm das?«

Niki nickte.

23.01 Uhr, im »Backstagebereich«:

Seit vor einer Dreiviertelstunde die Technik ihren Geist aufgegeben hatte, fühlte Wencke sich blind, taub und stumm zugleich. Was wohl aus Wilsberg auf den Gleisen geworden war? Mehr, als dass er überlebt hatte, wusste sie nicht. Und auch diese gute Nachricht hatte mehr als zwanzig Minuten gebraucht, bis sie Wencke endlich hatte aufatmen lassen.

Sie eilte hinter dem dazugerufenen System-Experten durch das Labyrinth stickiger Katakomben, die parallel zur Einkaufspassage verliefen und in denen armdicke Kabel verwirrenden Wegen folgten, Großrechner flirrten und jede freie Stelle an der Wand mit unverständlichen Schaltplänen behängt war. Was immer im Bereich des Hauptbahnhofs funktionierte und was nicht, wurde von hier aus gesteuert.

»Na ja, oder von Ihrem Computer aus, Frau Kommissarin«, sagte der Mann, der als Einziger so etwas wie den Durchblick hatte, zumindest wenn er nicht gerade aus dem Bett geklingelt worden war, so wie heute. »Tut mir leid, so schnell kann ich das Problem nicht lokalisieren. Aber ich vermute mal, der Fehler sitzt in der IT.«

IT! Da war Wencke auf verlorenem Posten. »Vielleicht ein Hacker?«

Der Mann zuckte mit den Schultern. »Könnte sein.« Er hielt die Tür auf, durch die Wencke wieder in die normale Welt des nächtlichen Hannoveraner Hauptbahnhofs zurückkehrte. »Auf jeden Fall ist das 'ne große Nummer. Und ich fürchte, wir kriegen das bis morgen früh nicht in den Griff.«

Einfach bis morgen zu warten kam für Wencke nicht infrage. Erstens, weil sie Wilsberg mochte und herausfinden wollte, was mit ihm geschehen war. Und zweitens, weil die Aussage des Experten, es handle sich um eine »große Nummer«, sie hatte hellhörig werden lassen.

Seit einigen Wochen kursierten Gerüchte. Jemand wollte in diesem Bezirk die Macht an sich reißen. Wollte die kleine, zwar nicht gerade gemütliche, aber dennoch überschaubare Parallelwelt rund um den Bahnhof übernehmen und mit Drogen, Schutzgeldern und käuflicher Liebe das dicke Geld machen. Bislang hatte dieser Jemand keinen konkreten Namen gehabt. Doch bei Wencke fügte sich – vielleicht auch, weil sie einmal nicht vor tausend Monitoren saß – ein klares Bild zusammen: Dieser Jemand war der Mann, der am Nachmittag bei der Pressekonferenz in der hinteren Reihe gesessen hatte, Konny Fassan! Und im selben Moment, als Wencke dachte: Au Backe, wenn Wilsberg sich mit dem angelegt hat, dann aber gute Nacht, genau in dem Moment kam einer von den Jungs herein, um ihr atemlos und analog mitzuteilen, dass sie unbedingt kommen müsse, weil zwei Typen mit eingeschlagenem Schädel unterm Schwanz lägen.

0.28 Uhr, in einer Polizeistation am Hauptbahnhof, in der anscheinend nichts funktioniert:
Ich hatte meine Schmerztabletten bekommen, dazu einen lauwarmen, dünnen Kaffee zum Runterspülen,

und die ganze Geschichte im Zeitraffer erzählt: vom Auftrag des Ministerpräsidenten, von Antonia Zündels Affäre, dem Diebstahl des Fotoapparats bis hin zu Niki, der Freundin des inzwischen toten Diebs.

»Schöne Geschichte, Wilsberg«, sagte Wencke. »Einziger Punkt: Ich kenne viele Leute, die an diesem sonderbaren Ort arbeiten, eine Niki allerdings nicht.«

Ich sah, wie einer von Wenckes Kollegen, der einen so abgerissenen Eindruck machte, dass er wahrscheinlich undercover in der Kleinganovenszene arbeitete, sich langsam näherte und an den Schreibtisch hinter Wenckes Rücken setzte. »Niki arbeitet im Nagelstudio zwischen dem gefrorenen Joghurt und den Unisex-Klamotten.«

»Ach, du meinst Passerelle!«

»Französisch sah sie eigentlich nicht aus.«

»Ihr gehört das älteste Nagelstudio der Stadt und – nebenbei – es ist das einzige mit 24-Stunden-Service«, erklärte Wencke. »Als es eröffnet wurde, hieß die unterirdische Einkaufsmeile noch Passerelle.«

Wenckes Kollege zog sein Handy aus der Tasche und tippte eifrig darauf herum. Gleichzeitig kam einer der Spurensicherer herein und breitete die Schätze vom Tatort auf dem Tisch aus. Viel war das nicht: ein paar Geldmünzen und ein Tabakbeutel aus den Taschen des Toten, dazu der Fotoapparat oder, besser gesagt, das, was davon übrig geblieben war, nachdem ihn jemand mit Schmackes gegen etwas sehr Hartes geworfen hatte.

»Ist die Speicherkarte noch drin?«, fragte ich.

Der Spurensicherer schüttelte den Kopf. »Die wird der Täter mitgenommen haben.«

»Glaube ich nicht«, sagte ich. »Der Fotoapparat sieht nach einem Wutanfall aus. Ich schätze, der Täter war genauso scharf auf die Speicherkarte wie ich, aber Hast-ma-ne-Mark wollte ein doppeltes Geschäft machen, Fotoapparat und Speicherkarte getrennt verkaufen.«

Wencke griff nach dem Tabakbeutel. »Du denkst, es war der Biker, der, an dem Antonia Zündel sich festgehalten hat.«

»Der steht auf meiner Liste ganz oben«, gab ich zu. »Offenbar war meine Beschattung doch nicht so unauffällig, wie ich geglaubt habe.«

Wencke nahm das Heftchen mit dem Zigarettenpapier aus dem Tabakbeutel, klappte es auf – und zog die Speicherkarte heraus. »Na sieh mal an.«

»Wie bist du so schnell darauf gekommen?«

»Psychologie und Beobachtungsgabe. Hast-ma-ne-Marks größtes Vergnügen war das Zigarettendrehen. Sein Tabakbeutel war ihm wichtiger als eine warme Mahlzeit am Tag.«

Eine Minute später begutachteten wir meine Fotoausbeute. Als Antonia Zündel und ihr Biker-Freund vor der Gründerzeitvilla standen, ihre Helme abnahmen und knutschten, nickte Wencke. »Hab ich's mir gedacht. Der Reitwall-Kaiser.«

»Reitwall-Kaiser? Übertreibt ihr es nicht mit eurem Tick, allen Leuten in Hannover so seltsame Spitznamen zu geben?«

Wencke lachte. »Konny Fassan, der Pate des Rotlichtviertels.«

Ich verstand, warum er etwas dagegen hatte, dass ich Fotos von ihm und der Zündel besaß. »Der Reitwall-

Kaiser hat Hast-ma-ne-Mark beauftragt, meinen Foto-apparat zu klauen.«

»Sieht so aus«, stimmte Wencke zu. »Und außerdem hat er dafür gesorgt, dass hier alle Systeme ausfallen.«

Wenckes Kollege tippte schon wieder auf seinem Handy herum. Langsam ging mir der Typ auf die Nerven. »Und wem berichtet dein Kollege Großes Ohr die ganze Zeit von unserem Gespräch?«

Der Mann wurde rot und ließ das Handy blitzschnell in der Hosentasche verschwinden.

Wencke drehte sich um. »Ach, das ist nur Flip, der ist Analphabet.«

»Dafür schreibt er aber ziemlich schnell.«

Flip grinste dümmlich. Sekundenbruchteile später stand Wencke neben ihm und forderte mit messerscharfer Stimme: »Das Handy. Sofort!«

0.45 Uhr, auf dem schier endlosen Weg zur Maniküre:

In einem war Wencke richtig groß, nämlich darin, den Mund zu voll zu nehmen. Schwafelte von Psychologie und Beobachtungsgabe, und hatte dabei die ganze Zeit einen Typen im Nacken, der sie nach Strich und Faden verarschte.

»Passerelle könnte die SIM-Karte haben.« Selten hat eine Handynachricht so präzise aus Subjekt, Prädikat und Objekt bestanden, noch dazu mit korrektem Konjunktiv, tadelloser Groß- und Kleinschreibung sowie einem Punkt am Ende. Und Wencke hatte sich von Flip vorgaukeln lassen, er sei Analphabet! In Wirklichkeit hatte er alle naselang in ihrem Büro herumspioniert, im Auftrag von Konny Fassan. Und der Blackout ging mit Sicherheit auch auf Flips Konto. Das war nicht nur peinlich, sondern auch überaus gefährlich.

Besonders für Passerelle. Konny Fassan musste längst beim Nagelstudio angekommen sein und würde die Frau, die ihm beim besten Willen keine Fotokarte aushändigen konnte, zum Reden bringen wollen. Wencke hatte von seinen Methoden gehört, auch Fingernägel spielten dabei eine entscheidende Rolle.

»Wenn der Frau etwas zustößt, bloß weil ich so dämlich war, mir die Kamera klauen zu lassen …«, gab sich Wilsberg selbstkritisch.

Sie kamen zu spät. Die Tür zum Nagelstudio war verschlossen und hinter der Schaufensterscheibe herrschte das Chaos, Fingernägel jeder Länge und in allen Farben des Regenbogens lagen auf dem Boden verteilt. Von Passerelle keine Spur.

»Sie müssen im Hinterraum sein!«, keuchte Wilsberg und zeigte auf den innen baumelnden Schlüssel.

Wencke hasste es, nach ihrer Waffe greifen zu müssen, und durch ihren Sesselhockerjob hatte sie es sogar ein bisschen verlernt. Als sie die Pistole endlich schussbereit auf das Türschloss gerichtet hatte, war es Wilsberg längst gelungen, dieses lautlos mit einem Dietrich zu öffnen. Dennoch ließ Wencke das Ding im Anschlag, als sie ins Ladeninnere traten, sie wusste schließlich, wie groß und stark Konny Fassan war. Drinnen stank es nach Nagellack und Lösungsmitteln. Und nach Angstschweiß.

»Nicht, bitte! Bitte!«, hörten sie ein Flehen hinter dem Vorhang, der zu den Lagerräumen führte. Wencke streckte die Arme aus, kniff ein Auge zusammen, fixierte den Lauf ihrer Waffe. Dann nickte sie Wilsberg zu. Der zog mit einem Ruck den Vorhang zur Seite. Konny Fassan machte sich gerade mit einer Zange an Passerelles makellos manikürten Fingernägeln zu schaffen. Es sah nicht so aus, als wolle er sich um einen Praktikumsplatz im Studio bewerben.

»Loslassen, sofort!«, schrie Wencke.

Doch ein echter Unterwelt-Kaiser ließ sich von solchen Sätzen nicht beeindrucken. Er setzte die Zange an den Mittelfinger, Passerelle kreischte. Sie kreischte zweistimmig wie eine Sirene. Oder – nein … Wencke folgte Wilsbergs Blick, drehte sich um und sah Antonia Zündel hinter sich stehen. Fassungslos – und das war nicht geschauspielert, denn dazu war die Frau einfach zu fertig. Blass und ungeschminkt, die Frisur in sich zusammengefallen, dazu der Schock, was für einen fiesen Charakter ihr Liebhaber hatte. Konny Fassan, dem das doppelte Gekreische auf die Ohren schlug, war einen Moment nicht ganz bei der Sache, was Wilsberg ausnutzte, indem er ihm die Zange aus der Hand schlug.

»So, und jetzt die Hände hoch, aber zackig!«

Die Rockerpranken reichten fast bis an die Decke, trotzdem war Konny so klein mit Hut. Auf Wenckes Nicken hin brachte sich die zitternde Passerelle in Sicherheit. Und landete fast in den Armen der Schauspielerin.

»Lassen Sie mal sehen, ist der Nagel etwa abgebrochen?«, fragte Antonia Zündel mit herzergreifender Menschlichkeit.

DORFKLATSCH

SUSANNE MISCHKE

Es ist Samstag, Hauptkommissar Bodo Völxen könnte ausschlafen, doch die Morgensonne blinzelt durch die Gardinen und scheint ihm mitten ins Gesicht. Zudem hat er einen fürchterlichen Brand und sein Schädel brummt wie ein Trecker im Leerlauf. Gestern war das Sommerfest der Freiwilligen Feuerwehr, ein Pflichttermin für die Bewohner des Dorfes Holtensen, also auch für ihn und seine Frau Sabine. Kreuzlahm quält er sich die Treppen hinunter, gefolgt von Terriermischling Oscar, der ihn erwartungsvoll anschaut und mit dem Schwanz wedelt. Völxen ignoriert den Hund und hängt sich erst einmal an den Wasserhahn. Schon besser.

Die Taschen seines Bademantels mit Zwieback gefüllt, dem obligaten Leckerbissen für die Schafe, führt ihn sein erster Gang durch den Garten, vorbei an Astern und Dahlien. Es ist ein schöner Spätsommertag, an den Hängen des Deisters, jenem kleinen Mittelgebirgsrücken südlich von Hannover, leuchten bereits die ersten Blätter gelb und rot. In seinen Gummistiefeln schlufft Völxen durch das taufeuchte Gras hinüber zur Schafweide. Auf halber Strecke bleibt er stehen und erleichtert sich hinter dem Holzschuppen, wohl wissend, was seine Ehefrau dazu sagen würde, wenn sie es sehen könnte. Es ist dies ein kleiner rebellischer Akt eines ansonsten lammfrommen Ehemannes, der sich einredet, damit seiner eigenen Verschafung entgegenzuwirken. Oscar hebt derweil sein Bein an der Regentonne, auch das ist Bestandteil ihres täglichen Morgenrituals. Doch danach ist plötzlich nichts mehr so wie sonst.

Als Völxen an der Weide ankommt, steht das Gatter weit offen. Die fünf Schafe haben sich nicht, wie üblich, unter dem Apfelbaum zusammengerottet, und sie sind auch nicht im Stall. Sie sind weg. Verschwunden. Völxen merkt, wie ihm der Schweiß ausbricht. Schlagartig wird er nüchtern. Hat jemand, der ihm Böses will, nachts das Gatter geöffnet? Irren der Schafbock Amadeus und sein kleiner Harem jetzt im Dorf herum oder, Gott bewahre, gar auf der Bundesstraße? Panik ergreift ihn, doch dann bemerkt Völxen plötzlich ein Stück Papier, das mit einer Reißzwecke ans Gatter geheftet wurde. Darauf steht eine Handynummer. Sonst nichts.

So schnell ihn seine Gummistiefel tragen, rennt Völxen zurück ins Haus, sucht sein Telefon, wählt die Nummer.

»Ja?« Eine Frauenstimme.

»Wer sind Sie, wo sind meine Schafe?«

»Wer ich bin, tut nichts zur Sache.«

Die Stimme ist etwas unsicher, sie scheint zu einer jüngeren Frau zu gehören, registriert Völxen.

»Ihren Schafen geht es gut, und Sie bekommen sie zurück, wenn Sie etwas für mich tun«, sagt sie nun.

»Wie bitte?«

»Es geht um den Überfall auf die Postagentur vor zehn Tagen. Der, den die Polizei festgenommen hat, ist unschuldig! Ich möchte, dass Sie das beweisen und den wahren Täter finden.«

»Hören Sie mal, junge Frau!«, bellt Völxen in den Hörer. »Ich lasse mich doch nicht erpressen, was glauben Sie, wen Sie ...« Aufgelegt. Völxen flucht, der Terrier verdrückt sich mit angelegten Ohren unter den Küchentisch.

»Was ist denn los?«, fragt Sabine, die, leicht verkatert, im Türrahmen steht.

»Was los ist? Jemand hat unsere Schafe entführt!«

Etwa fünfzehn Kilometer weiter nördlich, in einer Altbauwohnung in Hannover-Linden, klingelt das Mobiltelefon von Fernando Rodriguez und reißt ihn aus einem wirren Traum, in dem seine frühere Kollegin und inzwischen Ehefrau Jule Wedekin und seine neue Kollegin Elena Rifkin seltsam vertauschte Rollen spielten. Noch halb benommen, blickt er auf das Display seines Smartphones. Von dort blickt ihm ein zottliger Schafbock mit glasigen Augen entgegen. Was, zum Teufel, will Völxen denn von ihm, am Samstagmorgen um ... halb acht!

»Rodriguez«, röchelt er heiser.

Sein Chef klingt aufgelöst, faselt etwas von entführten Schafen und einer Handynummer, die er, Fernando, sofort überprüfen soll.

»Moment.« Fernando steigt aus dem Bett, taumelt in die Küche, sucht nach Papier und Stift und notiert die Nummer.

»Was meinst du mit *entführten Schafen*?«, fragt er dann.

»Ich erkläre es dir später«, kommt es knapp. »Finde einfach raus, wem die Nummer gehört.«

»Okay, aber …«

»Es eilt!«

»Ja, gut, ich …«

Aber Völxen hat bereits aufgelegt. Leise, um Jule nicht zu wecken, zieht Fernando sich an und steigt zwei Treppen hinauf. Seine Mutter steht immer früh auf, denn um zehn Uhr öffnet ihr Laden für spanische Weine und Lebensmittel. Bei ihr bekommt er sicher schon einen Kaffee.

»Nando! Was machst du hier um diese Zeit? Ist was passiert?«, erkundigt sich Pedra Rodriguez erschrocken.

»Völxen hat mich geweckt. Gibt's Kaffee?«

»*El comisario?* Was ist denn los, wieder ein grässlicher Mord?«

»Nein. Der Alte spinnt! Es geht um seine verdammten Schafe.«

»Nando, fluch nicht!« Pedra Rodriguez bekreuzigt sich und funkelt ihren Sohn böse an. »Denk daran, du hast es dem *comisario* zu verdanken, dass du als Junge nicht auf die schiefe Bahn …«

»Jaja, schon gut, nicht schon wieder diese Leier!«, grunzt Fernando, der diese Geschichte schon mindestens tausendmal gehört hat.

Ruhelos tigert Völxen in der Küche auf und ab. »Wenn ich nur wüsste, wie ich heute noch an die Fallakte rankomme!«

Sabine Völxen reicht ihrem Mann einen Becher Kaffee und befiehlt ihm, sich hinzusetzen und sich zu beruhigen.

Da ihm im Augenblick auch nichts anderes übrig bleibt, leistet Völxen Gehorsam.

»Um welchen Fall geht es denn?«, fragt Sabine.

»Als wir im Urlaub waren, wurde doch die Postagentur in Bredenbeck überfallen. Du weißt schon, der Schreibwarenladen, der den ganzen Krimskrams …«

»Natürlich weiß ich das«, unterbricht ihn Sabine. »Das ist Dorfgespräch. Warum habt ihr eigentlich nicht in dem Fall ermittelt? Immerhin ist ja einer gestorben, und für Tote ist doch dein Dezernat zuständig.«

»Weil es in jüngster Zeit in Niedersachsen mehrere Überfälle auf Postagenturen gab. Das LKA war bereits an der Sache dran, und darum haben sie auch die Ermittlungen in diesem Fall übernommen, obwohl es zum ersten Mal ein Todesopfer gab – wobei das ja eher ein Kollateralschaden war.«

»Einen *Kollateralschaden* nennst du das, wenn der arme alte Herr Landwehr wegen nicht mal viertausend Euro sterben musste?«, ereifert sich Sabine Völxen.

»Ich wollte damit nur ausdrücken, dass der Mann nicht unmittelbar vom Täter umgebracht wurde, sondern vor Schreck einen Herzanfall bekommen hat«, stellt Völxen richtig.

»Na und? Ist das weniger schlimm? Tot ist tot, oder etwa nicht? Und so etwas praktisch vor unserer Haustür!« Die Dame des Hauses schenkt sich noch einen Kaffee ein und meint dann: »Ich kann mir beim besten Willen nicht vorstellen, dass der Autoschrauber-Alex das getan hat.«

»Was? Wieso? Wie kommst du denn jetzt auf den?«, fragt Völxen verwirrt.

»Na, weil sie den Alex vorgestern in aller Frühe abgeholt haben. Mit vier Streifenwagen und diesen schwer bewaffneten Kerlen vom SEK. Hat mir die Metzgereiverkäuferin erzählt. Ich wüsste nicht, warum sie sonst so einen Bohai veranstalten sollten, wenn nicht wegen dieser Sache.«

»Und das sagst du mir erst jetzt?«

»Entschuldige, ich dachte, du wüsstest das«, erwidert Sabine.

»Ja, woher denn?«, ruft Völxen entrüstet.

»Wer von uns beiden ist denn der Polizist?«, gibt Sabine zurück und massiert sich die Schläfen mit den Fingern. »Und schrei gefälligst nicht so, das verträgt mein Kopf heute noch nicht.«

Während Völxen etwas von »gottverdammten Geheimniskrämern beim LKA« vor sich hin murmelt, erzählt Sabine weiter: »Der Alex hat als Jugendlicher Tankstellen und Kioske überfallen und später eine Filiale der Volksbank. Dafür hat er drei Jahre gesessen. Es wäre tragisch, wenn er rückfällig geworden wäre. Er ist jetzt nämlich verheiratet, hat einen festen Job in einer Autowerkstatt und eine einjährige Tochter.«

»Woher weißt du das bloß alles?«, staunt Völxen.

»Dorfklatsch.«

»Liebste Gattin, gibt es vielleicht noch etwas, was du weißt und wonach ich noch nicht gefragt habe?«, säuselt Völxen.

»Ich weiß nur, dass es zwei Zeugen des Raubüberfalls gab«, erklärt Sabine. »Einer ist der Sargtischler Buchholz, der wohnt gegenüber und hat den Täter angeblich aus dem Laden rennen sehen. Die andere Zeugin ist Frau Lampert, unsere Gärtnerin. Die war dort einkaufen, als es passierte. Sie konnte allerdings nicht viel erkennen, weil der Mann eine Maske trug.« Sabine Völxen hat ihren Bericht beendet und schaut ihren Mann triumphierend an. »Na, wie war ich?«

»Ich wusste gar nicht, dass du so eine Tratsche bist!«

Ehe seine Frau ihm sagen kann, was sie ihm mal könne, klingelt Völxens Handy.

Es ist Fernando. »Die Handynummer gehört zu einer Julia Kreipe, laut Meldedaten ist sie zweiunddreißig, verheiratet mit Alexander Kreipe und wohnt in eurem Kaff, Hinter der Kirche 2.«

»Aha. Danke sehr.«

Man hört Fernando gähnen – ein bisschen sehr demonstrativ, wie Völxen findet –, dann fragt er: »Kann ich jetzt wieder ins Bett?«

»Nein«, antwortet Völxen. »Finde heraus, ob es in ihrer Verwandtschaft jemanden gibt, der was mit Landwirtschaft zu tun hat.«

»Echt jetzt?«, kommt es entrüstet.

»Ja, *echt jetzt*«, antwortet Völxen mit einer gewissen Schärfe im Tonfall. »Und, Fernando …?«

»Was denn noch?«

»Kein Wort zu Jule.«

»Warum denn nicht?«

»Weil sie beim LKA arbeitet. Ich will nicht, dass man dort erfährt, dass wir uns deren Fall noch mal vornehmen. So was gibt immer böses Blut.« Völxen legt auf und sagt zu Sabine: »Das mit den Schafen muss jemand getan haben, der vom Fach ist. Um fünf Schafe zu entführen, braucht man einen Transporter, eine Rampe … und außerdem ist mit Amadeus nicht zu spaßen.«

»Wem sagst du das?«, seufzt Sabine.

»Guten Morgen, Herr Hauptkommissar.« Elena Rifkins Stimme ist nicht anzumerken, ob Völxen seine jüngste Mitarbeiterin an deren freiem Tag aus dem Schlaf gerissen hat oder ob sie, wie man sich im Dezernat erzählt, wie üblich schon in aller Frühe aufgestanden ist und bereits eine Laufrunde durch die Eilenriede, Hannovers großen Stadtwald, gedreht hat.

»Rifkin, ich möchte Sie um einen persönlichen Gefallen bitten. Die Sache erfordert Diskretion und Verschwiegenheit, deshalb wende ich mich an Sie.«

»Jawohl, Herr Hauptkommissar«, kommt es zackig. »Worum geht es?«

Das klingt doch ganz anders als das müde, aufmüpfige Gejammer von Rodriguez, registriert Hauptkommissar Völxen und beschließt, dies zu honorieren, wenn die nächsten Beurteilungen anstehen.

»Es geht um meine Schafe.«

»Ihre … Schafe?« Zum ersten Mal ist nun doch eine Spur von Überraschung herauszuhören.

»Sie sind entführt worden, und ich brauche Ihre Hilfe …«

»Wissen Sie, ich stand zufällig am Wohnzimmerfenster, weil ich diesen Blumentopf da gegossen habe.« Der Zeuge Helmut Buchholz, achtundsiebzig Jahre alt und verwitwet, deutet auf ein einsames, verkümmertes Usambara-Veilchen in einem Plastiktopf, das auf der Fensterbank sein Dasein fristet. »Da sehe ich den Typen aus dem Laden rennen, als wäre der Teufel hinter ihm her. Schnäpschen gefällig, junge Frau?« Der weißhaarige, zusammengeschnurrte alte Herr pirscht sich an die junge, athletische Kommissarin heran, die ihn um mindestens zwei Köpfe überragt. In der einen Hand hält er eine Flasche Doppelkorn, in der anderen zwei Gläser.

»Aber gern doch«, antwortet Rifkin. »Es ist ja schon ... zehn Uhr.«

Seine Hände zittern beim Eingießen, so dass die Hälfte auf dem klebrigen Linoleum landet. Der Alte hebt sein Glas. Seiner Ausdünstung nach ist es nicht der erste Kurze dieses jungen Tages. »Nicht lang schnacken, Kopp in' Nacken!«

»Sa sdorowje!«

»Wie bitte?«

»Auf die Gesundheit«, übersetzt Rifkin und kippt den scharfen Klaren hinunter.

»Sie gefallen mir«, kichert der Alte und macht Anstalten, gleich noch einmal die Gläser zu füllen, was Rifkin jedoch vereitelt, indem sie mit dem Hinweis, Dienst sei Dienst und Schnaps sei Schnaps, die Flasche beiseitestellt.

»Herr Buchholz, eine andere Zeugin hat ausgesagt, der Täter habe eine Maske getragen. Wo war die denn, als er den Laden verließ?«

»Jedenfalls nicht mehr auf seinem Kopf. Wie hätte ich den Alex, diesen Tunichtgut, denn sonst erkennen können?«

»Stimmt auch wieder«, räumt Rifkin ein. »Wo lief der noch mal lang?«

»Genau hier, vor der Bushaltestelle, rannte er über die Straße.« Der Herr des Hauses deutet mit einer fahrigen Bewegung nach draußen, auf die Straße.

»Sie meinen dort, wo jetzt gerade der Mann mit der Aktentasche steht?«, vergewissert sich Rifkin.

Der Alte späht mit zusammengekniffenen Augen durch die staubige Fensterscheibe. »Ja. Genau dort, wo der Kerl steht.«

Rifkin betrachtet die junge Frau mit dem Schäferhund, die als einzige Person an der Bushaltestelle wartet. Sie lächelt.

»Noch 'nen Kurzen, Frau Kommissarin? Auf einem Bein steht es sich so schlecht.«

Julia Kreipe ist in Tränen aufgelöst. Das mit den Schafen tue ihr leid, beteuert sie. Es sei eine Verzweiflungstat gewesen. »Der Alex, mein Mann, hat nichts mit dem Überfall zu tun, und auch nicht mit den anderen, die sie ihm in die Schuhe schieben wollen. Aber er hat halt früher viel Scheiß gebaut und für die Tatzeit kein Alibi. Mein Gott, wenn die dem das anhängen, sieht der unsere Sophie erst wieder, wenn sie das Abitur macht!«

Die kleine Sophie sitzt auf einer Decke und nagt sabbernd an einem Stofftier.

Hauptkommissar Völxen, den weinende Frauen stets mürbe machen, erkundigt sich in mildem Tonfall: »Aber wieso ich? Wieso *meine* Schafe?«

»Weil Sie der Beste sind. Das erzählt man sich zumindest im Dorf.«

Wider Willen fühlt Völxen sich nun doch ein wenig gebauchpinselt. »Nun ja …«, lächelt er verlegen, dann räuspert er sich und sagt: »Ich nehme an, meine Schafe sind auf dem Biobauernhof Ihres Onkels in Brelingen in der Wedemark?«

Die zarte Blondine zuckt zusammen. »Woher wissen Sie das?«

»Ich bin der Beste bekanntlich«, versetzt Völxen und droht: »Gnade Ihnen Gott, wenn sie traumatisiert sind!«

»Es geht ihnen gut. Besser als meinem Alex jedenfalls.« Die junge Frau schnieft und wischt sich erneut eine Träne aus dem Augenwinkel.

»Frau Kreipe, hat Ihr Mann einen Anwalt?«

»Ja, seit gestern.«

»Dann bitten Sie den Anwalt Ihres Mannes, die Sehkraft des Zeugen Helmut Buchholz amtsärztlich untersuchen zu lassen.«

»Wieso das?«

»Tun Sie es einfach. Danach, das garantiere ich Ihnen, ist der Staatsanwalt diesen Zeugen los«, prophezeit Völxen.

»Was ist mit der anderen Zeugin?«, will Julia Kreipe wissen.

»Darum müssen Sie sich keine Sorgen machen, um die Dame kümmere ich mich«, antwortet Völxen und steht auf.

Als Julia Kreipe ihn zur Tür bringt, bemerkt er, dass sie ein wenig hinkt. »War das …?«

»Ihr Schafbock, ja. Ein gemeines, hinterlistiges Biest! Sind Sie sicher, dass Sie den wirklich zurückhaben wollen?«

Seit Ulla Lampert den Garten der Völxens unter ihren Fittichen hat, grünt und blüht es schöner denn je. Das hat sogar Völxen, sonst eher ein Ignorant in diesen Dingen, schon bemerkt. Bei ihren kurzen Begegnungen im Garten haben sich Völxen und Ulla Lampert immer nett unterhalten. Die Frau machte auf ihn einen bodenständigen, vernünftigen Eindruck und zweifellos besitzt sie einen grünen Daumen. Nun, da Völxen die Frau in deren eigenem Garten antrifft, schaltet sie auf stur. Nein, sie habe den Täter in der Postagentur nicht erkannt. Dass Alex Kreipe entlastet sei, freue sie, aber sie könne Völxen nicht mehr sagen als das, was sie auch schon den Kollegen vom LKA gesagt habe. »Der Täter war mittelgroß und von mittlerer Statur, die Augen waren blau oder grau, vielleicht auch graublau.«

»Und seine Stimme?«, fragt Völxen.

»Normal.«

»Frau Lampert, ich glaube Ihnen nicht«, bekennt Völxen rundheraus. »Ich glaube vielmehr, Sie haben aus irgendeinem Grund Angst, mir die Wahrheit zu sagen.«

»Da irren Sie sich«, behauptet die Gärtnerin schmallippig, ehe sie sich mit der Gartenschere über einen Forsythienstrauch hermacht, dass die Blätter und Äste nur so zur Seite spritzen.

Völxen schüttelt enttäuscht den Kopf. »Schade«, verabschiedet er sich. »Dass Sie einen Straftäter decken, hätte ich nicht von Ihnen gedacht.«

In den folgenden Wochen kommt es Völxen so vor, als ginge ihm die Gärtnerin aus dem Weg. Wenn er sie doch trifft, ist sie jedes Mal sehr kurz angebunden und sucht rasch das Weite. Nach Allerheiligen bekommt er sie gar nicht mehr zu sehen. Logisch, es gibt ja auch nicht mehr viel zu tun im Garten.

Was den Überfall auf die Postagentur angeht, bleibt dem Hauptkommissar nichts anderes übrig, als die Sache auf sich beruhen zu lassen. Was soll er auch tun? Es ist nun einmal nicht sein Fall. Die Kollegen vom LKA sind ohnehin schon ziemlich angefressen und fühlen sich blamiert, seit die Staatsanwaltschaft die Anklage gegen Alex Kreipe hat fallen lassen. Selbst schuld, findet Völxen. Vielleicht strengen sie sich nun endlich einmal an, um den wahren Täter zu finden.

Die Schafe sind längst wieder heil zurück, und vom Biohof in der Wedemark kam ein intensiv duftendes Paket mit einem großen Laib Ziegenkäse darin.

An Weihnachten erreicht das Ehepaar Völxen eine Ansichtskarte aus Schottland: Eine grüne Wiese mit einer Schafherde, dahinter erstreckt sich der Ozean.

»Grüße aus der neuen Heimat, Ihre Ulla Lampert.«

»Ist sie ausgewandert?«, wundert sich Völxen.

»Ja, stell dir vor«, antwortet Sabine. »Ihre Tochter hat letztes Jahr als Hostess auf der Messe ›Eurotier‹ gejobbt und dort einen Schaffarmer von den Orkney Islands kennengelernt. Es war wohl Liebe auf den ersten Blick, und jetzt sind Mutter und Tochter dort hingezogen.«

»War die Tochter denn nicht verheiratet?«, überlegt Völxen. »Ich meine, die Lampert hätte das mal erwähnt.«

»Ja, *war*. Ihr Ex scheint ein übler Typ zu sein. Auch gewalttätig. Frau Lampert hat nie gern darüber gesprochen, aber du weißt ja …«

»… der Dorfklatsch«, ergänzt Völxen.

An einem sonnigen Morgen im März steht Völxen auf dem Balkon vor dem Schlafzimmer und inspiziert den Garten. Die ersten Tulpen spitzeln hervor. Plötzlich brüllt er: »Sabine!«

Erschrocken kommt seine Frau die Treppe heraufgerannt. »Was ist?«

»Hast du einen Liebhaber?«

»Wie bitte?«

»Wer hat die Tulpen hinterm Haus gepflanzt?«

»Tulpen pflanzt man nicht, man setzt für gewöhnlich die Zwiebeln im Herbst in die Erde«, klärt ihn Sabine auf.

»Wer hat dann diese Zwiebeln gesetzt?«, fragt Völxen.

»Das hat noch Ulla Lampert gemacht. Aber was stellst du eigentlich für idiotische Fragen von wegen Liebhaber?«

Völxen weist stumm nach unten. Beide starren ins Beet, wo die knospenden Tulpen ein Muster bilden. Nein, es sind Buchstaben. Da steht: »Paul«.

»Paul … So heißt doch Ulla Lamperts Ex-Schwiegersohn«, fällt Sabine ein. »Aber wieso hat sie …?«

Völxen muss unwillkürlich grinsen. »Mein Schatz, was hältst du davon, wenn wir an Ostern auf die Orkneys fahren?«

»Äh, ich weiß nicht …«

Völxen breitet die Arme aus und schwärmt: »Nur wir und das Meer, der Wind und ein paar Schafe … Und ich könnte dort gleich noch eine Zeugenaussage aufnehmen.«

TANTE BEEKE MUSS WEG!

MAX BRONSKI

Ich bin ein bayerischer Killer! Mein Name geht niemanden etwas an, der richtige steht nicht einmal in dem Pass, den ich bei mir trage. In meiner Profession bin ich absolut erste Liga. Viele halten es für ausgeschlossen, dass die uns zugesprochene Gemütlichkeit und genussorientierte Trägheit mit Brutalität zusammengehen. Da kann ich nur sagen: Das hilft ungemein, weil viele dazu neigen, mich zu unterschätzen. Einen geldgierigen Bürgermeister habe ich mit einem Tritt vom Glockenturm der Kirche ins Jenseits befördert, einen übergriffigen Landrat mit dem eigenen Jagdgewehr von seinem Ansitz heruntergeschossen und einen menschenschindenden Spargelbauern mit der Kreissäge einen Kopf kürzer gemacht. Mein Ruf ist makellos und in einschlägigen Kreisen wohlbekannt, kein Wunder, dass mir vor einiger Zeit ein norddeutscher Herr im Biergarten meiner Lieblingswirtschaft gegenübersaß, um meine Dienste in Anspruch zu nehmen.

Er heiße Rackeberg, sagte er, und komme aus Hannover. Hoppla, dachte ich, denn solche Namen kennen wir bei uns nicht. Rackeberg klingt wie der Boxersprache entnommen, eine trocken angesetzte Dreierkombination, links-rechts-links. Vornamen habe ich vergessen, aber bei euch fängt man sich schnell mal einen wie Fiete, Kai, Raik oder Thies. Bei uns fällst du nicht auf, wenn du Alois, Bartholomäus, Ignaz oder Tassilo in der Geburtsurkunde stehen hast.

»Was kann ich für Sie tun?«, fragte ich.

»Tante Beeke muss weg«, erwiderte Rackeberg.

Für diese Direktheit kann man euch nur bewundern. Der Bayer würde herummäandern, Konjunktive zusammenhäufen, Möglichkeiten andeuten, Sätze mittendrin abbrechen und sich den Schweiß von der Stirne wischen. Er möchte, dass du ihm hilfst und das hässliche Wort aussprichst, das ihm nicht über die Lippen kommt.

»Aha! Und wie haben Sie sich das vorgestellt?«

»Ist mir vollkommen Knödel, wie ihr das hier unten sagt. Hauptsache, sie ist weg. Über den Jordan gegangen, bei ihren Vorfahren eingecheckt, abgemurkst, tot! Alles klar?«

Ich hatte mein Bier noch nicht einmal richtig angetrunken, da waren wir bereits beim Kleingedruckten, wie sechzig Prozent vorab in bar, Rest als Erfolgshonorar. Er gab mir alle nötigen Daten wie Namen, Adresse und besondere Vorlieben, legte ein vorbereitetes Geldkuvert auf den Tisch und trank sein Bier in einem Zug aus.

Wer glaubt, dass Bayern saufen, hat noch nie mit einem Niedersachsen am Wirtshaustisch gesessen. Wir nippen und nuckeln am Glas, der Niedersachse kippt ab, wie er das beim Schnapstrinken gelernt hat. Kurzer Kopfwurf, weg ist das Zeug! Man möchte meinen, es gäbe bei euch eine landsmannschaftlich-anatomische Besonderheit, einen Biergully neben dem allgemein üblichen Schlund, in den man nahezu unbegrenzt alkoholische Getränke hineinschütten kann.

Zwei Wochen später stand ich am Soltekamp und arbeitete mich zu Fuß die Badenstedter Straße hinunter, denn ich habe gelernt, dass man jedes neue Terrain erst mal erkunden sollte. Tante Beeke wohnte irgendwo zwischen Davenstedt und Badenstedt; wo das eine beginnt und das andere endet, sieht man den Stadtteilen nicht an, denn beide stellen eine große Feier des einfamiliären Klinker- und Ziegelhausbaus dar.

»Bitte ein Schlitzohr, einen Rüdi, zwei Erdnuckel und dann noch einen Pflasterstein.«

Im ersten Moment war zu befürchten, dass die so freundlich ansagende ältere Dame vor mir ordentlich Halluzinogene eingeworfen hatte und sich in einem Ich-sach-mal-lauter-Nonsenswörter-Delir befand. Weit gefehlt! Die Verkäuferin hinter der Theke stellte das Verlangte flugs zusammen, verpackte es und fragte: »Darf es noch etwas sein?« Auch sonst nahm niemand Anstoß an den Wünschen der älteren Dame. Ich sparte mir daher eine Widerspruch heischende Äußerung wie Schulterzucken, Auflachen oder Hand an die Stirn legen; ein Einzelner, der es besser zu wissen glaubt, hat nie eine Chance gegen zwanzig andere, und wenn er doch recht behält, fällt er auf, was ich mir schon von Berufs wegen nicht leisten kann.

Wenn ich allerdings, als Bayer spricht man so gerne in der Möglichkeitsform, kurz nach München hinuntergerufen und einem meiner Freunde das Rätsel aufgegeben hätte, in welcher Art von Laden ich mich eigentlich befände, hätte der nur geantwortet: »Du spinnst!«

Alle mal herhören da unten: Ich stand in einer renommierten Badenstedter Bäckerei, und die ältere Dame vor mir hatte die Brötchenformen genau so bezeichnet, wie sie über den Körben ausgeschildert waren. Die Namen der Semmeln, die wir bei uns haben, würden in den Ohren der Leute dort oben genauso komisch klingen: Eiweckerl, Maurerlaiberl, Riemische oder Pfennigmuckerl. Das sprachschöpferische Potenzial des deutschen Einzelhandels und Dienstleistungsgewerbes explodiert geradezu bei der Bezeichnung von Brötchen und der Namensgebung von Friseurläden.

Am Tag darauf stand ich erstmals vor dem Haus von Tante Beeke, würfelförmig wie so viele andere auch. Ich drückte die Klingel, ein mächtiger Gong ertönte, wahrscheinlich vergeblich, denn irgendwo in der Nähe wütete ein Presslufthammer. Dennoch schaute nach einer Weile eine weißhaarige, hagere Person um die Ecke. Was sie mir zurief, war nicht zu verstehen, aber sie winkte mich zu sich.

»Pastor Prätorius?«

Ich nahm das Angebot sofort an und nickte, in ein paar Minuten würde das ohnehin gleichgültig sein.

»Herzlich willkommen in Ihrer neuen Gemeinde, Herr Pastor!«

Beeke Rackeberg wischte sich die Hände an der grünen Schürze ab.

»Sie müssen entschuldigen, aber ich bin gerade bei der Gartenarbeit. Kommen Sie, wir setzen uns auf die Terrasse.«

Besser konnte es nicht kommen. Baulärm, Tante

Beeke wandte mir den Rücken zu und ich lief hinterdrein. Also zog ich meine Pistole und legte an.

»Nanu!«, sagte Tante Beeke, bückte sich und zog ein Messer aus ihrer Schürzentasche, um ein unerwünschtes Kräutlein herauszustechen.

Genau in dem Moment, als sie sich wegduckte, schoss ich. Die Kugel schlug irgendwo im Gebüsch ein und augenblicklich, als hätte ich das Zeichen dazu gegeben, verstummte der Presslufthammer.

»Na endlich«, sagte sie und blickte auf ihre Armbanduhr, »und wie immer Punkt zwölf.«

Dann bemerkte sie die Waffe in meiner Hand.

»Ja, was haben wir denn da? Donnerwetter, schönes Teil!«

Sie pflückte mir die Pistole aus der Hand und besah sie.

»Eine Glock 19. Dann werden wir Sie ja bald bei uns in der Schützengesellschaft Badenstedt begrüßen dürfen.«

Sie zwinkerte mir zu, streckte dann den Arm mit der Pistole kerzengerade aus und blickte noch einmal zu mir herüber.

»Das glauben Sie jetzt nicht, oder?«

Ich machte eine hilflose Geste. Unmittelbar danach fiel ein Schuss, dann klingelte es und eine alte Konservenbüchse, die auf dem Kompostbehälter stand, flog durch die Luft.

»Wäre beinahe mal Schützenkönigin geworden.«

Im Haus gegenüber wurde ein Vorhang aufgezogen. Beeke winkte hinüber. Damit war mein erster Versuch gründlich in den Sand gesetzt. Schüsse im Gar-

ten, eine tote alte Frau, eine Nachbarin, die mich gesehen hatte – dieses Ding konnte man knicken. Ich nahm
auf der Terrasse Platz und meine Gastgeberin kam bald
danach mit einer großen Flasche und zwei Schnapsglä-
sern zurück. Ich winkte ab. Wenn ich mittags schon zu
saufen begänne, müsste ich den Beruf wechseln.

»Einer geht immer!«

Sie erkundigte sich, wo ich denn herkäme, was
ich mir für die Gemeindearbeit vorgenommen hätte,
und ich antwortete auf alles so gut, wie sich eben ein
Katholik in einen evangelischen Pastor einfühlen kann.
Natürlich blieb es nicht bei dem einen. Der erste ist nur
dazu da, den Widerstand für alle weiteren zu brechen.
Als ich mich dann endlich aus ihren Fängen befreien
und den Rückzug antreten konnte, hatte ich einen in
der Krone.

»Und wenn Sie mal die nähere Umgebung ein bisschen mehr kennenlernen wollen, melden Sie sich!«

Gute Idee, dachte ich, denn in ihren eigenen vier Wänden bekam ich diese Frau nicht mehr vor die Flinte.
Ich winkte ihr zum Abschied und stolperte ums Haus
herum zum Gartentor. Meine Glock hatte ich nach hinten in den Hosenbund gesteckt, wo sie mir brutal auf
das empfindliche Iliosakralgelenk drückte, das ich von
Zeit zu Zeit von einem Masseur gängig machen lassen muss. Außerdem war ich in meinem Dusel plötzlich von der Anschaulichkeit der Vorstellung überwältigt, ein Schuss könnte sich lösen und durch Arschfalte
und Hosenschritt hindurch in den Boden fahren. Also
zog ich das Ding aus dem Bund und steckte es in meine
Brusttasche.

»Guten Tag! Herr Rackeberg, nehme ich an?«

Ein hochaufgeschossener, wettergegerbter Mann, Enddreißiger, schätzte ich, stand vor mir und hielt mir die Hand hin.

»Richtig«, sagte ich mit der mir verbliebenen Rest-schläue, »und wer sind Sie?«

»Pastor Prätorius. Angenehm!«

Unangenehm, dachte ich, denn Pastor Prätorius hatte mich mit der Knarre in der Hand gesehen, würde das vor jedem Gericht bezeugen und jedem Polizeibeamten eine passable Personenbeschreibung geben. Dass ich nun auch ihn aus der Welt schaffen musste, bedurfte keiner weiteren Diskussion.

»Ihre Tante Beeke, wo finde ich die?«

»Ist nicht da. Wahrscheinlich einen Besuch machen.«

Wenn sich die beiden trafen, flog der Schwindel mit meiner geborgten Identität auf und sie machten gemeinsame Sache. Das hätte mir gerade noch gefehlt.

»Schade.«

Ich drückte das Gartentor hinter mir zu, um ihm zu bedeuten, dass da kein Einlass mehr für ihn war.

»Und Sie?«

»Wollte gerade zum Bäcker und mir zwei Erdnuckel holen.«

Mehr Lokalkolorit konnte man in einen einfachen Satz nicht hineinpacken.

»Zu dem an der Badenstedter Straße?«

Ich nickte.

»Auf dem Weg dorthin kommen wir direkt an der Kirche vorbei. Deswegen erlaube ich mir jetzt einfach, Sie um etwas zu bitten.«

Ich zog die Augenbrauen hoch. In Bayern heißt das so viel wie: »Schieß los!«

»Es handelt sich wirklich nur um einen geringfügigen handwerklichen Eingriff …«

»Aha.«

Wir machten uns zusammen auf den Weg, was blieb mir anderes übrig. Der Bitte eines Pastors nicht zu entsprechen, ist hier oben gesellschaftlicher Selbstmord. Ein Bayer spürt so etwas, er hat eine feine Nase dafür, wie sehr der Protestantismus in allen Poren des sozialen Lebens nistet: Beim Anstehen an der Kasse geht Gerechtigkeit vor Schläue, in Wohngebieten sind 30 Stundenkilometer die Regel, an roten Fußgängerampeln wird auch dann gewartet, wenn weit und breit kein Fahrzeug in Sicht ist, beim Anblick von Passanten werden die Hunde an der kurzen Leine geführt, Senioren werden nötigenfalls gegen ihren Willen der nächstgelegenen Neigungsgruppe zugeteilt, wo ihnen wöchentlich auf Verlangen eine Tasse fair gehandelten Kaffees und ein Stück Coppenrath & Wiese-Kuchen auszuhändigen ist. Wer sich dem Protestantismus nicht zugehörig fühlt, ist entweder religiöser Fanatiker oder Sozialdemokrat, wobei Ersteres die Eskalations- und Letzteres die Schrumpfstufe dieses Ansatzes darstellt.

Ich hatte, wie man meiner Gedankenführung unschwer anmerkt, nicht nur einen, sondern – verflucht noch mal! – *ziemlich* einen in der Krone und taperte neben dem Pastor her, der mich mit seinen Schilderungen zuschwallte. Es war mir jetzt, um Rackebergs Ausdruck aufzugreifen, ziemlich Knödel, warum Pastor Prätorius keine Berge mehr besteigen konnte, aber zu diesem Zeitpunkt wusste ich auch noch nicht, welchen handwerklichen Eingriff er mir abverlangen würde. Mir fiel nur an seinen Reden auf – die klügsten Gedanken kommen einem manchmal doch unter Alkoholeinfluss –, dass die eigentliche Scheidelinie zwischen Bayern und Niedersachsen die von ihnen bevorzugten Laute sind. Der Bayer liebt die Vokale und hasst die Konsonanten, deshalb wird der »Berg« stimmlich zu »Beag« gerundet. Der Niedersachse hat ein Faible für Konsonanten, sie müssen schnalzen, zischen, schnarren oder am Gaumen reiben. Da sich das G von »Berg« fast unauffällig französisch aus dem Wort verabschiedet, wird es zu »Berch« umgeschmiedet, nötigenfalls auch zu K, damit es nicht allzu »lankweilig« klingt.

»So, da sind wir.«

Pastor Prätorius wies stolz auf seine Kirche mit angebautem Gemeindesaal, ganz in rotem Ziegel, wie so vieles hier. Wer den Charme von Mehrzweckhallen zu schätzen weiß, ist hier goldrichtig. Als bayerischer Mensch vermisst man zwar das jubilierende Barock, aber als gläubiger Mensch weiß man, dass Gott überall wohnt, sogar in Mehrzweckhallen.

Der Pastor zeigte nach oben. In schwindelnder Höhe war ein Strahler angebracht.

»Seitdem die Lampe ausgefallen ist, sind drei ältere Leute über diese Schwelle gestürzt.«

Nun eröffnete sich mir der Sinn seiner alpinen Einlassungen: Er litt an Schwindelgefühlen und war nicht fähig, eine Leiter zu erklimmen.

»Aber erst wollen wir uns mal stärken.«

Ich wusste nun schon, was mir blühte, und kippte mit Todesverachtung zwei Schnäpse hinunter. Den Pastor an Ort und Stelle wegzuputzen, war nicht möglich. Ständig kamen freiwillige Helfer: Der eine lieferte Coppenrath & Wiese-Kuchen, zwei Damen brachten gespültes Kaffeegeschirr und zwei aus der Jugendgruppe stellten Tische samt Stühlen auf.

Also musste ich auch die Erledigung dieses Jobs aufschieben, würde mich jedoch von hier erst dann verabschieden dürfen, wenn ich den Auftrag des Pastors hinter mich gebracht hatte. Mit einer neuen Glühbirne in der Tasche stieg ich auf die Leiter. Ich habe zwar viel Erfahrung darin, wie man nach einem ausgiebigen Hüttenbesuch mit Bier und Brotzeit besoffen bergab läuft, aber wenig im besoffen bergauf Klettern. Es war, als hätte ich Sprossen auf einem fahrenden Karussell zu bewältigen, aber als geübter Alpinist biss ich die Zähne zusammen und schaffte es irgendwie, die defekte Glühbirne gegen die neue auszutauschen. Das Heruntersteigen ist an und für sich nicht gefährlicher als das Hochklettern, wenn man sich klarmachen kann, dass man erst mit dem letzten Schritt unten angekommen ist. Irgendwo in der Mitte ließ ich in meiner verbissenen Konzentration nach und stürzte.

Als ich die Augen wieder aufschlug, hatte man mich im Nebenraum auf eine Liege gebettet. Eine grauhaarige Frau mit patentem Kurzhaarschnitt beugte sich über mich.

»Na, wieder unter den Lebenden?«

Ich verstand sofort, was sie meinte: Zähne zusammenbeißen! Was gäbe man für ein freundliches Wort, wenn man derart gebeutelt und lädiert flachliegt wie ich. Auch

ein Killer ist zuvörderst ein Mann und als solcher weh-
leidig. Aber das bekommst du hier nicht, die Menschen
sind so gefühlvoll wie Juchtenleder. Notwendige tätige
Nächstenliebe ja, aber Worte, um ihr Mitgefühl auszu-
drücken, bringen sie nicht über die Lippen. Bei uns ist
es genau umgekehrt.

»Ich bin Frida Brümke, gehe dem Pastor hier zur
Hand.«

Mühsam rappelte ich mich hoch und hielt Ausschau
nach meiner Jacke.

»Ihre Jacke mit der Waffe hängt an der Garderobe.
Alles klar?«

Mein Gott, Frida, musste das sein, dachte ich. Ich
war doch nun gezwungen, sie genauso um die Ecke
zu bringen wie Tante Beeke und Pastor Prätorius. Von
nebenan roch es nach Kaffee.

»Gleich kommt die Skatgruppe.«

Ja, Frida, ich habe verstanden, hier ist kein Platz für
Mitleid heischen und herumgreinen! Wortlos packte
ich meinen Krempel und schleppte mich davon, um
meine Blessuren zu kurieren und den Rausch auszu-
schlafen. Morgen würde ich sie alle einen nach dem
anderen kaltmachen.

Nach einem etwa vierzehnstündigen tiefen Schlaf
erwachte ich anderntags gekräftigt und mit der festen
Absicht, heute meinen Job hinter mich zu bringen, ohne
mir weitere Mitwisser zuzuziehen, die ebenfalls auszu-
löschen waren. Als Erstes meldete ich mich bei Tante
Beeke, um mich mit ihr zu verabreden.

»Schwierig, Herr Pastor! Ich walke mit der Neigungsgruppe Sport um den Benther Berg.«

Sie überlegte eine Weile.

»Aber wenn Sie mich dort abholen, könnte ich Ihnen noch einiges zeigen.«

Ich sagte sofort zu und sollte sie oben an der Berggaststätte abholen. Auto stand zur Verfügung, auch wenn ich aus Tarnungsgründen meinen BMW gegen einen VW getauscht hatte. Beim Versuch, den vereinbarten Treffpunkt zu finden, taten sich unerwartete Probleme auf. Zweimal fuhr ich zwischen Lenthe und Everloh hin und her, fluchte über das unzuverlässige Navigationsgerät, bis ich endlich begriff, dass der Hügel bei Northen tatsächlich das Prädikat »Berg« beanspruchte.

»Jetzt können Sie es ruhig ausschalten«, sagte Tante Beeke, als sie auf dem Beifahrersitz Platz genommen hatte, »ich sage Ihnen schon, wo es langgeht.«

Sie zeigte mir das Gut, auf dem Werner von Siemens zur Welt gekommen war, wies mir die Lenther Allee und die aus dem 13. Jahrhundert stammende Kapelle von Velber und ließ mich schließlich bei den dortigen Kleingärten parken. Ich wurde nun langsam ungeduldig. Die Pistole trug ich in der Jackentasche, aber Tante Beeke begrüßte in der Gartenanlage jeden Nachbarn, Gartenzwerg und alle anderen Wesen aus Gips oder Plastik. Schließlich führte sie mich in den gegenüberliegenden Friedhof. Nun könne sie noch rasch das Grab gießen. Wie schön! Dazu schenkte sie mir ein Lächeln, das sie deutlich jünger aussehen ließ.

Warum nicht hier, dachte ich, für Tote gibt es keinen passenderen Ort als einen Friedhof.

»Bin gleich wieder da, schauen Sie sich ruhig einmal in der Kapelle um!«

Ich tat, wie sie mich geheißen hatte. In der Kapelle entsicherte ich meine Pistole und hängte meine Jacke darüber. Lebe wohl, Tante Beeke! Dann aber fiel mein Blick auf den Toten, der aufgebahrt im Sarg lag: »Uwe Rackeberg«, sagte das Schild, »1971 – 2019«. Die Erkenntnis, dass ich meinen Auftraggeber vor mir hatte, packte mich kalt am Arsch. Es gehörte nicht viel Fantasie dazu, sich auszumalen, was passiert war. Beeke Rackeberg wusste alles. Sie war ihrem Neffen zuvorgekommen und hatte mich in eine Falle gelockt.

»Uwe haben Sie ja schon kennengelernt, nicht wahr?«

Ihre Stimme hallte im Raum. Ich zögerte nicht lange und feuerte sofort. Meine Glock bellte, aber statt eines Stöhnens war nur ein metallisches Anschlagen zu vernehmen. Hinter mir hörte ich ein Rascheln, ich fuhr herum. Dann machte es kurz und trocken Plopp. Das Geräusch fühlte sich an wie ein Schlag gegen meine Brust. Als ich an mir hinuntersah, bemerkte ich einen rasch größer werdenden Blutfleck und verlor die Besinnung.

Schließlich glomm irgendwann irgendwo ein Fünkchen Bewusstsein in mir auf. Gestalten im Nebel. Apparaturen piepten, langgezogen, mit Aussetzern. Wenn das meine Herztöne waren, stand ich vor dem Exitus. Jemand beugte sich über mich.

»Er war ein bayerischer Killer«, sagte die Stimme, die einem Arzt gehören mochte.

»Besonders raffiniert war er nicht«, echote Tante Beeke, »obwohl … Es steht mir nicht zu, einem Toten etwas Schlechtes hinterherzurufen.«

Nein, das ist gewiss nicht eure Art! Aber sollten wir uns in der Hölle begegnen, wovon ich ausgehe, dann könnt ihr sicher sein, dass ihr dafür büßen werdet, einen bayerischen Menschen um die Ecke gebracht zu haben.

UNTERM SCHWANZ

MICHAEL KIBLER

Früher war ich ja nicht so der Typ, der auf Cocktails stand. Doch jetzt liege ich mit einem Ti-Punch in der Hand am Strand in der Sonne von Guadalupe. Rum, Limettensaft und brauner Zucker – fertig ist der kleine Glücklichmacher. Und dass ich ihn jetzt hier genießen kann – neben Monique auf der bequemen Doppelliege, im Schatten der großen Palme, in den Ohren nur das Rauschen der Wellen –, daran ist ein Arschloch in Hannover schuld.

Im wahrsten Sinne des Wortes.

Es scheint, als sei es mir doch noch gelungen, meinem Leben die richtige Wendung zu geben. Dabei sah es danach überhaupt nicht aus, als ich 2010 zurückkam in die Landeshauptstadt, zwei Tage vor meinem vierundvierzigsten Geburtstag. Zurück in die Stadt, in die meine Mutter mich hineingeboren hat. Die Landeshauptstadt hat mir immer mehr Geborgenheit gegeben als meine Mutter. Und das sagt sehr viel über sie aus. Die Frau, nicht die Stadt.

Meinen Erzeuger habe ich nie kennengelernt. Und in der Schule war ich grottenschlecht. Nur in Französisch wäre ich gut gewesen, hätte es das Fach in der

Hauptschule gegeben. Meine Mama kam aus Frankreich. Immer wenn sie besoffen war, sprach sie nur noch Französisch. Und so bin ich mir im Rückblick nicht sicher, ob Deutsch wirklich meine Muttersprache ist.

Zurück nach Hannover, das war irgendwie zurück zur Familie. Nicht so, wie in Pilcher-Filmen Familie gezeichnet wird. Sondern so, wie Familie ist: Du bist gekettet an Personen, mit denen du nichts zu tun hast, außer dass dich das Blut verbindet. Du hast nur sie – und du bemühst dich aus Leibeskräften, auch ihre guten Seiten zu sehen. Denn sonst bliebe eigentlich nur Selbstmord.

Ich war sechzehn, als ich mit Ach und Krach den Hauptschulabschluss geschafft habe. Das lag nur an Sport. Das einzige Fach, in dem ich jemals und auch tatsächlich konstant eine Eins hatte. An dem Tag, an dem ich mein Zeugnis in die Hand gedrückt bekommen habe, waren alle Mamas da, nur meine nicht. Als ich nach Hause kam, vögelte sie mit was weiß ich wem und stöhnte sehr französisch.

Zeit zu gehen, dachte ich. Und ging.

Nach Frankreich. Ausgerechnet! Hab meiner Ma das Bargeld geklaut und bin direkt nach Paris. Zur Fremdenlegion. Hatte nicht viel dabei, außer meinen Rucksack mit ein paar Klamotten, meinen Reisepass und meiner Eins in Sport. Am meisten gestaunt haben sie darüber, dass ich fließend Französisch sprach. Und so startete ich meine Karriere als Soldat. Als Legionär.

War mir gar nicht klar, dass ich was Besonderes war, weil ich einfach, zack, zack, durch alle Prüfungen kam. Klar, war anstrengend für mich. Aber was ich als anstrengend empfand, war für andere eine Tortur und für die meisten bereits das Ende, bevor irgendetwas angefangen hatte.

Und dann ging's an die Fronten. Während meiner Jahre immer Afrika: Kongo, Somalia, Ruanda, Kamerun und zum Schluss der Tschad.

Neben dem Sport und der französischen Sprache gab es noch eine dritte Begabung, über die ich offensichtlich verfügte, die sich aber erst ein wenig später offenbarte: Computer und ich, wir konnten miteinander. Das haben sie auch in der Kompanie festgestellt – und ganz schnell war es immer ich, der gefragt wurde, wenn irgendwas mit irgendwelchen Rechnern nicht funktionierte.

Ich hätte in der Legion nicht aufhören wollen, aber ich musste: Hab eine Kugel abbekommen. An der Grenze zum Sudan. Tauchte in keiner Statistik auf, wurde unter den Tisch gekehrt, genauso wie mein rechter Unterschenkel. Und Ende Gelände. Ich hatte mehr als zwanzig Jahre Kriegsgeschäft auf dem Buckel, Anspruch auf eine Pension – und ab da war ich für die Legion nur noch ein Klotz am Bein. Wie damals für meine Mutter. Das brauchte ich kein zweites Mal in meinem Leben.

Warum also zurück nach Hannover? Vielleicht wegen Ernst August. Dem Standbild vor dem Hauptbahnhof. Wie er da sitzt, stolz auf seinem Pferd, das den Schweif in die Luft hebt. Nach der Schule haben wir uns dort oft getroffen. »Unterm Schwanz«, da, wo sich alle treffen. Hab ja nicht weit weg gewohnt, damals. Auf der anderen Seite der Gleise, in der Augustinstraße. Da wo jetzt das Stellwerk ist. Nicht das für die Weichen. Sondern für die, die falsch abgebogen sind. In Richtung Drogenkarriere.

Vielleicht zog es mich auch zu Ernst August zurück, da wir doch etwas gemeinsam hatten: beide nicht wirklich beliebt trotz unseres hohen Status – auch ich hatte in der Legion vier Sterne eingeheimst. Nicht am T-Shirt wie die Jungs der Fußball-Nationalmannschaft, sondern an der Uniform. Und wir beide waren übrigens auch Mitglied eines elitären Vereins. Er, wenn auch nicht bei der Fremdenlegion, so doch zumindest bei den Freimaurern.

Nach der Legion, da hätte ich französischer Staatsbürger werden können. Irgendwo in Frankreich leben. Aber ich kannte Frankreich ja kaum. War ja meistens in Afrika unterwegs gewesen. Und da wollte ich gewiss nicht leben. Also zurück nach Hannover. Eine nette Abfindung, eine Pension – konnte nicht viel schiefgehen.

Nachdem ich ein paar Strippen gezogen hatte – der Kontakt zu meinem Kameraden Jean-Luc hatte sich ausgezahlt –, landete die Pension auch nicht auf einem deutschen Konto. Das beste Steuersparmodell, das es gibt. Aber es stellte sich die Frage: Was jetzt?

Ich zog Bilanz: Was konnte ich? Ich konnte gut schießen. Im Nahkampf bekam ich noch eine Drei bis Vier – kein Fuß und kein Unterschenkel mehr am rechten Bein führen definitiv zu einem Abzug in der B-Note. Womit ich als Kämpfer unbrauchbar war. Aber die Tugenden Ausdauer und Geduld, die hatte ich wahrlich trainiert in den vergangenen Jahrzehnten. Und meine Fähigkeiten am Computer. Was bot sich da an? Ein Büro als Privatdetektiv erschien mir die passende Lösung.

Ich fand einen Büroraum direkt am Hauptbahnhof. Das Haus hätte niemals einen Architekturpreis gewonnen. Höchstens die »Silberne Zitrone« für die Absteige des Monats. Auch damals gab es bereits eBay und so hab ich mein Büro ziemlich günstig eingerichtet. Das Einzige, worin ich wirklich Geld investiert habe, war der Safe. Und neben dem Büro war tatsächlich ein weiteres Zimmer frei. Hinter einem Paravent befand sich die Küchenzeile, im Flur eine Toilette und tatsächlich auch eine Dusche. Mehr brauchte ich nicht.

Bis Sonja die geheiligten Hallen meines Büros betrat. Sonja machte ein Viertel meiner Kundschaft im ersten Jahr aus – womit über mein Geschäft so ziemlich alles gesagt ist. Sie verdächtigte ihren Mann des Ehebruchs. Der Fall hat mir nicht wirklich viel Geld eingebracht. Denn um den Göttergatten zu beschatten, brauchte ich erst mal eine Kamera mit dem entsprechenden Teleobjektiv. Plus minus null, wenn ich das Honorar gegenrechnete. Aber eine Freundin auf der Plusseite. Es folgten sechs Monate gemeinsamen, unbeschwerten Glücks, nachdem ich meinen Job zu ihrer Zufriedenheit ausgeführt hatte. Sie war eine Frau, die den Luxus liebte – und mir gelang es kaum, ihre Wünsche zu erfüllen. Ich bin nicht so der Feingeist, was die weibliche Psyche angeht. Aber dass irgendetwas nicht stimmte, habe auch ich dann mitbekommen. An dem Tag, an dem Sonja meinen Safe geleert hatte. Ich war immer ein großer Freund von Bargeld gewesen. Dumm gelaufen …

Ich weiß noch, ich stand in meinem Büro am Fenster, schäumend vor Wut, überlegend, was ich jetzt tun sollte, währenddessen ich auf den Hauptbahnhof starrte, auf das Denkmal von Ernst August, und bemerkte zunächst gar nichts. Und plötzlich sah ich das Denkmal, den Vorplatz und die Menschen in einem ganz anderen Licht. In einem Licht, das meinen weiteren Verdienst sichern sollte.

Schuld daran war der Typ im grünen Sweatshirt, den ich plötzlich unter all den Menschen bewusst wahrnahm. Die kreischende Neonfarbe dröhnte lauter in den Augen als ein startender Jumbo in den Ohren. Nur deshalb verfolgte ich ihn mit meinem Blick. Dann sah ich die Frau, die sich dreimal suchend umsah, ihn erkannte, auf ihn zuging und dann – und das war das Entscheidende – sich noch zweimal umsah, bevor sie ihn auf den Mund küsste.

Wie süß.

Ein Pärchen.

Ein Pärchen, bei dem zumindest ein Teil um seinen Ruf fürchten musste.

Dieses Pärchen traf sich – wie die Clique von der Schule – unterm Schwanz des Pferdes von Ernst August. Die meisten treffen sich ja tatsächlich »Unterm Schwanz« und nicht unterm Kopf. Denn von dort geht es ja gleich mit der Treppe hinunter in Richtung Einkaufszentrum. Nein, unterm Schwanz ist unterm Schwanz. Das alles begriff ich in diesem Moment: »Unterm Schwanz« – das würde mein neues Geschäftsmodell.

Damals, im Sommer 2012, da waren Kameras noch größer. Da waren Kameras, die man mit einem Kaugummi irgendwohin kleben konnte und die ihre Bilder per WLAN oder LTE in die Welt sandten, zwar bereits vorhanden, aber noch nicht bezahlbar. Die Abhörtechnik war schon ein bisschen weiter, aber die Kameras eben noch nicht.

Und so war ich meine eigene Kamera. In Afrika hatten wir gelernt, uns zu tarnen. Die richtigen Tarnklamotten waren das A und O, also kein Olivgrün in der Wüste und keine sandfarbenen Anzüge im Gletscher. Auch ich besorgte mir die richtigen Tarnklamotten. Alt, zerrissen, stinkend: Ich wurde zum Obdachlosen.

Jeden Tag trieb ich mich rum am Hauptbahnhof. Immer mit Blick auf das Denkmal »Unterm Schwanz«. Hatte eine kleine Canon-Kamera dabei. Musste die Bilder aber von Hand machen. Etwa von Romeo, wie er seine Julia traf.

Es war nicht immer einfach, Romeo dann zu verfolgen. Am Bahnhof war ich der unsichtbare Obdachlose, aber in der Straßenbahn, da fiel ich auf. Und bis ich mein Outfit in der Bahnhofstoilette gewechselt hatte, war Romeo meist schon entschlüpft. Nichtsdestotrotz: Ab und an gelang es mir, Romeo oder Julia zu verfolgen. Ich wusste immer auf den ersten Blick, wer von den beiden betrog.

Das Ergebnis der Verfolgung war die Wohnadresse. Es folgte der Schluss von der Adresse auf den Namen. Dann die Recherche im Netz. Ja, vor zehn Jahren herrschte Goldgräberstimmung. Es dauerte selten länger als zwanzig Minuten, um über Facebook oder Stayfriends E-Mail-Adresse und Familien- und Lebensumfeld herauszufinden. Wie wunderbar naiv waren die meisten Menschen damals noch! Und dann nahm die Erpressung ihren Lauf.

Das Beste daran, wenn man in die Rolle des Stadt-streichers schlüpft, ist, dass man völlig unauffällig in Papierkörben wühlen kann. Immer mussten nach meiner Erpressung via Prepaid-Handy die Opfer ihr Geld in einer Plastiktüte in einem der Papierkörbe rund um das Ernst-August-Denkmal ablegen. Und ich musste es einfach nur rausholen.

Vor drei Jahren dann gab es endlich die ersten bezahlbaren Kameras mit Richtmikrofonen, die so klein waren, dass mir zum ersten Mal der Gedanke kam, sie an Ernst Augusts Pferd einzusetzen. Eine kleine Kamera mit Richtmikrofon, die den Bereich unmittelbar vor dem Hauptbahnhof einfangen würde. Und die sowohl Bild als auch Ton in bester Qualität direkt in mein Büro senden würde. Oder auf mein Handy. Je nachdem, wo ich mich gerade befand. Ohne dass ich noch selbst auf dem Bahnhofsvorplatz herumhocken musste.

Es war ein echtes Upgrade meines Geschäftsmodells. Ganz besonders in Kombination mit der Gesichter-Datenbank, auf die ich im dunklen Teil des Netzes gestoßen bin. Ich lud die Fotos meiner Kamera in das entsprechende Programm – und dieses Programm verglich die Fotos der Gesichter mit ihren Einträgen. Diese Einträge stammten alle aus öffentlichen Netzwerken, Xing, Facebook, Instagram, Twitter. Verknüpft mit den Daten der Personen. Der Vorteil: Es war scheißegal, ob du mit irgendjemandem auf irgendeiner Plattform befreundet, verlinkt oder beruflich verzahnt warst – du bekamst Namen, Handynummer und E-Mail frei Haus. Die Trefferquote lag bei über achtzig Prozent – damit konnte man arbeiten.

Der Zugang zu den Datenbanken im Darknet war teuer. Teurer als ein Abonnement von Netflix. Teurer als ein Abonnement des »Spiegels«. Ungefähr so teuer wie das Abonnement von drei Tageszeitungen. Hundert Euro im Monat. Zwölfhundert Euro im Jahr. Eine Investition, die sich gelohnt hat. Die Erpressungsgelder haben locker das Hundertfache eingespielt. Und das nur im Sommer. Denn im Winter leistete ich mir inzwischen den Luxus des Pausierens in der Karibik. Auf Guadalupe. Dort konnte ich mich auch auf Französisch verständigen. Und dort habe ich übrigens auch Monique kennengelernt …

Wir sahen uns nur im Winter. Darin war sie unerbittlich. Nach Deutschland würde sie nie reisen. Guadalupe – das war ihre Heimat. Die sie niemals verlassen würde. Ich konnte mit dem Arrangement leben. Den Sommer über in Deutschland, Geld verdienen. Und dann den deutschen Winter in Guadalupe an ihrer Seite verleben.

Ich war ein guter Chronist des Lebens auf dem Bahnhofsvorplatz, seit ich die Kamera im After des Pferdes von Ernst August platziert hatte. Nicht nur die Kamera, sondern auch das Mikrofon, das exakt das aufzeichnete, was die Kamera sah. Der große Vorteil meiner Lösung war, dass sowohl Kamera als auch Mikrofon unsichtbar waren. Wer schaut schon dem Pferd in den Anus?

Um das Equipment anzubringen und später immer wieder die Batterien zu wechseln, beförderte ich mich ab und an zum städtischen Bediensteten. Kaufte mir bei eBay die passende orangefarbene Aha-Uniform. Kletterte per Leiter zum Pferd, tat so, als würde ich es reinigen – niemand hat sich jemals darüber echauffiert, dass ich dem Gaul den Hintern gestriegelt habe. Die Kamera war klein und dunkel, das Mikro war klein und dunkel, nein, man musste schon wirklich direkt unter den Schwanz starren, um zu erkennen, dass da etwas im Arsch steckte, was da nicht hingehörte.

Und dann vor drei Wochen, da tauchte plötzlich jener Mann unterm Schwanz auf, der mir gleich auffiel. Erinnerte mich an Humphrey Bogart. Stets mit Trenchcoat, stets mit Hut. Schien irgendwie aus der Zeit gefallen zu sein. Und traf sich nie mit Frauen, sondern immer nur mit Männern. Und auch nicht fürs Poussieren, sondern immer nur für ganz kurze Gespräche, nach denen man wieder getrennte Wege ging.

In der Datenbank waren auch zahlreiche Personen erfasst, die man bei der Polizei erkennungsdienstlich behandelt hatte. Auch für Polizisten musste es reizvoll sein, sich ein paar Bitcoins zu verdienen, indem man Insiderinformationen verkaufte. Und so brauchte es, als ich meine Neugier befriedigen wollte, keine zehn Minuten und nur ein paar Klicks, Boris Petrowitsch Atik zu identifizieren. Den Drogenbaron von Hannover.

Irgendwie war dieser Mann ein Gewohnheitstier. Denn seine Besprechungen unterm Schwanz fanden immer an exakt derselben Stelle statt, als ob auf dem Boden eine Markierung den Platz weisen würde. Einmal mehr stieg ich im orangefarbenen Overall auf die Leiter, wischte dem Pferd das Hinterteil und richtete das Mikrofon exakt auf diese Stelle aus. Wie sich herausstellen sollte, eine weise Entscheidung.

In den folgenden Tagen richtete ich mein Interesse ausschließlich auf ihn. Denn alle Romeos und Julias der Welt würden mir niemals so viel Geld auf einem Haufen bescheren wie Atik – dessen war ich mir gewiss. Der Kerl hatte Probleme. Da gab es einen gewissen Shakur Kaplan. Der Atik mächtig auf den Keks ging. Weil er die Reviere des Drogenhandels neu aufteilen wollte, sprich: die Hälfte vom großen Kuchen abhaben. Und diesem Wunsch mit einer schlagkräftigen Truppe Nachdruck verlieh. Atik hielt all seine wichtigen Besprechungen nun unterm Schwanz ab. Offensichtlich fürchtete er, dass seine bisherigen Geschäftsräume von Wanzen und Ratten unterwandert waren. War ja auch viel sicherer, so unter freiem Himmel …

Ich saß in meinem Büro am Schreibtisch, einen starken Kaffee neben mir, und nahm an all den Besprechungen, bei bester Bild- und Tonqualität auf dem Monitor, als stummer Zeuge teil. Parallel dazu bereitete ich Stück für Stück meinen Abgang vor. Das Wichtigste: ein paar Konten auf den Caymans und eines bei einer Bank in Guadeloupe. Kurz hatte ich mit dem Gedanken gespielt, mein Geld auf ein Konto von Monique zu transferieren. Doch dann erinnerte ich mich an Sonja … Seit dem Tag des leeren Safes hatte meine Begeisterung für mein Geld in den Händen einer Frau drastisch abgenommen.

Aber da Guadalupe ja quasi ein Vorort von Frankreich ist, waren die alten Seilschaften zu den Veteranen der Fremdenlegion sehr hilfreich, um dort – natürlich gegen eine angemessene Provision – von Jean-Luc meine Übersiedlung vor Ort einrichten zu lassen. Vom Konto bis zu einem netten Häuschen auf Grande-Terre.

Es war nur eine Frage der Zeit, bis Atik den Mordauftrag ziemlich ungeniert erteilte: Er besprach sich mit einem Kerl namens Wilhelm Gruber. Der war tatsächlich ein ehemaliger Klassenkamerad von mir. In welch unterschiedliche Richtungen sich Karrieren doch entwickeln ... Er hatte sich als Mann fürs Grobe verdingt. Und sollte »... dieses Arschloch von Shakur Kaplan ein für alle Mal verschwinden lassen aus dieser Stadt und von diesem Planeten«. Zitat Ende.

Perfekt.

Das Gespräch fand um zehn Uhr vormittags statt. Bereits um achtzehn Uhr flimmerte es über den Bildschirm: Der Deutsch-Türke Shakur K. und vier weitere Männer wären bei einem Feuergefecht ums Leben gekommen. Man vermutete Rivalitäten innerhalb des organisierten Verbrechens.

Es war an der Zeit, ein Video auf das Handy von Atik zu senden. Mit der freundlichen Bitte, zwei Millionen Euro auf das nachfolgende Konto auf den Caymans zu überweisen. Innerhalb der nächsten zwei Stunden.

Ich wusste, dass Atik nicht sofort reagieren würde. Einhunderteinundzwanzig Minuten nach dem ersten Video folgte das zweite. Mit dem Ultimatum: Noch eine Stunde, sonst würde das gesamte Material von über zwei Stunden bei der Polizei landen.

Fünfundfünfzig Minuten später erschien das Geld auf dem Konto.

Wenige Stunden später war der Rest erledigt: das Geld in Guadalupe, meine Rechner platt gemacht und ich mit dem Taxi auf dem Weg zum Flughafen.

Allerdings bat ich den Taxifahrer, noch einen kleinen Umweg zu fahren. Vorbei am Polizeipräsidium. Dort habe ich dann noch eine DVD in den Briefkasten geworfen. Mein kleiner Beitrag dazu, Hannover zumindest für eine kurze Zeit ein wenig sicherer zu machen.

Ich schlürfe meinen Cocktail. Und küsse Monique.

EISKALT

HEIKE WOLPERT

Viktoria Kruse bahnte sich einen Weg durch die Menschentraube vor der gläsernen Eingangspforte. »Landeskriminalamt Hannover« stand auf dem Schild, das normalerweise den Schriftzug der Norddeutschen Landesbank trug. Stolz zeigte sie einem der Securitymänner, die den Schaulustigen den Weg ins Innere des imposanten Glasbaus versperrten, das Schreiben, das sie zur Teilnahme am heutigen Drehtag ermächtigte.

»Melden Sie sich bei dem kleinen Dicken mit den bunten Hosenträgern«, wies der Wachmann sie an, während er sie durch die Absperrung lotste und auf einen Mann deutete, auf den seine Beschreibung passte.

»Alles klar.« Viktoria wusste Bescheid. Sie kannte den »kleinen Dicken«. Nick, wie er sich nannte, hieß mit bürgerlichem Namen Richard Bärlein, aber am Set hatten alle einen Spitz- oder Künstlernamen, selbst das sogenannte »Mädchen für alles« oder »Bärlein für alles«, wie ihn ein besonders vorwitziger Kollege einmal genannt hatte.

Es war nicht das erste Mal, dass sie bei einem Tatortdreh in der Nord/LB dabei war, immerhin war die Landesbank seit fünf Jahren ihr Arbeitgeber. Als Businessanalystin mit Schwerpunkt Wertpapiere gehörte es zu ihren Aufgaben, gesetzliche Bestimmungen und Wünsche der Fachbereiche aufzunehmen und so zu beschreiben, dass sie ein Dritter verstehen und umsetzen konnte. Viktoria hatte großen Spaß an dieser Tätigkeit. Mit Begeisterung beschäftigte sie sich mit Fachkonzepten und las Gesetzestexte. Doch in ihrer Freizeit liebte sie es kriminell. Sie war bekennender Tatort-Fan. Und wie es der Zufall wollte, befand sich der Schreibtisch von Hauptkommissarin Lindholm aus dem hannoverschen Tatort im selben Büro wie der ihre im echten Leben. Dieser Umstand hatte der jungen Frau bereits mehrere Zusammentreffen mit dem Tatortteam beschert und damit auch die Bekanntschaft mit Nick.

»Hallo, Vicky«, begrüßte er sie knapp. Sein Blick flog über den Zettel auf dem Klemmbrett in seiner Hand und schließlich setzte er einen Haken hinter ihren Namen auf seiner Liste.

Sie hasste es, Vicky genannt zu werden, doch sie verkniff sich eine entsprechende Erwiderung, offenbar musste jeder im Team einen Beinamen haben und ja, dieses Mal gehörte sie tatsächlich zum Team, denn sie hatte eine kleine Statistenrolle ergattert.

»Wie geht es dir?«, erkundigte sie sich. Nick wirkte ein bisschen blass.

»Ach, muss ja«, entgegnete er kurz angebunden, ohne aufzublicken. »Kostüm bitte«, schnarrte er dann in das Mikrofon seines Head-Sets.

Normalerweise war der gutmütige Mittdreißiger immer zu einem Spaß aufgelegt, heute würdigte er sein

Gegenüber kaum eines Blickes. »Alles in Ordnung?«, wollte Viktoria deshalb von ihm wissen.

Dieses Mal bekam sie nur ein einsilbiges »Geht« zur Antwort.

*

Kurz darauf folgte die Businessanalystin einer älteren Dame, die ihre graumelierten Haare zu einem strengen Dutt hochgesteckt hatte, zum Drehort der Szene, bei der sie mitwirken sollte. Die Frau geleitete sie durch die Empfangshalle des Nord/LB-Gebäudes hindurch und die breite Treppe in den ersten Stock hinauf. Das war normalerweise der Weg zu Viktorias Arbeitsplatz in dem 2002 fertiggestellten Hauptsitz der Norddeutschen Landesbank. Ihr Schreibtisch stand im angrenzenden ehemaligen Verwaltungsgebäude der Firma Siemens, das geschickt in die beeindruckende Gesamtarchitektur integriert worden war.

Dank des Wachpersonals vor den Eingängen war das lichtdurchflutete Foyer nahezu menschenleer.

»Ist was mit Nick?«, wagte Viktoria einen Vorstoß, als sie die gläserne Röhre, den Übergang in den nächsten Gebäudeteil, durchquerten.

Ihre Begleiterin blieb stehen, wandte sich zu ihr um und zupfte an einer der Nadeln in ihrer Hochsteckfrisur. »Du hast es noch gar nicht gehört? Na ja, wie auch.« Wie alle am Set duzte die Ältere sie. »Seine Schwester hat sich vor drei Monaten das Leben genommen. Liebeskummer. Seither hat er sich verändert.« Sie seufzte und blickte auf den friedlich daliegenden See im Innenhof.

Auch auf den Terrassen der anliegenden Restaurants herrschte momentan kein Betrieb. Vielleicht waren sie für die Dauer des Drehs aus Sicherheitsgründen gesperrt worden? »Er gibt sich selbst die Schuld an ihrem Tod. Immerhin hat er sie diesem Typen vorgestellt, wegen dem sie sich umgebracht hat.«

»Welchem Typen?«, wollte Viktoria wissen.

»Normalerweise schweigt sich Nick darüber aus, aber gestern Abend in der Hotelbar hat er ihn einen ›dauererbesoffenen Rockmusiker‹ genannt. Da hatte er allerdings selber schon einiges getankt.« Sie zuckte entschuldigend mit den Schultern.

»Das tut mir leid«, antwortete Viktoria lahm.

»Mir auch. Sehr! Heute ist Nicks letzter Arbeitstag. Er hat alle Zelte in Deutschland abgebrochen, wie man so schön sagt, und wandert nach Südamerika aus. Sein Hab und Gut ist angeblich verkauft und das restliche Gepäck wartet bereits am Flughafen auf ihn. Gestern Nacht in der Bar, das war sein Abschied. Heute Abend sitzt er schon im Flieger.«

»Oh. Wie schade«, bedauerte die junge Frau ehrlich. Der stets gut gelaunte Nick war ihr mit seiner fröhlichen, unaufdringlichen und hilfsbereiten Art ans Herz gewachsen. Die Worte ihrer Gesprächspartnerin versetzten ihr in der Tat einen Stich. Warum mussten die Schicksalsschläge immer die Guten treffen?

»Ja, er wird uns fehlen«, pflichtete die Ältere ihr bei. Dann sah sie sich verstohlen um und senkte die Stimme: »Man munkelt, unser Programmleiter hat ihm eine fünfstellige Summe für seine Kladde geboten. Aber er hat abgelehnt.«

Die Kladde, wie sie es nannte, war ein einfaches Schul-
heft im DIN-A4-Format. Aber das hatte es in sich: es
enthielt die Eigenheiten, Vorlieben und Abneigungen
von sämtlichen Promis, mit denen Nick je zu tun gehabt
hatte. In ihm war unter anderem festgehalten, welche
Schokoladensorte am Drehort des Münsteraner Tatorts
nicht fehlen durfte, wie viele Stücke Zucker die Münchner Kommissare in ihrem Kaffee wünschten oder bei
welchem Tatort, wegen Allergien, keine Tiere am Drehort erwünscht waren. Bei jedem neuen Schauspieler oder
Gast hatte Nick akribisch recherchiert und am Ende
seine Erfahrungen mit der jeweiligen Person festgehalten.

»Mit der Kladde allein ist es ja wahrscheinlich nicht
getan, wenn keiner dafür sorgt, dass alles pünktlich
bereitsteht …« Mehr konnte Viktoria dazu nicht sagen.
Die Tür am anderen Ende des Durchgangs wurde geöffnet.

Ein ganz in Schwarz gekleideter Mann mittleren
Alters näherte sich mit geschäftigem Blick den beiden
Frauen. »Wo bleibt ihr denn? Die Szene mit der Strei-
fenpolizistin ist gleich dran.«

*

Die »Streifenpolizistin«, das war Viktoria. Nachdem
sie mit einer Uniform ausgestattet worden war und der
Maskenbildner ihr die Nase gepudert hatte, musste sie
mehrere Male an der geöffneten Bürotür vorbeigehen,
während Maria Furtwängler alias Charlotte Lindholm
sich mit dem Staatsanwalt ein Wortgefecht lieferte. Wieder einmal war sie beeindruckt, wie wenig man bei die-

sen Drehs dem Glück überließ, selbst scheinbar zufällig vorbeischlendernde Passanten wurden sorgfältig ausgewählt.

Ihren eigenen Schreibtisch, an den sich die Hauptkommissarin in dieser Szene lässig anlehnte, erkannte die Nord/LB-Mitarbeiterin kaum wieder. Der ganze Raum sah anders aus: Statt des Kalenders klebte ein Stadtplan an der Wand, der mit bunten Fähnchen gespickt war. Tatorte einer Mordserie, so vermutete sie, um die es in dieser Tatortfolge ging. Auf dem Whiteboard, auf dem Viktoria und ihre Kollegen normalerweise ihren Arbeitsfortschritt und offene Fragen dokumentierten, klebten Fotos von mehr oder weniger lebendigen Personen, die mit Pfeilen in Beziehung gesetzt waren. Einer davon kam ihr bekannt vor …

»Ist das nicht …?«

»›Rocco on the rocks‹, der böse Bube unter den Rockmusikern«, vervollständigte Sunny, der Maskenbildner, mit verklärtem Blick. »Unser special guest. Leider ist er hetero.«

»Rocco on the rocks«! Seit seiner Teilnahme am Dschungelcamp war der stimmlich eher maßige Sänger zum gefragten Promi mutiert. Und er sollte heute in einer kleinen Gastrolle von Frau Lindholm als Zeuge vernommen werden, wie Sunny wusste und wie er ihr bereitwillig mitteilte. Das erklärte dann wohl auch die diesmal erstaunlich große Menschenmenge vor der Tür und das immense Securityaufgebot.

»Hach, das war gar nicht so leicht in der Maske«, beschwerte sich Sunny in gespielter Entrüstung. »Er ist ja am ganzen Körper tätowiert.«

»Mach mal halblang«, hörte Viktoria jetzt Nicks Stimme hinter sich. Sunny grinste nur. Wie alle hier, ob hinter oder vor der Kamera, spielte der junge Mann eine Rolle.

Nick sah mit starrer Miene auf die stumme Szene hinter der Glaswand des »LKA-Büros«, wo gerade der Regisseur die folgende Sequenz mit dem Rockstar und der Kommissarin durchsprach. Rocco legte ungeniert den tätowierten Arm um Maria Furtwänglers Hüfte, die unauffällig versuchte, sich ihm zu entwinden. Nick sog scharf die Luft ein.

Jetzt deutete der Regisseur in ihre Richtung, wo eine der Kameras stand. Rocco folgte seinem Blick und seine Augen weiteten sich. Kurz runzelte der Rockstar die Stirn, um dann lässig zu ihnen herüberzugrüßen.

Bildete Viktoria es sich ein, oder hatte Nick geknurrt?

*

Die Szenen waren im Kasten und die meisten Mitarbeiter am Set hatten sich in verschiedenste Richtungen auf den Heimweg gemacht. Viktoria hatte von Maria Furtwängler außerdem ein Autogramm ergattert, bevor die von ihrem Chauffeur abgeholt worden war. Jetzt hoffte die junge Frau darauf, wenigstens noch ein paar Abschiedsworte mit Nick wechseln zu können, ehe auch sie an diesem Sonnabend ins Wochenende verschwinden würde.

Nick schien allerdings beschäftigt. »Hast du den Whisky besorgt?«, wurde er gerade vom Regisseur gefragt. Das »Mädchen für alles« warf ihm einen vernichtenden Blick zu ob dieser offenbar überflüssigen Frage.

»Rocco on the rocks« gesellte sich zu den beiden und klopfte Nick gönnerhaft auf die Schulter. »Unser ›Bärlein für alles‹ vergisst doch seine Pflichten nicht«, dröhnte er und lachte schallend.

Nick verzog keine Miene.

»Wir setzen uns in den Besprechungsraum hier vorne«, teilte der Regisseur seinem Mitarbeiter nun mit. »Bringst du uns den Whisky dorthin? Und … sehen wir uns dann später noch?«

Das Nicken galt dem Getränkewunsch seines Chefs, dessen abschließende Frage verneinte der Angesprochene knapp und ohne erkennbare Emotion. Die Verabschiedung zwischen dem Regisseur und Nick verlief ziemlich unterkühlt. Für den Rockmusiker hatte der rundliche Mann überhaupt keine Grußworte.

✳

»Die planen so eine Doku-Soap«, antwortete Nick kurz darauf auf ihre Frage, was die beiden denn so Wichtiges zu besprechen hätten. Sein Blick verengte sich. »Ich bin nur froh, dass ich bald ganz weit weg bin«, erklärte er dann scheinbar zusammenhanglos.

Viktoria und er hatten sich noch zu einem Abschiedsdrink in der »Ständigen Vertretung«, der Kneipe direkt neben dem Nord/LB-Gebäude, zusammengefunden. Eben fuhr das Taxi vor, das den Auswanderer endgültig zum Flughafen bringen würde.

Nick trank sein Kölsch aus und legte einen Zehn-Euro-Schein auf den Tisch.

»Leb wohl.« Er erhob sich und steckte sein Portemonnaie in die Innentasche seiner Jacke zurück. Stattdessen zog er ein schmales Heft hervor. Er reichte es der jungen Frau. »Hier eine Erinnerung an das ›Bärlein für alles‹.« Ohne sich noch einmal umzusehen, steuerte er auf das wartende Taxi zu.

Neugierig betrachtete Viktoria das Heft, die legendäre Kladde. Plötzlich spürte sie einen Kloß in ihrem Hals. »Leb wohl, ›Bärlein für alles‹«, murmelte sie leise.

٭

»Hast du denn *gar nichts* mitbekommen?«, wollte ihre Freundin Sabine zum gefühlt hundertsten Mal wissen.

»Nein, als ich gegangen bin, war er noch am Leben und erfreute sich bester Gesundheit.«

Bine hatte Viktoria gerade angerufen und vom überraschenden Tod des beliebten Rockstars »Rocco on the rocks« berichtet.

Viktoria hatte an diesem Sonntagmorgen länger als üblich geschlafen und war vom Klingeln des Telefons geweckt worden. Entsetzt hatte sie dann ihrer Freundin gelauscht, als die ihr die neuesten Nachrichten von Roccos Ableben überbrachte.

Anschließend schilderte sie selber Sabine den Verlauf des gestrigen Tages in allen Einzelheiten und beteuerte zum wiederholten Male, nichts mitbekommen zu haben, was mit dem überraschenden Tod des Rockstars zu tun haben könnte. Es dauerte eine Weile, bis sie Bine von ihrer Ahnungslosigkeit überzeugt hatte, aber schließlich beendeten die Freundinnen das Gespräch und verabredeten sich für den Nachmittag zu einem Spaziergang um den Maschsee.

Nachdem sie aufgelegt hatte, kochte Viktoria sich erst einmal einen Kaffee, außerdem warf sie ihren Laptop an.

Berichte über den Tod des Musikers sprangen ihr sofort ins Auge. Ersten Gerüchten zufolge sei Gift im Spiel gewesen. Rocco war nach dem Drehtag in der Norddeutschen Landesbank auf dem Weg zu seinem Wagen in der angeschlossenen Tiefgarage zusammengebrochen. Zuvor hatte er mit dem Regisseur des »Tatorts« und künftigem Produzenten einer neuen Doku-Soap auf ihren gerade abgeschlossenen Vertrag angestoßen.

»Wir haben uns ein Glas besten Single Malt gegönnt«, hatte der sichtlich geschockte Filmmensch und Whiskykenner der Polizei und Presse erklärt. »Darüber hinaus haben wir beide nichts zu uns genommen. Das kann Ihnen mein Fahrer ebenfalls bestätigen.«

Selbiger hatte zwar die besonderen, sogenannten Nosing-Gläser, die ihren Namen ihrer sich verjüngenden Form verdankten, durch die sich das Whiskyaroma besonders gut entfalten sollte, bereits abgespült, doch die Flasche stand noch auf dem Besprechungstisch, an dem die beiden Männer gesessen hatten, und konnte von der Polizei direkt beschlagnahmt werden. Gegen den kontaminierten Whisky sprach allerdings, dass der Regisseur keinerlei Vergiftungssymptome zeigte. Man vermutete daher, dass es den Rockmusiker auf dem Weg zu seinem Auto erwischt hatte. Möglicherweise hatte er irgendwelche Pillen eingeworfen? Die

Obduktion würde das zeigen. Bisher deutete jedoch auch nichts, was der Tote mit sich geführt hatte, auf diese Theorie hin. Weder, so wussten die Berichterstatter, eine leere Tablettenschachtel noch sonstige Behältnisse, die auf Drogen oder Medikamente hinwiesen, waren bei ihm gefunden worden. Genauso wenig wie man auf der Strecke, die der Verstorbene durchs Gebäude genommen haben musste, etwas Derartiges entdeckt hatte.

Von der schreibenden Zunft wurden erste Vermutungen laut, der Verstorbene habe seinen Tod selbst inszeniert. Stichhaltige Gründe dafür fanden sich aber ebenso wenig wie für einen Mord.

Nachdenklich trank Viktoria einen Schluck Kaffee. Wenn sie es nicht besser gewusst hätte, fiele ihr Verdacht auf Nick. Sein Verhalten am Set sprach dafür, dass es »Rocco on the rocks« gewesen war, der seiner Schwester das Herz gebrochen hatte und der demnach, zumindest in Nicks Augen, für ihren Tod mit verantwortlich war. Aber der loyale Nick hätte niemals den Whisky vergiftet und damit das Leben eines weiteren Menschen riskiert. Und es war ja auch weder Gift in der Flasche festgestellt worden noch zeigte eine andere Person außer Rocco Symptome oder war gar zu Tode gekommen.

Viktoria klickte sich weiter durch diverse Online-Artikel zum tragischen Tod einer »Rocklegende«, wie er inzwischen bereits gehandelt wurde. Also doch Suizid? War der Sänger unheilbar krank gewesen? Hatte er Schulden? Oder womöglich Liebeskummer? Nichts davon war der Öffentlichkeit bekannt.

Sie bestrich sich eine Scheibe Toast mit Nussnougat-creme. »Mit dem besten aus der Haselnuss« stand vorne auf dem Glas. Sie biss herzhaft in ihr Brot. Dabei erinnerte sie sich an eine Tatortfolge, bei der das Opfer an einem allergischen Schock nach Genuss eines Gebäckteils mit Nussfüllung verstorben war.

Hatte Rocco möglicherweise an einer Allergie gelitten? Konnte der Whisky mit einem Allergen versetzt worden sein, das für andere nachweislich unschädlich war?

Wer hätte so etwas besser gewusst als Nick? Mit klopfendem Herzen öffnete sie die Kladde. Wenn darin etwas vermerkt war, dann hatte sie den Beweis für einen Mord. Ob sie das Heft der Polizei dann übergeben sollte? Würde man Nick festnehmen? Würden sie ihn überhaupt in Südamerika finden, wenn er das nicht wollte? Und gab es einen Auslieferungsvertrag zwischen Deutschland und dem Land, in dem er sich gerade befand? Ihr fiel nicht ein, ob er überhaupt gesagt hatte, wohin genau er auswandern wollte.

Ihre Gedanken rasten, während sie aufgeregt blätterte.

Es dauerte eine Weile, bis sie den Eintrag über Rocco fand, da die Sortierung der Einträge nicht alphabetisch, sondern chronologisch war.

Und dann ... fiel ihr ein Stein vom Herzen. Hier stand nur, dass er Whisky als Getränk besonders liebe und seinem Namen alle Ehre mache, aber rein gar nichts von einer Allergie.

Sie atmete auf und starrte erleichtert auf Nicks krakelige Handschrift.

Und plötzlich wusste sie es.

Mit zitternden Fingern durchsuchte sie das abgegriffene Heft weiter, bis sie den Eintrag über den Regisseur fand:

›»Whisky-Narr«, las sie, »bevorzugt schottische Sorten« und »Nosing-Gläser bereitstellen«.

Und dann stand da noch in Großbuchstaben: »ACHTUNG: HASST EIS IM WHISKY!!!«

DIE BEGEGNUNG

RICHARD BIRKEFELD

Die Markthalle im Frühjahr 1924

Der Gestank war hart an der Grenze des Erträglichen.

Tante Martha schnupfte in den hochgezogenen Zipfel ihrer Schürze und richtete am Hinterkopf mit einer Nadel den Haarknoten.

Der Fischgeruch vom Stand gegenüber vermischte sich mit dem typischen Markthallenmief, der den ganzen Tag feucht über die Fleisch- und Gemüsestände waberte, als hätte die Göttin des Ackerbaus und der Fruchtbarkeit, die alte Ceres, ihre Tunika gelüftet, um mit ihren Flatulenzen all die vielfältigen Feld-, Garten-, Baum- und Wiesenfrüchte konservierend zu begasen.

Damals, vor dem großen Krieg, das wusste Martha, war hier in der Halle alles sauberer gewesen, hygienischer, wie man so sagte; jetzt aber hatte dieser Kristallpalast gelitten, die Hungerjahre, die Inflation, all das hatte ihm den Rest gegeben. Die Kühlräume unten im Kellergewölbe waren marode und Schimmel und Rost fraßen sich durch die Konstruktion aus Glas und Eisen.

Fleisch und Fisch mussten oben in den Ständen mit großen Eisblöcken frisch gehalten werden, und blasiges

Schmelzwasser sammelte sich auf dem Hallenboden in übel stinkenden und von den unzähligen Schuhen der Kundschaft verschmutzten Lachen.

Tante Martha hatte gerade kurz vor Verkaufsschluss die Fliesen ihres Pferdefleischstandes mit einem Wischmopp gereinigt, als sie von einem Mann in weißer Gummischürze angesprochen wurde.

»'n Abend, Martha, immer musst du putzen und reinemachen. Nutzt doch eh nichts bei all dem *Kallamatsch* hier. – Aber sach mal, wo ist dein Ziehsohn?«

»Der is noch unterwegs!«

»Er muss mir mal helfen. Mäxchen is *figelinsch* wie kein Zweiter«, lobte Marktleiter Noltemeyer ihren abwesenden Zögling und schlug Tante Martha auf die Schulter. »Ich bin zwar ab morgen für fünf Tage zur Marktleitertagung in Berlin, aber schick ihn doch mal Anfang der übernächsten Woche zu mir. Oben auf der Markthalle läuft in der Dachrinne das Wasser nicht ab. Wenn's regnet, tropft die Brühe auf Ostermanns Gemüsestand und verdirbt alles! Nur das Mäxchen tut durch die Dachluke passen. Drei Groschen kriegt er!«

»Ich sag's ihm!« Die Frau ging wieder hinter den Tresen ihres Standes und sammelte in einer Tüte blutverschmierte Rippenknochen ein.

Mäxchen hatte die Abfälle in aller Herrgottsfrühe vom Großmarkt geholt, teilweise erbettelt oder stibitzt, je nach Gelegenheit. Der Junge war auf Draht, der ließ sich nicht die Wurst vom Brot nehmen, war mit seinen vierzehn Jahren ein echter Lindener *Butjer*, obwohl er ja *vom Damme* kam. In ihm vermengte sich das Schlitzohrige mit dem Gradlinigen zu einem hannoverschen Edelgewächs. Und hübsch war er, der blonde Knabe, zartgliedrig, beinah mädchenhaft. Oft von auf Krawall gebürsteten gleichaltrigen Straßenjungen unterschätzt, verstand er es dennoch, sich zu wehren, scheute sich auch nicht, *zurückzukleistern*, wenn man ihn *verbimsen* wollte. Nein, Mäxchen hatte Mumm in den Knochen, ließ sich nichts gefallen, was wohl auch an seinem traurigen Schicksal lag. Sein Vater war gleich im ersten Kriegsjahr bei der Schlacht an der Marne gefallen, seine geliebte Mutter zwei Jahre später im Steckrübenwinter an Schwindsucht verstorben. Ein, zwei harte Jahre, in denen er auf sich allein gestellt war, verbrachte er im Waisenhaus, bis Tante Martha, die Schwester seiner Mutter, den Waisen aufgenommen, adoptiert und nach Linden geholt hatte. Erst nach der Inflationszeit konnte sie sich das leisten, als die Pferdeschlachterei ihres Mannes in der Pfarrlandstraße und der Verkaufsstand in der Markthalle die schlimmste Zeit überstanden hatten. Das kinderlose Ehepaar kam mit ihrem Zögling in den folgenden Jahren recht gut über die Runden, weil sich der Junge prächtig entwickelte und in den Verkaufsläden aushalf, wo er nur konnte. Manchmal auch mit krummen Geschäften auf dem Schwarzmarkt, wie Tante Martha wusste, besonders aber in der Wandelhalle des Bahnhofs, wo *geküngelt* und *gekütchebücht* und so manche Sore verhökert wurde. Dort bot Mäxchen in den Wartesälen den Durchreisenden Pferdefleisch als »Schweinesülze im Glas« an, die Tante Martha und er heimlich in der Schlachterei hergestellt hatten, wenn der Meister irgendwo bei Celle wieder mal schlachtreife Zossen aufkaufte. Diese Nebeneinnahmen teilten sich Martha und Mäxchen, ohne den Ehemann beziehungsweise seinen als geizig verschrienen Onkel, den Rossschlachtermeister Heinrich Soltendiek, davon in Kenntnis zu setzen.

Sie kaufte sich davon schicke Ballkleider für die jährlich stattfindende Innungsfeier der Metzgermeister im Tivoli-Konzertgarten; Mäxchen sparte das Geld, um sich in vier Jahren, wenn er den Führerschein machen konnte, eine DKW 173 zu kaufen. Das Siegermotorrad des diesjährigen Eilenriederennens.

Tante Martha blickte auf die Hallenuhr. Wo blieb Mäxchen? Er musste noch die Rippenknochen zur alten Piepenbrink bringen, einer alten treuen Kundin, die aber seit einiger Zeit ihr Kabuff oben im Dachgeschoss in der Burgstraße aufgrund ihrer Gebrechlichkeit kaum noch verlassen konnte.

Martha machte sich Sorgen. Am Bahnhof und hinterm Café Kröpcke trieb sich so manch lichtscheues und gewaltbereites Gesindel herum, von den vielen Dirnen und ihren Luden, den Mitschnackern, Sodomisten und Päderasten ganz zu schweigen. Seit einigen Jahren verschwanden immer wieder junge Knaben spurlos in den finsteren Gassen der Altstadt und man munkelte, in Hannover ginge der Werwolf um. Vor drei Wochen, so stand es im »Volkswillen«, hatten ein paar Kinder beim Spielen einen entfleischten Jünglingsschädel an der Bruckmühle hinterm Leineschloss im Mühlengraben gefunden – nur wenige Hundert Meter von der Markthalle entfernt. Vor zwei Tagen einen weiteren abgetrennten Kopf an der Wasserkunst in Limmer. Solche Nachrichten konnte man nicht einfach überlesen, da machte sich Angst breit, wenn der Nachwuchs nicht pünktlich wieder auftauchte.

*

Mäxchen hatte neun Gläser seiner »Schweinesülze« im Wartesaal an hungrige Reisende verkaufen können, die dort auf ihre Weiterfahrt nach Berlin oder Köln warteten. Oft liefen dort Polizeispitzel oder Zivile herum, die die Schwarzhändler aus den Wartesälen vertrieben, aber Mäxchen hatte dem ein oder anderen Kontrolleur ein paar Gläser zugesteckt und schon war Ruhe im Karton, schon wurde er nicht mehr überprüft und kam ohne Fahrkarte in die Wartesäle hinein.

Doch heute war es spät geworden. Es dämmerte bereits, als er an der bereits verschlossenen Markthalle eintraf. Tante Martha war wohl schon längst auf dem Heimweg nach Linden. Der Pförtner auf der Rückseite des Gebäudes musste ihn reinlassen, damit er die Rippchen für die alte Piepenbrink holen konnte. Sofort danach machte sich Mäxchen auf den Weg, um seine letzte heutige Arbeitspflicht zu erfüllen.

Er ging an der Wasserkunst vorbei, um über den begrünten Friederikenplatz an die Leine zu kommen. Er folgte dem Ufer und beobachtete einige Polizisten, die mit Keschern und Staken im flachen Wasser des Flusses *herumstokelten* und irgendetwas zu suchen schienen. An der Schlossbrücke verließ er die Leineinsel, das sogenannte Klein-Venedig, stieg in den Klostergang und tauchte in die dunkle und marode Schattenwelt der Altstadt ein. An der Pferdetränke konnte er drüben am anderen Ufer, hinter der Neuen Straße und dem Homotreffpunkt »Zur Schwulen Guste«, die Synagoge erkennen, die von der untergehenden Sonne rot angeleuchtet wurde.

Die Leine vor ihm entpuppte sich nun im Frühsommer als stinkende Kloake, träge mit öligen Schlieren dahinströmend, in den Kehrwassern am Ufer bräunlichen Schaum ansammelnd, der auf der Oberfläche schwappte wie der abgeschrubbte zweiwöchige grindähnliche Körperdreck in der emaillierten *Balje* eines öffentlichen Brause- und Wannenbades.

Hinter ihm dräuten die schmutzigen Fachwerkfassaden mit ihren von allen guten Geistern verlassenen Gassen und Stiegen, in die kaum ein Sonnenstrahl fiel und deren Gaslaternen zumeist nicht funktionierten. Nun, da das Tageslicht in die Dunkelheit dämmerte, folgte er der schattigen Rossmühle zur Burgstraße, ständig aufpassend, nicht in den Unrat zu treten, der das Kopfsteinpflaster rutschig machte oder die Hosen bis hoch in die Kniekehlen mit Flecken *behammelte*. Schemen hasteten oder schlichen an ihm vorbei, Geraune hinter vorgehaltener Hand, weibisches Gekichere, *Strezer* und Schleichhändler auf krummen Touren, Dirnen und Pupenjungen gleichermaßen sich anbietend und tummelnd am Ballhofplatz, dem Sodom des Laster- und Luderlebens, einer bitterschwarzen Melange aus Asozialität und Armut. Dazwischen all die Verdammten, die hier leben mussten, in ihren Verschlägen, Dachkammern, Giebeln, in Kabuffs und über hinfälligen Kabachen. All die Unglückseligen, die in heruntergekommenen Löchern hausten, zerfallenen Hinterhäusern mit den typisch dünnen Tapezierwänden, steilen Treppenstiegen, ohne elektrisches Licht und ohne Toiletten auf den Zwischenetagen, mit nur ein, zwei Aborten auf engen, verkoteten Hinterhöfen für Hunderte von Anwohnern.

Am Ende der Burgstraße wohnte die alte Piepenbrink unter dem Dach, und Mäxchen musste höllisch aufpassen, in der Finsternis des Treppenhauses mit all den steilen und brüchigen Stufen nicht zu stürzen. Die Alte war dankbar, als er oben ankam, und wollte ihm noch in einem Gespräch ihr Leid klagen, doch Mäxchen gab vor, keine Zeit zu haben. Er wollte nur so schnell wie möglich wieder raus aus diesem ruinösen Gemäuer, dieser maroden und morbiden Atmosphäre.

Aber kaum war er wieder auf der Straße, wurde er von drei Gleichaltrigen umringt, die ihn sofort anpöbelten.

Anführer der Bande war der unter ansässigen Jugendlichen gefürchtete Altstadtschläger Aadje Bartling und sein kleingewachsener Schießhund, der brandgefährliche, aber geistig etwas zurückgeblicbene Kalle Grotjahn. Den Dritten im Bunde, eine blasshäutige Pickelfresse, kannte Mäxchen nicht, musste aber immer wieder auf dessen auffällige syphilitische Sattelnase starren. Allerdings etwas zu lange.

»Was tust'n meinen Kumpel anstieren, du Hinterlader?« Aadje trat einen Schritt auf Mäxchen zu und hielt ihm die Faust unter die Nase.

Mäxchen blieb unbeeindruckt. Er war es gewohnt, aufgrund seines Aussehens von seinen Geschlechtsgenossen als »Schwuchtel« oder »Stricher« verhöhnt zu werden. Die Lästereien solcher *Hahnjökels* gingen ihm mittlerweile an seinem stolzen Lindener Arsch vorbei.

»Ja, selten zu einer Hackfresse eine solch passende Gummel gesehen!«, gab er mutig zur Antwort. Er würde hier nicht klein beigeben. »Kommt doch her, wenn ihr was wollt!«

Doch gerade als Aadje sich einen Schlagring überzog, trat plötzlich – wie aus dem dunklen Nichts – ein etwa vierzigjähriger Mann, mit Kreissäge auf dem Kopf und mit einem Fischgrätanzug bekleidet, dazwischen, hielt den drei Rabauken einen amtlich aussehenden Ausweis unter die Nase und scheuchte sie von dannen. »Verpisst euch, ihr Halunken, sonst steck ich euch ins Loch, verdammte Bagage!« Dann wandte er sich an Mäxchen. »Alles gut, du Hübscher?«

Mäxchen nickte und musterte den Fremden, der ein rundliches Gesicht besaß. Auf der Oberlippe trug der Mann ein kleines englisches Bärtchen, das er immer wieder mit seiner fleischigen Zunge, die auffallend oft über seine Lippe strich, benetzen zu wollen schien, während die kleinen Äuglein Mäxchen wachsam betrachteten. Irgendwie hatte der Typ etwas Weibisches an sich, und die Stimme kickste am Ende eines Satzes immer etwas tuntig, als wäre der Mann auf der Suche nach einem Freier.

»Ich kenne dich«, fuhr der Mann fort, »du bist doch das Mündel von die alte Soltendieck ausser Halle, von Heinis Gesponst, dem Lindener Pferdeschlachter?«

»Stimmt genau!« Mäxchen war über die Kenntnis des Mannes überrascht.

»Ja, ich kenn dich von die Bahnhofshalle und die Wartesäle. Du verscherbelst dort das Pferdefleisch als Schweineschinken und denkst, das tut kein Aas merken. Aber *Flötjepiepen* – ich weiß Bescheid!« Die Augen des Mannes wanderten über Mäxchens Gesicht. »Was biste nur für ein selten schönes Goldstück. Da *glubscht* ja wohl jeder hinter dir her.«

»Jede!«, korrigierte Mäxchen bestimmt. »Jede! – Ich bin nicht vom anderen Leineufer!«

»Ist ja schon gut, mein Schöner«, beschwichtigte der Fremde, »ich wollte dir nur ein Angebot unterbreiten. Ich vertreibe nämlich schwarzgeschlachtetes Schweinefleisch, nur wunderbar schieres, und würde dir ein verdammt gutes Angebot machen. Dann wäre in deinen Gläsern auch drin, was draufstehen tut. Verstehste? Ich würde dir das Kilo für eine Reichsmark überlassen. Interesse?«

Der Kilopreis war natürlich verführerisch, doch Mäxchen zögerte und blieb misstrauisch. »Ich weiß nicht …«

»Soll ich dafür sorgen, dass die Grünen mal deine sogenannte ›Schweinesülze‹ unter die Lupe nehmen?« Das Tuckenhafte in der Stimme des Mannes war verschwunden. Seine Zunge zuckte über die Lippen. Die Augen blickten hart.

Die Drohung saß. Mäxchen nickte unmerklich. »Wie viel haben Sie?«

»Vier bis fünf Kilo fürs Erste. Ich kann aber mehr oder weniger regelmäßig liefern. Das ist für dich doch schnelle Penunze, nüch? Nüch wahr?«

»Natürlich – also gut!« Mäxchen überschlug den möglichen Gewinn. »Wo bekomme ich das Fleisch?«

»Morgen Mittag. Unten auf dem Männerklo in der Halle.«

»Alles klar. Ich heiße Mäxchen, und wie heißen Sie, bitte schön?«

Eine weiche und warme Hand drückte die seine, während der Mittelfinger des Mannes ungeniert in Mäxchens Handfläche rührte.

»Du kannst mich Onkel Friedrich nennen, du süßer, possierlicher Engel, du!«

*

Keine Frage, der Mann war ein Hundertfünfundsiebziger, aber das war Mäxchen egal, solange er zuverlässig lieferte.

Beim ersten Treffen in der Markthallentoilette war sein neuer Geschäftspartner auf die Minute pünktlich und brachte das Fleisch im eingeschlagenen Zeitungspapier mit. Aber er übergab es nicht sofort, zog es immer wieder weg, wenn Mäxchen danach greifen wollte, und klimperte verliebt mit den Augen. »Hol's doch, Hase! Hol's dir!«

Erst als Mäxchen ärgerlich auf diese Annäherungsversuche reagierte, überließ ihm der Mann das Fleisch mit den Worten: »Aber wir tun's noch, irgendwann, nüch wahr? Nüch?«

Von Treffen zu Treffen wurde das Verhalten des Mannes aufdringlicher. Mal präsentierte er seine im Schritt ausgebeulte Hose, mal gab er vor, am Rinnstein urinieren zu müssen, ohne dabei seine wahre Absicht zu verbergen, manchmal versuchte er gar, nach Mäxchen zu greifen oder verlor sich in zotigen Andeutungen und unsittlichen, geradezu schweinischen Angeboten. Er war sogar bereit, für Mäxchen den Kilopreis des Fleisches zu senken, sollte dieser ihm mit Hand oder Mund behilflich sein. »Das wär doch schön, nüch? Nüch wahr?«

Natürlich ließ sich Mäxchen nicht erweichen, zog sein Geschäft durch und hakte die Penetranz des Mannes als notwendiges Übel eines einträglichen Geschäftes ab. Dennoch flößte der Mann ihm Furcht ein, und er trat diesem auf der Toilette sicherheitshalber stets mit seinem gezückten Schlachtermesser gegenüber, dessen Schärfe er immer dann mit dem Daumen prüfte, wenn der verliebte Ausdruck des Mannes sich in einen wütend-enttäuschten oder gar bösartigen zu verändern drohte. Keine Frage, Onkel Friedrich schien nicht gerade der ungefährlichste Zeitgenosse zu sein, ein unberechenbarer Charakter, der empfindsamere Naturen als Mäxchen durchaus in Angst und Schrecken zu versetzen vermochte.

Ansonsten war aber auf den Mann Verlass. Pünktlich und regelmäßig wurde das Fleisch in der Markthallentoilette übergeben, am nächsten Tag mit Tante Martha verarbeitet und schließlich sukzessive in den Wartesälen an die Käufer gebracht. Das Geschäft brummte, und Mäxchen war viel unterwegs.

Obwohl er den Termin beim Marktleiter schon mehrmals verschoben hatte, fand er in den nächsten Wochen an einem Vormittag Zeit, ihm beim Säubern der Dachrinne zu helfen.

Er war durch die enge Glasluke aufs Dach gestiegen, zur Rinne runtergerutscht und hatte schnell das

Problem entdeckt. Es handelte sich um in Zeitungspapier eingeschlagene Kotpakete, die von irgendwelchen Anwohnern aus dem Nachbarhaus aufs Dach der
Markthalle geworfen worden sein mussten und dort nun
den Abfluss verstopften. Diese Art der Entsorgung kam
häufiger vor, da die Bewohner nachts keine Lust hatten,
in völliger Finsternis die steilen Stiegen bis in den Hin-
terhof hinabzusteigen, um dort auf dem Abtritt die Not-
durft zu verrichten. Da war es einfacher, sein Geschäft
über einer Zeitung zu verrichten, alles schön zusam-
menzufalten und schließlich aus dem Fenster zu werfen.

Mäxchen ließ sich einen Besen reichen und stocherte
so lange im Abfluss der Rinne herum, bis mit einem
gurgelnden Geräusch das aufgestaute Regenwasser wieder abfloss.

Der Marktleiter zog Mäxchen an der Hand wieder
hoch zur Dachluke. »Und? – Was war's?«

»Scheißepäckchen!«

»Schon wieder!« Der Marktleiter schnaubte wütend
und half Mäxchen durch die Luke. »Ich weiß, wer das
war. Das ist dieser Tagelöhner von ganz oben. Der hat
das schon ein paarmal gemacht. Den knöpf ich mir mal
vor.«

Als sie wieder nach unten geklettert waren, steckte
der Marktleiter Mäxchen die Groschen zu. »Anderer-
seits war es nur Scheiße«, grinste er, »denn ich hatte
schon die Befürchtung, dass es ebenso Leichenteile hätten sein können. Weißte, solche, wie sie sie seit Tagen
aus der Leine fischen, Knochen, Schädel, Hände und
so'n Kram.«

»Das wäre ja noch ekelhafter gewesen«, entgegnete Mäxchen und roch an seinen Händen, »aber mich hätt's auch nicht gewundert! Diese Knochen fliegen ja momentan überall rum. Die müssen doch zu Dutzenden von Menschen gehören? Vielleicht treibt hier doch ein Werwolf sein Unwesen?«

»Papperlapapp!« Der Marktleiter schlug Mäxchen zum Abschied jovial auf die Schulter. »Du wirst sehen, das sind nur irgendwelche Knochen von einem alten Friedhof, den die Leine irgendwo zwischen dem Eichsfeld und Hannover unterspült hat. Glaub mir, die müssen die Knochen nur richtig *auseinanderklamüsern*.«

»Hoffentlich haben Sie recht!« Mäxchen blickte zur Hallenuhr. »Ich muss los, ich hab noch eine Verabredung. Und stauchen Sie mal diesen Tagelöhner zusammen. Ich möchte nicht noch mal in seiner Scheiße rumstochern müssen!«

✳

Doch diesmal wartete Mäxchen auf der Toilette vergebens. Nach einer knappen Stunde Warterei verließ er die gekachelten Räumlichkeiten mit ihrem seltsamen Hautgout aus Urin, Schweiß und Schimmelpilzen.

Aber oben in der Halle war die Luft auch nicht angenehmer.

Mäxchen beschlich oft das Gefühl, als hätte eine übergeordnete Macht der Zeit eine Käseglocke übergestülpt, damit alles darunter schimmelte, gärte, brodelte und giftige Gase entwickelte, nur damit sie sich irgendwann und unverhofft durch eine gewaltige Explosion wieder befreien konnte.

Mäxchen war enttäuscht von seinem Lieferanten, musste er doch nun wieder die Restposten Pferdefleisch als Schweinesülze im Bahnhof veräußern. Auch am nächsten Tag tauchte der Mann nicht mehr auf, und es war ihm klar, dass wohl die gute Zeit des Geldverdienens vorüber war.

Als er auch an einem weiteren Tag enttäuscht die Toilette verließ und sich Tante Marthas Stand näherte, bemerkte er eine größere Menschenmenge, die sich dort versammelt hatte und aufgeregt gestikulierte.

»Sie haben ihn! Sie haben ihn!«

Mehrfach scholl ihm dieser Satz entgegen, bis er, in dem Menschenknäuel angekommen, erfuhr, dass die Polizei den angeblichen Werwolf geschnappt hätte.

Ein Massenmörder sei das, ein bekannter Polizeispitzel aus der Neustadt, ein unverbesserlicher Hundertfünfundsiebziger und ein Monster unvorstellbaren Ausmaßes.

Mäxchen tat sich schwer, sich auf das wirre Gerede, die bruchstückhaften Sätze und die zusammenhangslosen Wortfetzen einen Reim zu machen, nahm seine Tante beiseite und fragte, wer denn nun der Werwolf sei.

Ihr Gesicht war ob der sensationellen Neuigkeit ganz gerötet und ihre Stimme überschlug sich fast: »Das ist irgend so ein Unhold, so'n Päderast, der seine Opfer ausgeweidet hat. Frag mich nicht – zwanzig, dreißig Knaben vielleicht – bestialisch zerstückelt, in seiner Bruchbude drüben in der Calenberger Neustadt, irgendwo in der Roten Reihe!«

»Und wie heißt der Kerl?« Mäxchen spürte einen kalten Luftzug in seinem Nacken, und dieser typische Markthallengeruch stieg überdeutlich in seine Nase.

»Irgend'n Fritze Sowieso«, schnaubte seine Tante atemlos, »ich kann mir Namen immer so schlecht merken.« Sie wandte sich wieder der Gruppe zu, drehte sich aber noch einmal zu ihm um. »Aber morgen wird der Name von dem Ungeheuer bestimmt in aller Munde sein! Denk an meine Worte!«

Mäxchen nickte, stierte dann gedankenverloren ins Leere. Sollte da etwa ein Zusammenhang sein? Junge, Junge – dann wäre er ja wohl noch mal dem Tod von der Schippe gesprungen. Aber dann bestünde auch die Möglichkeit, dass die gelieferte Ware …? Nein – undenkbar! Über mehr wollte und mochte er auch nicht nachdenken.

Aber vielleicht sollte er in Zukunft auch kleinere Brötchen backen. Er nahm sich vor, ab dem nächsten Tag auf den Gläsern das zu deklarieren, was sie auch beinhalteten – nämlich gutes, ehrliches und abgehangenes Pferdefleisch.

FRÖSCHE OHNE MASKEN

JOACHIM ANLAUF

Fritz von Gomberg, Notar und Rechtsanwalt

Wissen Sie, ich helfe gerne. Das liegt mir sozusagen im Blut. Vielleicht bin ich deshalb auch Rechtsanwalt geworden. Hab ich mir nicht ausgedacht. Hat meine selige Mutter immer gesagt. Sie lachen. Aber das ist kein Schnack. Ich glaube an die Gerechtigkeit, und ich kämpfe dafür. Vor dem Gesetz sind alle gleich und nachts alle Katzen grau. Also! Ich brauche auch keinen Auftrag, kein Mandat. Ich erkenne, wenn ein Mensch Hilfe braucht. Da stehen meine Antennen auf Dauer-empfang. Kein Marlowe, ich fleh' Sie an, *finden Sie Mabel*. Manchen ist gar nicht bewusst, dass sie Hilfe bitter nötig haben. Denen gebe ich dann einen kleinen Schubs in die richtige Richtung. Und ob Sie's glauben oder nicht: Es funktioniert. Es funktioniert tatsächlich. Das ist wirklich keine große Sache.

Neulich bei meinem letzten Herrenabend zum Beispiel. Jaja, ich weiß, was Sie jetzt denken. Aber so ist es nicht. Ich bin ein moderner Mensch. Ich gehe mit der Zeit. Internet. Homepage. Soziale Medien. Da bin ich dabei.

Absolut. Aber ein fester Händedruck und ein vertrauensvoller Blick in die Augen sind doch mehr wert als hundert Likes, oder? Ich hatte schon ein Netzwerk, da hieß das noch Freundeskreis. Und meine Freundschaften sind mir heilig. Ich komme viel rum, kenne Hinz und Kunz, Gott und die Welt. Ich habe keine Berührungsängste, und es gibt für mich auch kein Kastendenken. Alle sind vor dem Gesetz gleich. Aber sagte ich das nicht bereits?

Also, zu meinem Herrenabend. Da kommt immer eine illustre Runde zusammen. Alles meine Freunde. Ausschließlich. Was glauben Sie denn? Einige gehören zum Stammpersonal, zum Establishment, hehe. Da geht einer für den anderen durchs Feuer und röstet dabei noch ein paar Kastanien. Und wir setzen uns ein. Für viele wohltätige Zwecke. »Frösche« werden wir vom Boulevard genannt. Ja, Frösche, ganz recht. Das steht für *Fritzes öffentliche Schutzengel*. Merken Sie sich das!

Es gibt natürlich bei meinen Herrenabenden immer mal frisches Blut. Manche Debütanten sind anfangs etwas schüchtern und fremdeln. Na klar, sind viele dabei, die man aus Funk und Fernsehen oder aus dem Revolverblatt kennt. Aber spätestens, wenn ich zum modernen Fünfkampf in meinen Partykeller bitte, taut das Eis. So auch bei unserem sehr geschätzten Landtagspräsidenten. Ein feiner Herr, kompetent, mit Haltung. In Hannover wirkte der Abgeordnete aus dem Oldenburger Land jedoch immer etwas weltfremd. Und mit seiner Wahl in das höchste politische Amt in Niedersachsen nahm sein Staunen über das Geschehen um ihn herum weiter zu. Es war dringend nötig, ihm ein wenig Lebenshilfe zuteilwerden zu lassen. Aber – wie ich immer sage – ein bisschen Spaß muss sein. Und so saßen wir morgens um 3 Uhr in meinem Wohnzimmer, pafften Zigarre und plauderten über sein Abschneiden beim Fünfkampf. Was das ist? Na, Leute. Krökeln, Flippern, Billard, Darts und Tischtennis. Alle sind mit Begeisterung dabei, wie auf einem Kindergeburtstag. Für unseren Heinz lief es nicht ganz so gut. Ich erinnerte ihn an seine »Ehren-schulden«.

»Hat es dir gefallen, Heinz?«

»Ja, Fritz. Ich habe mich schon lange nicht mehr so gut amüsiert.«

»Freut mich zu hören. Aber du weißt, dass du jetzt eine Verpflichtung übernommen hast?«

»Nein, wieso?«

»Als Frösche denken wir immer auch an die Bedürf-tigen in unserer Gesellschaft. Und weil dein Ergebnis nach den fünf Wettbewerben – sagen wir mal – subop-timal gewesen ist, musst du eine besondere Aufgabe erfüllen. Betrachte es einfach als eine Art Ehrenschuld.«

»Eine Ehrenschuld? Soso. Und wie kann ich die abtragen?«

»Ganz einfach, lieber Heinz, ganz einfach. Kennst du schon unsere Aktion ›Für einen Tag Chef‹? Junge Leute, Schüler, Auszubildende, Studenten bringen wir mit Wirtschaftsbossen zusammen. Und an einem Tag dürfen sie dann auf deren Chefsessel Platz nehmen und erleben, was es heißt, Boss zu sein.«

»Also so eine Art Mini-Praktikum?«

»Bingo. Du sagst es, Heinz. Komm, dein Glas ist leer. Nimm noch einen guten Schluck. Ich kenne einen außergewöhnlich begabten jungen Mann, Neffe eines hiesigen Unternehmers aus der Erlebnisgastronomie. Ich bin überzeugt, dass es für seinen weiteren Lebensweg sehr wertvoll sein könnte, wenn er mal auf deinem Chefsessel Platz nehmen und hinter die Kulissen des Leineschlosses sehen könnte.«

»Aber doch nicht während einer Landtagssitzung, Fritz? Das geht nicht!«

»Nein, wo denkst du hin. Ein Tag in deinem Arbeitszimmer. Mal den Terminkalender eines Tages hoch und runter. Das wäre ein feiner Zug und eine große Unterstützung!«

»Ich weiß nicht so recht, Fritz.«

»Heinz, Spielschulden sind Ehrenschulden! Du willst doch auch ein Frosch sein. Ein ehrenvoller Frosch ohne Maske, nicht wie bei Edgar Wallace, oder?«

»Ja, gut. Ich mach's.«

»Basta!«, ertönte eine tiefe Stimme aus der Cohiba-Qualmwolke.

*

Karl Lagermann, Direktor beim Landtag

Ach, liebe Friederike. Dieser Raum würde Dir gefallen, davon bin ich überzeugt, zutiefst überzeugt. Es war Deine Idee. Du hattest dem großen Baumeister Laves die Planung für die überdachte Terrasse auf der Westseite des Leineschlosses ausgeredet und ihn ermutigt, den Raum zu verglasen und zu einem Greenhouse für Deine geliebten Pflanzen zu gestalten. Du warst ja nicht nur Königin von Hannover, sondern auch Herzogin von Cumberland. Very british! Die Zeit der Personalunion zwischen Hannover und Großbritannien war zwar schon zwei Jahre beendet, aber durch Dich lebte die Eleganz des britischen Empires in der Residenzstadt weiter. Du repräsentiertest mehr den britischen Lifestyle als Dein dritter Gemahl Ernst August, obwohl er im Buckingham Palast das Licht der Welt erblickt hatte und Onkel von Queen Victoria war. Wenn ich darüber nachdenke, dann müsstest Du auf dem Pferd am Hauptbahnhof sitzen und nicht er. Dann würde ich mich auch viel lieber »unterm Schwanz« verabreden.

Dieser Raum ist ganz Dein. Ich spüre die Kraft Deiner Inspiration und umhülle mich ganz mit Deiner Aura. Ich habe mich darum gekümmert, wie ich es Dir versprochen hatte. Ich habe in der Baukommission gekämpft für die Gestaltung dieses großen, lichtdurchfluteten harmonischen Raumes mit diesem wunderbaren Ausblick auf das Leineufer und den kleinen Park. Eine kleine grüne Oase inmitten einer einzigen Asphalt- und Betonwüste. Die Sanierung Deines Greenhouse war mir eine große Ehre und Herzensangelegenheit. Auch wenn Dein Wintergarten heute als Büro des Landtagspräsidenten genutzt wird, hat er seine Eleganz bewahrt. Viel Glas und Licht, weiße Grundfarbe und wertvolles Eichenparkett, vornehm und zurückhaltend, aber nicht kalt und steril. Die schmutzige Politik bleibt außen vor. Die weiße Bibliothek mit der Sitzgruppe aus schwarzem Leder, der langgezogene, gebogene Schreibtisch und der ovale Besprechungstisch, die sich perfekt in diesen Raum einfügen, ihn nicht zu geschäftsmäßig wirken lassen. Den Springbrunnen hätte ich gerne für Dich wiederentstehen lassen, aber da konnte ich mich nicht durchsetzen. Dafür konnte ich dieses wundervolle Gemälde in Auftrag geben, das seit Kurzem die Wand an der Sitzgruppe ziert. »Biotop Leine-Landtag« heißt es. Die Künstlerin Julia Schmid zeigt uns Pflanzen, die rings um das Schloss wachsen, in Asphaltritzen als Unkraut beschimpft oder als Schlingpflanze von den Wassern der Leine umspült. Alles Deine geliebten wilden Pflanzen, die auf diese Weise überdimensional und hyperreal mit ihren widerstandsfähigen Stängeln, gezackten und runden Blättern sowie den kunterbunten Blüten unsere abgestumpfte Zivilisation mit ihrer Schönheit überraschend betören und uns zwingen, sie wahrzunehmen.

Manchmal stelle ich mir vor, wie Du Dich mit Deiner Schwester Luise durch diesen Raum bewegst. Ihr, die It-Girls Eurer Zeit. Die jungen preußischen Prinzessinnen. Flotte Motten. So oft wie möglich statte ich Euch in Berlin einen Besuch ab, wo Eure Skulptur, die Prinzessinnengruppe, in der Alten Nationalgalerie steht. Wie gern wäre ich jetzt dort und nicht hier, wo es der neue Hausherr wagt, gekrümmt und jammernd auf dem Leder-Dreisitzer unterhalb des Gemäldes zu liegen. Was für ein Barbar! Mon dieu! Ein einziges Häufchen Elend! Hätte er doch wie andere kluge Menschen letzte Nacht nur Bananensaft getrunken. Aber was will man von so einem Volkstribun aus Oldenburg erwarten. Ein merkwürdiger Volksstamm. Von dort kam auch dieser Minister her, der seine Zoten als Buch veröffentlichen musste. In Reimform pries er die besonderen Vorzüge von Oldenburger Butter. Und jetzt liegt ein anderer Oldenburger hier und bemitleidet sich selbst. Hat sich von den Fröschen einen Jobwechsel mit dem Bubi vom Rotlichtkönig aufschwatzen lassen. Dieser Unglücksrabe. Das ging noch nie gut. Aussichtsreiche Karrieren erschlafften über Nacht. Da war zum Beispiel der Ex-Staatssekretär, der für die CDU Oberbürgermeister werden wollte. Einfach genial, um Mitternacht zum Pressegespräch in die »Pigalle-Bar« einzuladen. Zudem unterstrich die Anwesenheit einer Bardame die Professionalität seines Sicherheitskonzepts für das Steintorviertel. Kein Wunder, dass ihm seine Parteifreunde nicht mehr lange die Stange hielten. Oder der Polizeipräsident, der seinen Aufenthalt in der »Sansibar« dann doch nicht als Zivilstreife verkaufen konnte. Alle weg über Nacht. Ich muss dem gnädigen Herrn nicht bei seinem Untergang sekundieren. Soll ihn doch seine Persönliche Referentin ins Verderben stürzen.

»Aber nein, Herr Präsident. Das ist doch eine ganz vorzügliche Idee. Damit zeigen Sie Bürgernähe und soziale Verantwortung. Ergreifen Sie beherzt das Heft des Handelns. Wirkt das Aspirin eigentlich schon?«

…

»Natürlich sollten wir Herrn Buttenhahn junior das Praktikum ermöglichen. Wir könnten den Termin ja auf einen Samstag legen. Der politische Betrieb ruht über das Wochenende. Dann können Sie sich besonders viel Zeit für Ihren Gast nehmen. Hach, der wird sich freuen.«

…

»Nein, nein, nein. Sie irren. Der größte Skandal im Landtagsgebäude war doch, als wenige Tage vor dem Parlamentarischen Abend der Obstbauern aus dem Alten Land Fotos von der Apfelkönigin auftauchten, auf denen sie ihre Blöße nur mit zwei Gravensteinern bedeckte. Mein lieber Herr Gesangsverein. Da war was los. Keine Sorge, das ist nicht zu toppen.«

…

»Ach, papperlapapp. Daran sterben Sie nicht. Nein, Sie müssen auch nicht in die Hölle. Da wäre ja ohnehin auch kein Platz mehr. Da sind doch schon die Typen von der Opposition drin.«

Eins steht fest, an dem Wochenende, an dem der hohe Gast uns mit seinem Besuch beehrt, bin ich mit Sicherheit nicht im Dienst. Ich bin loyal, aber nicht doof.

✳

Gabriella Ahrens, Persönliche Referentin des Landtagspräsidenten

»Es kann nicht mehr lange dauern. Holen Sie den Präsidenten aber erst dann, wenn Herr Buttenhahn hinten am Holzmarktbrunnen auftaucht.«

Der hat die Ruhe weg. Er weiß doch, wie voll der Terminkalender ist. Ohnehin ein verrückter Termin. Aber er war dem Alten nicht auszureden. Und der Lagermann hat ihn auch noch unterstützt. Ausgerechnet der, dieser Schöngeist. Aber dann hatte der feine Herr ja Urlaub. So ein Zufall! Ein Feigling ist das. Nichts anderes. Wobei ich jetzt lieber auch ganz woanders wäre. Das Steintorviertel ist schon eine andere Welt. Und der Buttenhahn ist komisch. Am liebsten würde ich hier gar nicht am Fuße der Schlosstreppe stehen, sondern 15 Stufen höher im Schatten der sechs korinthischen Säulen. Früher standen diese Säulen direkt an der Straße, wahrscheinlich aus gutem Grund. Jetzt musst du aus der Deckung heraustreten und bist auf dieser großen Showtreppe sicht- und verwundbar.

»Nein, er ist noch nicht zu sehen. Sagen Sie dem Präsidenten, dass ich Herrn Buttenhahn in fünf Minuten anrufen werde. So lange warten wir noch.«

Vereinbart ist ein Begrüßungskaffee im Arbeitszimmer des Alten, danach ein kurzer Rundgang, auch durch den neuen Plenarsaal. Und dann geht es auch schon los. Viele Außentermine: Als Schirmherr zu einem Chorwettbewerb, ein Volksfest, die Wiedereröffnung einer Klinik, zwei Konferenzen mit Grußworten und am Abend noch ein Firmenjubiläum. Was unser Praktikant da lernen möchte, ist mir ein Rätsel. Er fand es toll. Ahh, der war so komisch beim Vorgespräch. Hat mich am Nachmittag in einer Rocker-Spelunke empfangen, direkt neben dem Puff seines

Onkels. Widerlich. Und neben ihm so ein Rocker, der mich die ganze Zeit wortlos anglotzt, so als ob ich zum Vorstellungstermin da wäre. Ich war froh, dort wieder weg zu sein. Ich verstehe ohnehin nicht, was die Leute an diesem Steintorviertel finden. Für die ist die Gegend wie eine exotische Partymeile mit Gangstern. Die suchen ihren Kick im Leid anderer Menschen. Aber was ist das? Scheinwerfer von zig Motorrädern in Zweierreihen kommen aus der Burgstraße näher. Und dahinter taucht eine weiße Stretchlimousine auf. Ist der von allen guten Geistern verlassen? Wir wollten doch kein Aufsehen erregen.

»Nein! Sie holen den Präsidenten jetzt nicht. Ich kläre das erst!«

So, der Typ bleibt auch noch in seinem Zuhälterschlitten sitzen. Na warte.

»Was soll das?«
    »Keine Panik, Frau Ahrens. Wir haben etwas improvisiert, weil wir dachten, wenn der Präsident einen König empfängt, dann ist das doch so etwas wie ein Staatsbesuch, oder? Und wenn mein Onkel der Rotlichtkönig ist, na ja, dann bin ich doch so etwas wie ein Rotlichtprinz. Und dazu gehören eine angemessene Kutsche und eine zünftige Eskorte. Wollen Sie mal mitfahren?«

*

ZERO, Videoblogger

Haaallooo Haaanoooveeer! Hey, das ist Rock 'n' Roll! Kein guter Tag zum Sterben heute. Und warum? Denn ich bin schon in den frühen Morgenstunden mit meiner neuen Inspire-Drohne unterwegs und grüße euch vom Schloss an der Leine. Alles noch ruhig hier. Aber das wird sich gleich ändern, wenn ich mit 90 Stundenkilometern ein paar Enten jagen werde. Mega, wie der Quadrocopter über der Leine saust. Im Hintergrund die grüne Kuppel vom Neuen Rathaus. Genießt die 6k-Filmqualität. Dazu lege ich passend Madonna auf mit ihrem James-Bond-Klassiker »Die another day«.

Vor uns ist die Waterloo-Säule, die wir jetzt einmal umrunden werden. Dabei sehen wir auch, wie die Sonne hinterm Rathaus aufgeht. Dafür gibt's jetzt Abba mit »Waterloo« auf eure Ohren.

Wir sind wieder zurück über die Leine. Unten könnt ihr mich gleich winkend auf der Brücke sehen. Hallo! Mich interessiert, wie weit die Händler schon ihre Stände für den Altstadt-Flohmarkt aufgebaut haben. Vielleicht entdeckt ihr ja ein Schnäppchen, für das es sich lohnt aufzustehen. Da tauchen auch schon die Nanas auf. Das inspiriert mich zu Bananaramas unverwüstlichem »Na Na Hey Hey Kiss Him Goodbye«. Enjoy!

Ich unterbreche nur ungern: aber hunderttausend heulende Höllenhunde! Ich höre ein gewaltiges Knattern. Was für ein Krach im noch verschlafenen Hannover.

Und das am Samstagmorgen. Ich gehe der Sache mal auf den Grund. Wir steigen hoch über das Aresto in Richtung Landtag, und ich folge neugierig der Drohne durch die Schloßstraße. Vorm Portikus ist ein großes Wuhling. Viele schwere Motorräder. Eine weiße Hummer-Stretchlimousine steht mittendrin. Eine Frau mit rotem Blazer hält die Tür auf. Was hat das zu bedeuten? Eine Hochzeit? Eine Ausfahrt? Ich schaue mir das vom Boden aus mal an. Bleibt dran mit Chris de Burgh und »Lady in red«.

Das ist schon eine bizarre Show, die hier geboten wird. Sehr krass. Rotlicht meets Politik. Das Schärfste ist, dass einige Rocker vor dem Denkmal Hoffmann von Fallerslebens stehen und singen. Na, das wird doch nicht etwa die erste Strophe sein. Oh, man hat mich entdeckt und ist offensichtlich not amused. Aber das ist nicht mein Problem. Hey, was soll denn das …

*

Fritz von Gomberg, Notar und Rechtsanwalt

Wenn Sie mich fragen, war das ein Unfall. Und eine Verkettung von unglücklichen Umständen und Missverständnissen. Bedauerlich. Weiß Gott, sehr bedauerlich. Aber es ist passiert. Ich will niemandem Absicht oder unlautere Motive unterstellen. Ich gebe nur zu bedenken, dass die Todesursache immer noch nicht feststeht. War es ein Rotorblatt der Drohne? Der verstorbene Pilot ist wohl unbewusst auf den return-tohome-Modus gekommen. Sehr leichtsinnig, wenn nicht gar grob fahrlässig. Was hätte alles noch passieren können? Ungeklärt ist, ob ZERO überhaupt eine Lizenz hatte, um die Drohne zu fliegen. Das Ding hatte er auch erst kurze Zeit gehabt. Hatte noch gar keine Erfahrung damit. Gar nicht auszudenken, wenn er bewusst die Drohne auf Herrn Buttenhahn junior oder gar den Präsidenten lenken wollte. Gar nicht auszudenken. Das wäre ein Mordanschlag gewesen. Aber das ist alles Spekulation – noch. Eher unwahrscheinlich ist, dass der geschliffene Ring meines Mandanten ursächlich für das Ableben des jungen Mannes ist. Der stumme Olaf gehört zur Leibeskorte von Herrn Buttenhahn junior. Er wollte nur schlichten, deeskalierend wirken. Niemand kann genau sagen, wie die tödliche Wunde an der Halsschlagader zustande kam. Niemand. Und so lange gilt die Unschuldsvermutung. Unschuld ist Unschuld und Schnaps ist Schnaps.

ZERO hat sich die Reaktion der Leibeskorte selbst zuzuschreiben. Nach der Drohnenverordnung gibt es ein Flugverbot über Gebäuden der Verfassungsorgane. Er hätte eine Genehmigung des Landtages einholen müssen. Hat er nicht gemacht. Alle mussten von einem Anschlag ausgehen. Es galt zu handeln, um ein Blutbad zu verhindern.

Wir von den Fröschen sind nicht enttäuscht, denn unser Projekt »Für einen Tag Chef« hat sich bewährt. Doch, doch, doch! Trotz der wenigen Minuten hat Herr Buttenhahn junior viel erfahren und gelernt. Zugegeben, das mit dem Staatsbesuch war ein bisschen dick aufgetragen. Aber das ist halt jugendlicher Übermut. Kommen Sie! Wir waren genauso. Damals. Seine Sicherheitslage hat er absolut richtig eingeschätzt, die Anzahl der Bodyguards war angemessen gewählt. Als er der Gefahr gewahr wurde, hat er sofort seine ihm angeborenen Führungsqualitäten gezeigt. Er gab klare Kommandos. Die Dame vom Landtag wurde evakuiert, die Gefahrenquelle gesucht und ausgeschaltet, sodann lebenserhaltende Maßnahmen eingeleitet. Ja, er hätte einen Rettungswagen rufen können. Ja, vielleicht. Aber hören Sie, der Mann ist vom Fach. Einen unabwendbaren Exitus erkennt er, dafür braucht er keinen Doktor. Ihm war im Moment des Todes das Seelenheil wichtiger. Deshalb die Verlagerung des Leichnams in das Landtagsgebäude. Natürlich war das richtig. Allein aus Gründen der Pietät und nicht der Vertuschung wurde der Körper über den gegenüberliegenden Erweiterungsbau und dann durch den Tunnel in das Schloss transportiert. Der Raum der Stille sollte kein Versteck sein, vielmehr hat Herr Buttenhahn junior eine kurze Andacht gehalten. Dass die Polizei das Schlauchboot auf der Leine gestoppt hat, war unglücklich. Das weiß Herr Buttenhahn junior selbst. Er wollte bei der Polizeistation anrufen, aber sein Handy-Akku war leer. Sein Ziel war auch nicht »Am Marstall«, um die Leiche verschwinden zu lassen. So ein Unsinn! Sein Ziel war der Goetheplatz, um den Leichnam zur gerichtsmedizinischen Untersuchung im Friederikenstift abzugeben. Ehrlich!

Natürlich wussten meine Mandanten nicht, dass die Bilder der Drohne live im Internet zu sehen waren. Woher denn? Ja, und es stimmt, was in der Presse stand. ZERO und der stumme Olaf sind sich schon einmal begegnet. Im Steintorviertel, als die Drohne durch die Straßen flog und sehr geschmacklose, ehrverletzende Aufnahmen machte. Das kam nicht gut an. Auch die Kommentare von ZERO waren nicht besonders liebenswürdig. Olaf hat das auf seine Art unterbunden. Damit war es gut. Das spielte vorm Landtag keine Rolle mehr. Nein, das war kein Racheakt. Ausgeschlossen. Der Olaf kann doch bei seiner Gedächtnisschwäche, die er schon so oft vor Gericht bewiesen hat, gar nicht nachtragend sein. Ich bitte Sie!

Es ist zudem eine Verleumdung, wenn behauptet wird, die Motorrad-Eskorte hätte am Denkmal für Hoffmann von Fallersleben die drei Strophen der Nationalhymne gesungen. Das ist auch in der Live-Übertragung gar nicht zu hören gewesen. Es war ganz anders. Sie haben »Alle Vögel sind schon da« gesungen. Der Text stand auf der Tafel, und da waren sie von ihren Kindheitserinnerungen ergriffen. Ich schwör's.

Wir Frösche helfen. Das ist unsere Pflicht. Wir haben eine ZERO-Stiftung gegründet, um Jugendliche beim Erwerb eines Drohnen-Führerscheins zu unterstützen. Herr Buttenhahn junior leistet auf meine Vermittlung hin freiwillig Sozialstunden in der Bahnhofsmission ab. Mein Mitfrosch Professor Karim Tehrani von der MHH hat dem stummen Olaf sein Ohr wieder angenäht. Sitzt besser als vorher. Wozu sind Frösche denn schließlich da? Zum Helfen. Offen und ehrlich – ohne

Masken. Und Weihnachten feiert Olaf zu Hause, nicht in der U-Haft. Versprochen!

Für Heinz war das zu viel. Er hat sein Präsidentenamt niedergelegt. Ich bedauere das sehr. Wirklich. Ein Verlust. Aber niemand ist in unserer Demokratie unersetzbar. *Lebbe geht weider.* Bei dieser ganzen Aufregung habe ich übrigens den Direktor beim Landtag kennengelernt. Das ist schon ein interessanter Typ. Mal sehen, vielleicht lade ich ihn zu meinem nächsten Herrenabend ein.

DAS LETZTE SPIEL

CORNELIA KUHNERT

Je näher Christian dem Fußballstadion kam, desto brei-
ter wurden die Menschenströme Richtung HDI-Arena.
Von allen Seiten fluteten Fußballfans heran, strömten
laut grölend zum Eingang. Hannover 96 gegen SC
Freiburg. Das letzte Heimspiel der Saison. Die letzte
Chance auf den Klassenerhalt. Alle redeten davon. Der
Sportteil der Zeitung berichtete seit Tagen über nichts
anderes. Das Schicksalsspiel. Als ob es nichts Wichti-
geres im Leben gab.

Christian bog vorm Haupteingang links ab und
marschierte am Zaun der Arena entlang. Nach ein paar
Metern kam ein weit geöffnetes Metalltor. Der Eingang
zum VIP-Bereich. Direkt hinter dem Tor schwarzge-
kleidete Ordner mit durchtrainierten Körpern. Axel
Kronos hatte gesagt, dass es in diesem Bereich keine
intensiven Kontrollen gäbe. Er verließ sich auf Kronos.
Etwas anderes blieb ihm auch gar nicht übrig.

Ein elegantes Paar in mittleren Jahren passierte vor
ihm die Kontrolle, ohne angehalten zu werden. Warum
sollte es bei ihm anders sein? Frisch rasiert und im leich-
ten Sommeranzug sah er aus wie all die anderen, die hier
aufliefen. Trotzdem überfiel Christian ein nervöses Flat-

tern, als er sich dem Wachposten näherte. Schweiß brach ihm aus, kaum dass er die Eintrittskarte hinhielt. Der Mann nickte, ohne sich das Ticket genauer anzusehen. Geschweige denn ihn abzutasten. Gott sei Dank. Jetzt ging er an dem nächsten Muskelpaket vorbei. Geschafft. Christians Schultern sackten erleichtert herab. Kronos hatte recht gehabt. Das war schon mal ein gutes Zeichen.

Ein paar Meter weiter standen zwei Hostessen in kurzen roten Kostümen. Sie lächelten Christian an und wollten ein weiteres Mal die Karte sehen, hefteten ihm dann ein grünes Armband um.

»Alles inklusive«, wisperte ihm die Blonde zu. Ob sie das ernst meinte? Besser nicht nachfragen. Bloß nicht auffallen.

Christian betrat das Gebäude, schlenderte durch eine große Glastür in den Restaurantbereich. Hier sah es aus wie in einer Kantine. Jede Menge Leute saßen oder standen herum, waren mit Essen und Trinken beschäftigt. Andere blickten suchend umher, schauten neugierig, ob jemand Bekanntes auftauchte. Vielleicht der Ex-Kanzler. Oder wenigstens der Ex-Präsident. Kronos hatte ihm erzählt, dass die öfter vorbeischauten. Kronos kannte sich aus. Er war früher oft hier gewesen.

Christian entdeckte keinen der beiden. Und vor allem nicht Friedhelm Braack. Wegen dem war er schließlich hier. Friedhelm liebte den Dunstkreis von Promis. Tat am liebsten so, als wenn er selbst einer wäre, hatte Eva gesagt. Typisch Friedhelm. Dieser Schmarotzer, der seiner Frau ständig Geld aus dem Kreuz leierte und sie als Dank mit hübschen jungen Frauen betrog, die vor allem einen großen Busen haben mussten. Eva hatte ihm in den letzten Wochen Geschichten über ihren Mann erzählt, da hatte sogar Kronos gestaunt. Und sein Zimmergenosse war ein Hartgesottener. Nein, das hatte Eva nicht verdient. Auch wenn sie immer ein bisschen naiv gewesen war. Aber jetzt war Friedhelm endgültig einen Schritt zu weit gegangen. Hatte das gesamte Vermögen einfach in seinen maroden Reitstall und das heruntergekommene Gut in der Wedemark gesteckt, ohne sie wenigstens ins Grundbuch eintragen zu lassen oder ihr ein lebenslanges Wohnrecht einzuräumen. Das ging entschieden zu weit. Vor allem, weil es nicht nur Evas, sondern auch sein Erbe war. Das Erbe, das Eva für ihn verwalten sollte. Weil er das Geld im Moment nicht brauchte. Aber bald. Wenn er wieder durchstarten würde. Die Prognosen waren schließlich gut. Sehr gut sogar.

Aber Eva kam gegen Friedhelm einfach nicht an. Seine Schwester war viel zu gutgläubig. Vielleicht heute nicht mehr ganz so wie früher. Damals hatte sie vor lauter Gefasel über die große Liebe bei der Hochzeit auf einen Ehevertrag verzichtet. Das würde Misstrauen in die Liebe bringen, hatte sie gemeint. Da bräuchte man ja gar nicht zu heiraten.

Und das wäre auch besser gewesen!

Vater war von Anfang an gegen diese Ehe. »Schlag dir den Kerl aus dem Kopf«, hatte er gesagt. »Vergiss die Heirat. Ich verbiete dir das.« Eva hatte gezetert und gebettelt. »Nur über meine Leiche!«, hatte der Alte schließlich geschrien und Eva hatte noch mehr getobt.

Hätte Christian sich damals bloß nicht eingemischt.

Er war nie einer Meinung mit seinem Vater gewesen. Ganz im Gegenteil. Wenn er ganz ehrlich war, hatte er den Alten gehasst. Besonders, wenn er mal wieder Prügel bezogen hatte oder zur Strafe für Widerworte im Keller eingesperrt wurde. Wie hätte er denn ahnen können, dass er dem Alten im Nachhinein tatsächlich recht geben musste, was diese Heirat anging. Dass dieser Friedhelm Braack ein riesengroßes Arschloch war und alles stets auf seinen eigenen Vorteil ausrichtete. Dass der Kerl sich erst das Erbe unter den Nagel gerissen hatte und Eva jetzt auch noch die Kinder wegnahm, war aber der Höhepunkt der Infamie. Über ihren Kopf hinweg hatte er Clara und Max auf ein Internat nach England geschickt. Harry Potter lässt grüßen. Wer konnte den beiden verdenken, dass sie begeistert gefahren waren! Ja, sein Schwager hatte alles schlau eingefädelt. Superschlau. Nur mit einem hatte er nicht gerechnet. Mit ihm. Christian hatte damals einen Fehler gemacht. Das hatte er schon lange eingesehen. Jetzt galt es, den Schaden zu begrenzen, der daraus entstanden war. Das war eine Frage der Ehre. Und der richtigen Taktik. Kronos hatte ihm sofort recht gegeben.

Christian sah sich in dem Menschengewusel nach Friedhelm um. Keine Spur von ihm. Um nicht weiter aufzufallen, holte er sich ein Glas Bier, schlenderte die Tischreihen entlang und warf einen Blick durch die Fensterscheiben auf das sich langsam füllende Stadion. Im Fanblock waren die Fahnenbänder bereits ausgerollt. Bei den wilden Davenstedter Jungs, der Brigade Nord, den Red Supporters und dem Komplott Hannover gab es kaum noch Lücken. Nur Friedhelm war nirgends zu sehen. Verdammter Mist.

Christian graste die gesamte Etage ab. Nichts.

Eine Treppe führte nach unten. »Diese Ebene ist den Spielern vorbehalten«, teilte ihm eine junge Hostess mit und versperrte ihm den Weg. Da konnte sein Schwager also nicht sein.

Vielleicht oben?

In der zweiten Etage gab es eine etwas kleinere Kantine. An den Tischen vertilgte man die gleichen braunen Currywurststücke wie in der Ebene darunter. Gefüllte Bier- und Weingläser wurden auf riesigen Tabletts von Servicekräften durch das Getümmel balanciert.

Christian lehnte sich an einen Pfosten und durchkämmte den Raum mit Blicken. Friedhelm war nicht zu sehen. Blieben noch die Logen. Eine der Zugangstüren war geöffnet. Zielstrebig steuerte er sie an, warf neugierig einen Blick hinein. Mahagoniholzverkleidete Wände, davor Designermöbel. Auf dem Sideboard das angerichtete Essen. Kleine Bouletten. Käsespieße. Und kein Mensch weit und breit. Er trat ein und schaute durch das Panoramafenster nach draußen.

»Herr Weiland?«, fragte jemand hinter ihm. Er drehte sich zu der Hostess im Türrahmen um. Murmelte, dass er sich wohl in der Loge vertan hätte und eigentlich die von der VGH Versicherung suchte. Kalter Schweiß stand auf seiner Stirn, als ihm das junge Mädchen den Weg dorthin wies. Lächelnd bedankte er sich und verließ die Loge.

Verdammt! Wo steckte Friedhelm? Er war schließlich hier, um Evas Probleme zu lösen. Nein, sie hatte ihn nicht darum gebeten. Das würde sie nie tun. Aber er hatte in ihren Augen gelesen. Und verstanden. Sie gab Christian die Schuld an ihrer Misere. Er hörte die unausgesprochenen Worte: Hätte Christian damals nicht … dann wäre … also müsste er … Ganz unrecht hatte sie nicht. Er spürte selbst die Verantwortung. Sie lastete schwer auf seinen Schultern.

»Friedhelm ist bei jedem Heimspiel dabei«, hatte Eva gesagt. »Immer. Ohne Ausnahme.« Und dann hatte sie ihm die VIP-Karte für das Fußballspiel geschenkt. Es war ihm sofort klar gewesen, dass sie einen Liebesbeweis forderte. Und er war bereit dazu. Schließlich war sie seine Schwester.

Eine der Türen, an denen Christian vorbeischlenderte, war geöffnet. Er schaute in einen ähnlich eingerichteten Raum wie vorher, nur dass ein großer Bildschirm an der Wand hing. Ansonsten war die Loge leer. Alle Gäste saßen draußen auf den Tribünenplätzen. Christian ging bis zur Glasfront. Das Spiel lief bereits und die Fans in der Nordkurve schrien sich die Kehle heiser.

»Verdammt zähes Spiel«, meckerte ein älterer Mann, der sich eine Boulette geholt hatte und neben ihm am Fenster stehenblieb. »Ich …« Der Mann verstummte ganz plötzlich, weil ein Spieler aus Hannover zum Tor der Freiburger rannte und schoss. »Was soll der Scheiß«, maulte der Mann, als der Ball am Pfosten vorbeiging, und schob sich den Rest der Boulette in den Mund. »Das war doch todsicher!«

Genau in diesem Moment entdeckte Christian seinen Schwager. Drei Logen weiter saß er auf einem rot gepolsterten Sessel. Friedhelm hielt ein Glas Bier in der

Hand, trank es in einem Zug aus, wischte sich mit dem Handrücken den Schaum vom Mund und winkte die Hostess heran, während die Menge im Stadion brüllte und der Fanblock auf der anderen Seite tobte. Ein Spieler von Hannover 96 preschte nach vorne zum Tor – und schoss. Aufheulen im Stadion. Der Mann neben ihm eilte ins Logeninnere zum Fernseher, wo die Wiederholung der Szene lief. »31. Minute. Weydandt auf Bebou. Die Monstergelegenheit – aber Bebou schießt daneben.« Der Kommentator machte eine erwartungsvolle Pause. »Glück für Freiburg!«

Christian schaute nicht auf den Fernseher. Auch nicht aufs Spielfeld. Er beobachtete Friedhelm. Als die Hostess seinem Schwager das nächste Bier brachte, ging ein Raunen durchs Stadion. Alle schauten wieder zum Freiburger Tor. Etliche sprangen auf. Plötzlich laute Freudenschreie. »Tor! Tor für Hannover!«, schrie der Stadionsprecher. Drinnen überschlug sich die Stimme des Fernsehkommentators. »Freistoß, 39. Minute. Prib schießt auf Anton und der köpft. Tor! Tor! Kommt jetzt das Wunder von Hannover?«

Das interessierte Christian nicht. Er wartete auf sein eigenes Wunder. Wie kam er bloß an Friedhelm heran, ohne aufzufallen?

Alle Sitzplätze auf der Tribüne waren besetzt. Unmöglich, sich da durchzuschlängeln. Direkt durch die Loge würde es auch nicht gehen. Da waren die Hostessen. Und er kein geladener Gast. Er konnte schon froh sein, dass ihn noch niemand aus dieser Loge geschmissen hatte.

Abpfiff. Halbzeit.

Kaum trabten die Spieler vom Platz, standen die

Zuschauer auf den Rängen und in den Logen auf. Auch Friedhelm.

Das war seine Chance. Christian verließ den Raum. Stellte sich in die Nähe einer Glastür, die Ausgänge der Logen gut im Blick.

Er musste warten. Breitbeinig betrat Friedhelm erst gegen Ende der Pause den Wandelgang und wandte sich nach links. Christian folgte ihm bis zur Toilettentür. Wartete einen Augenblick. Betrat die weitläufige Toilettenanlage, als Friedhelm gerade seinen Hosenschlitz öffnete.

Sie waren allein im Raum. Sehr gut!

Christian spürte die glatte Klinge des Messers an seinen Fingerspitzen. Umschloss den Griff mit festem Druck. Friedhelms Rücken war direkt vor ihm. Wenn der sich umdrehte, konnte er das Herz gar nicht verfehlen. Er musste nur tief genug zustoßen. Und schnell. Mit einem gezielten Stoß. Das hatte er bei der Jagdausbildung gelernt. Wer hätte gedacht, dass er seinem Vater noch einmal für etwas dankbar sein würde?

Ausholen und zustechen. So machte man das. Christian schloss für einen Moment die Augen. Mach es endlich, bring es hinter dich. Sci kcin Fcigling. Das bist du deiner Schwester schuldig, stachelte er sich an, während es aus Friedhelms Blase tröpfelte.

✻

Es klingelte. Verwundert linste Eva durch das Guckloch.

Zwei Polizisten standen vor der Tür. Sie nahm die Sicherungskette ab und öffnete.

»Frau Braack?«, fragte der größere der beiden.

Sie nickte. »Ja, bitte?«

»Wir müssen Ihnen leider eine schlechte Nachricht überbringen«, ergriff nun der Kleinere das Wort. »Können wir hereinkommen?«

»Ist etwas mit meinen Kindern?« Instinktiv machte sie einen Schritt zurück, stand aber weiter im Türrahmen und blockierte den Eingang.

»Nein. Es geht um Ihren Mann«, sagte der Größere. Die beiden schienen sich beim Reden abzuwechseln. Das machte Eva nervös.

»Was ist mit Friedo? Er ist beim Fußballspiel.« Evas Stimme überschlug sich. »Er geht zu jedem Heimspiel ins Stadion.«

»Dort war er auch. Leider gab es einen Zwischenfall während des Fußballspiels«, erwiderte der Kleinere. »Wollen Sie sich vielleicht setzen?«

»Nein. Sagen Sie mir endlich, was passiert ist«, presste sie heraus und strich sich nervös eine Haarsträhne hinters Ohr.

»Ihr Mann wurde erstochen.« Der Kleinere sah sie mit ernstem Blick an.

»Erstochen!«, schrie sie auf. »Wer tut denn so etwas?« Betreten sahen die beiden Polizisten auf den Boden.

»Hat man den Täter gefasst?«

»Noch nicht, aber die Fahndung läuft. Es gibt einen Verdächtigen, den mehrere Zeugen gesehen haben. Ein schlanker Mann im Anzug. Mit kurzen Haaren. Wir haben ein Foto von der Überwachungskamera und der Abgleich im Computer hat einen Treffer ergeben«, sagte der Größere. »Der Mann auf dem Foto ist vermutlich Ihr Bruder.«

»Aber der sitzt doch im Gefängnis.«

»Er hat heute Freigang.« Die Stimme des kleineren Polizisten drang kaum zu ihr durch. Ihr Herzschlag beschleunigte sich. Sie schüttelte den Kopf, zog an den Ärmeln ihres Pullovers. Fröstelte plötzlich. Dann gab sie sich einen Ruck. »Kann ich meinen Mann noch einmal sehen?«

Seltsam, Friedo so nackend auf dem Metalltisch liegen zu sehen. Nur mit einem weißen Tuch bis zur Brust bedeckt.

Ganz blass war er.

Und still.

Der Tod stand ihm gut.

Wie oft hatte sie sich schon gewünscht, dass er aus ihrem Leben verschwinden würde.

Und nun war er weg.

Für immer. Ein wirklich schönes Gefühl.

Sie musste ein Lächeln unterdrücken. Besser, es sah niemand, dass sie sich freute.

Als Eva am späten Abend mit dem Taxi nach Hause fuhr, bejubelte der Taxifahrer immer noch den Sieg von Hannover 96. »Einfach genial, wie Bebou das Tor in der 81. Minute schoss! 3:0. Das war die Erlösung! Der höchste Saisonsieg der Roten und das bei weitem beste Spiel.« Der Taxifahrer zuckte mit den Schultern und drehte sich zu Eva um. »Trotzdem reicht es nicht. Die anderen Ergebnisse spielen Hannover nicht in die Hand. Der Abstieg in die Zweite Bundesliga ist besiegelt.«

Erlösung. Das Wort gefiel Eva. Es passte zu ihrer Situation.

Endlich war sie Friedo los. Hatte wieder ihre Ruhe. Konnte machen, was sie wollte. Hatte volle Verfügung übers Konto. Und die Lebensversicherung für ihren Mann wurde auch noch fällig. Sie könnte endlich den Reitstall nach ihren Vorstellungen renovieren lassen. Pferde kaufen. Züchten. Wetten. Alles, was Friedo ihr verboten hatte. Weil er so ein Sparfuchs war. Ein geiziger Onkel Dagobert.

Aber das Wichtigste war: Nie wieder würde er ihr mit Einweisung drohen.

Eva lächelte still vor sich hin.

Auch noch, als das Taxi in ihre Wohnstraße fuhr. Als sie jedoch sah, dass ihr Bruder vor der Eingangstür ihres Hauses stand, wies sie den Fahrer an, bis zur nächsten Ecke weiterzufahren. Sie wollte Christian nicht sehen. Geschweige denn sprechen. Stattdessen nahm sie ihr Handy aus der Tasche und wählte die Nummer der Polizei. Meldete, dass sich der mutmaßliche Mörder ihres Mannes vor ihrer Haustür befand und nun wohl ihr auflauere.

Der Polizist am anderen Ende der Leitung versprach, sofort einen Streifenwagen vorbeizuschicken.

»Warten Sie bitte im Taxi und rühren Sie sich nicht von der Stelle«, gab ihr der Beamte noch mit auf den Weg.

Das versprach sie selbstredend. Sie würde den Teufel tun und jetzt zu ihrem schizophrenen Zwillingsbruder gehen. Erst verschwand er jahrelang in der geschlossenen Abteilung der Psychiatrie des Maßregelvollzugs, wie man so schön sagte – und kaum bekam er die ersten Lockerungen und ein paar Stunden Freigang, brachte er ihren Mann um.

Nein, Christian war nicht zu helfen. Er war und blieb ein Psycho, der die Realität verdrehte, wie es ihm gerade gefiel. Gut, das hatten sie beide schon in ihrer Jugend attestiert bekommen. Damals, als man auch ihr schizophrene Schübe unterstellte. Aber das stimmte nicht. Sie hatte ihr Leben im Griff. Sie war schlauer als Christian. Wusste, was man von ihr erwartete. Konnte Fehlverhalten vermeiden. Oder zumindest verbergen. Und schweigen.

Das mit dem tödlichen Unfall ihrer Eltern musste ihr erst mal jemand nachmachen. Bis heute ahnte niemand, dass sie die Reifenmuttern am Auto ihres Vaters gelöst hatte – und nicht Christian. Pech für ihren Bruder. Der stand damals so unter Drogen, war so durchgeknallt, dass er nachher selbst glaubte, dass er den Wagen manipuliert hatte. Im Einflüstern war sie schon immer gut gewesen.

Und Pech für ihren Vater, das sich die Räder bei Tempo 200 lösten. Genau vor der Autobahnbrücke. Er hätte ihr eben nicht die Ehe mit Friedo verbieten dürfen. Gut, im Nachhinein hatte er damit vielleicht sogar recht gehabt, aber wer hätte das damals ahnen können?

Und Pech für ihre Mutter. Das Aas, das immer weggeguckt hatte, wenn der Alte sie im Keller eingesperrt hatte.

Und Pech für Friedo. Was hatte er wegen der Medikamente auch hinter ihr herschnüffeln müssen. Seit Jahren nahm sie die. Musste sie nehmen. Um reibungslos zu funktionieren. Das klappte gut. Ohne dass er es mitbekommen hatte. Aber vor ein paar Monaten hatte er es doch herausgefunden. Als sie vergessen hatte, sie einzunehmen. Als sie deswegen ein ganz klein wenig durchgedreht war. Und die Kinder im Keller eingeschlossen hatte.

Das war ein Fehler gewesen.

Ganz klar.

Aber dass Friedo sie anschrie, sie sei genauso krank wie ihr Bruder, das war ein Schrei zu viel. Dass er ihr mit Einweisung in die Psychiatrie und Entmündigung drohte – erst recht. Und dass sie die Bankvollmachten für ihn unterschreiben musste, sowieso. Und dass er die Kinder ins Internat steckte, brachte das Fass zum Überlaufen.

Da hatte sie handeln müssen. Gar keine Frage. Konsequenz war ihr zweiter Vorname.

Endlich! Ein Streifenwagen fuhr in die ruhige Wohnstraße. Hielt vor ihrem Haus. Zwei Polizisten stiegen aus. Wenig später kamen sie mit Christian zurück. Seine Hände waren auf den Rücken gedreht. Steckten in Handschellen. Mit wirrem Blick sah er sich um. Zum Glück entdeckte er sie nicht. Das hätte ihn noch mehr aus der Fassung gebracht. Glaubte er doch, er wäre der Kater, der seinem Frauchen die erlegte Maus als Liebesbeweis brachte. Wie krank ist das denn! Friedo ist doch keine Maus gewesen.

Also wirklich, es gab entschieden zu viele verrückte Leute auf der Welt. Gut, wenn einer weniger frei rumlief.

DER FLUCH DER BEGINEN

JEAN BAGNOL

Brennende Bäume! Schwarzer Rauch voller irrlichternder Funken steigt in den Himmel empor. Mehr noch als die lodernde Gewalt des Feuers macht mir der Gestank Angst. Dazu die Schreie der Menschen, die johlend die Feuer umstehen. Mittendrin die massige Gestalt des Mannes, der diese Gewalt entfesselt hat. Immer wieder streift sein Blick suchend über das Gelände. Doch er kann nichts von mir wissen. Oder?

Ich verberge mich im hintersten Winkel des Gartens. Dort, wo das Gelände abfällt zum Fluss. Dort, wo die Mutter Oberin und ich an warmen Sommertagen zusammengesessen haben. Wo sie mir Geschichten erzählt und Geheimnisse anvertraut hat. Dort, wo sie mir am Abend zuvor ihren schrecklichen Segen erteilt und das Ritual vollzogen hat.

Seither habe ich sie nicht mehr gesehen. Dann sind die Menschen aus der Stadt gekommen, voller Hass und Wut. Als die Zerstörung begann, war ich schon nicht mehr im Haus. Nicht in der warmen Küche mit dem Duft nach frisch gebackenem Brot und getrockneten Kräutern. Nicht im Versammlungsraum zwischen den knienden und murmelnd betenden Schwestern.

Nicht in der gemütlichen Stube der Mutter Oberin mit dem knisternden Feuer im Kamin. Ein kleines, wärmendes Feuer, nicht die entfesselte Höllenglut, die jetzt den Hof und den längst zertrampelten Garten unheilvoll erleuchtet. Das Einzige, was mich noch hier hält, ist die Angst um die Mutter Oberin. *Bitte, lass sie entkommen*, denke ich. Auch um dem zu entgehen, was sie mir aufgetragen hat. Doch da wird sie von zwei Wachen in den Hof gezerrt, ihr Kopf ist geschoren, ihr Kleid besteht nur noch aus Fetzen. Da weiß ich, dass es zu spät ist. Der massige Mann zeigt mit dem Finger auf sie, seine heisere, widerwärtige Stimme übertönt das Johlen der Menge. Die Wächter schleifen die Mutter Oberin zu dem einzigen Baum, der noch nicht brennt. Aber ich weiß ja, dass es ebenso wenig ein Baum ist wie die anderen. Es sind Pfähle, an deren Fuß Reisig gestapelt ist.

Wimmernd verberge ich mich zwischen den Steinen, die die Flussschiffer am Ende des Gartens abgeladen haben. Ich weiß, dass das Entsetzen dieser Nacht nicht vergehen wird. Nur um das Schreckliche nicht ansehen zu müssen, schaue ich über den Fluss, wo sich auf einem Hügel die Umrisse der Burg vor dem Abendhimmel abzeichnen. Dort lebt die Hoffnung, und es wird meine Aufgabe sein, sie zu schützen.

In alle Ewigkeit!

Von meinem Lieblingsplatz, auf dem Dach des Turmes, konnte ich weit über das Land schauen, ohne selbst gesehen zu werden. Na ja, wenn es denn überhaupt jemanden gäbe, der mich hätte sehen können. Die Fähigkeit, Wesen wie mich zu erkennen, hatten die Menschen verloren, als die ersten Maschinen in die Welt gestampft kamen und die, die sie bedienen sollten, mit gebeugten Köpfen in die Fabriken schlurften. Vieles hatte sich verändert seit jener verhängnisvollen Nacht, da die Beginen vertrieben, eingesperrt oder sogar verbrannt worden waren, um auf ihrem Grund diesen Turm zu bauen. Als Fanal und Zeichen des Aufbegehrens gegenüber den Herren der Burg auf der anderen Seite des Flusses. Die, die den Turm Stein um Stein errichteten, wussten nicht, dass dieser stolze Abschluss der Stadtmauer längst einen Bewohner hatte. Die Burg war mittlerweile abgetragen, sogar der Hügel, auf dem sie erbaut worden war. Die Stadt war über den Fluss hinausgewachsen, die Mauer verfallen. Nur dieser Turm hielt den Jahrhunderten stand. Ausgerechnet er trug den Namen derer, die für ihn hatten weichen müssen.

Ich lauschte mit halber Aufmerksamkeit den Stimmen der Menschen, die unten durch die Gassen strömten. Bald würde Stefanie eine neue Gruppe Besucher die engen Treppen hinaufführen, um ihnen die Geschichte des Turms zu erzählen. Ach, wenn ich ihr doch nur die wahre Geschichte erzählen könnte. Eine Geschichte von der verbotenen Liebe zwischen einem jungen Grafen und der ebenso jungen Oberin des Beginenordens. Eine Geschichte von Eifersucht und Verrat, von mörderischem Hass und einem unschuldigen Neugeborenen, das in der Heimlichkeit der Nacht in einem Boot über den Fluss in Sicherheit gebracht wurde. Und von der kühnen Magie, die zu seinem Schutz und dem seiner Nachfahren aufgeboten worden war.

Als ich vernahm, wie unten die Tür aufgeschlossen wurde, verließ ich meinen Beobachtungsposten auf dem Dach und glitt durch die mehrere Meter dicken Mauern nach unten. Ich freute mich auf Stefanie. Von all jenen, die ich im Laufe der Zeit behütet hatte, sah sie ihrer fernen Vorfahrin am ähnlichsten.

Ich erkannte ihre Stimme, noch bevor ich im Eingangsraum ankam. Auch ihre Stimme glich der der Mutter Oberin. Ihr Klang verdichtete etwas in mir, so als ob der Körper, den ich einst aufgab, sich erneut formen wollte. Ich dachte wieder an das Ritual, durch das all das Wissen, all die Magie und die Kraft der Mutter Oberin in mich geflossen war, um die Aufgabe zu erfüllen, die sie mir aufgetragen hatte. Und um sie eines Tages weiterzugeben. Wie das geschehen sollte, hat die Mutter Oberin mir nicht verraten. Erst, so hieß es, musste der Fluch durchbrochen werden.

»Früher gab es hier keinen Eingang«, erzählte Stefanie gerade. »Der Raum war geschlossen. Der Eingang war im ersten Stock. Dorthin gelangte man über eine Leiter, später über eine Treppe. Dieser Raum diente als Kerker. Schauen Sie, dort.« Sie wies nach oben, wo die Besucher ein kreisrundes Loch in der Decke sehen konnten. »Das ist das Angstloch, durch das die Gefangenen in die Dunkelheit des Kerkers hinabgelassen wurden. Wir werden es später von oben sehen können.«

Gerade wollte ich mit meiner Präsenz in den Raum fluten, als sich eine zweite Stimme erhob, die mich augenblicklich wieder zu dem Stein werden ließ, in dem ich seit Jahrhunderten wohnte. Obwohl ich kein Blut mehr hatte, gefror es in meinen Adern. Nicht mehr existierende Haare stellten sich auf, und eine alte, vertraute Angst umklammerte mein nicht mehr vorhandenes Herz.

»Warum heißt es Beginenturm? Was hat es damit auf sich?«, fragte die heisere, widerliche Stimme.

Ich überwand meinen Schrecken. Behutsam näherte ich mich den Auren der Menschen.

»Der Turm steht auf dem Gelände des Beginenordens, eines Laienordens für alleinstehende Frauen.«

»Waren die Beginen nicht auch für ihre Hexenkünste berühmt?«, fragte der Mann.

Stefanies Lächeln gefror.

»Ganz gewiss nicht«, gab sie kühl zurück. »Es waren Frauen, die ein eigenständiges Leben führen wollten.«

Jetzt konnte ich auch den Fragesteller ausmachen. Er ähnelte in keinster Weise seinem Vorfahren. Er trug einen grauen Anzug, war schlank, kräftig, ja, sogar attraktiv. Auch er lächelte, doch es war ein falsches Lächeln. Mich konnte er nicht täuschen, so wenig wie einst der Stadtrat, der die Mutter Oberin begehrte und dann, als er sie nicht bekam, verbrennen ließ. Es war diese Fähigkeit, die Menschen zu durchschauen, die mich einst zum Gefährten der Mutter Oberin werden ließ. Erst viel später begriffen wir, dass wir füreinander bestimmt waren.

Stefanie führte ihre Besuchergruppe nun in den ersten Stock. Sie wies auf das Loch in der Mitte des Bodens.

»Schauen Sie hinunter«, sagte sie, »und stellen Sie sich vor, das wäre ein fensterloser Kerker, den Sie nie wieder verlassen könnten.«

Schaudernd sahen die Besucher durch das Loch im Boden. Nur der Mann im grauen Anzug beobachtete Stefanie, die sich gerade mit einem anderen aus der Gruppe unterhielt. Dabei spielte ein grausames Lächeln um seine Lippen. Nun war ich mir sicher, dass er gekommen war, den Fluch zu erfüllen. Er war hier, um die Letzte der Beginen zu töten.

Und es war an mir, das zu verhindern.

Stefanie führte die Besucher in den zweiten Stock, von wo aus sie einen weiten Blick über die Stadt hatten. Der Aufenthalt dort würde am längsten dauern. Dort musste ich versuchen herauszufinden, was der Mann im grauen Anzug vorhatte. Vor allem, *wo* er es vorhatte. Zwar war es mir möglich, den Turm zu verlassen, doch dort draußen, zwischen den vielen Menschen, den Lichtern, diesen modernen Bildschirmen mit ihrem endlosen Informationsgeflimmer war ich nicht mehr als ein Hauch im Wind. Nur hier, in diesem uralten Turm, konnte ich meine Macht entfalten. Wenn ich etwas tun sollte, musste es jetzt geschehen.

Meine Angst war verflogen, der graue Mann konnte mir nichts tun. Die Angst um Stefanie hingegen war lebendiger denn je. Sie war es, die mich handeln ließ. Vorsichtig näherte ich mich dem grauen Mann. Sein Vorfahr hatte mich spüren können. Damals hatte ich auch noch einen Körper aus Fleisch und Blut besessen, der die Gewalt des Ratsherrn fürchtete. Mich in der Nähe der Mutter Oberin zu sehen, hatte seine Wut noch gesteigert. Als ob er ahnte, was uns verband. Noch Tage nach dem Mord an den Frauen hatte er das Grundstück nach mir abgesucht. Da aber hatte meine Transformation bereits begonnen.

Ich konzentrierte meine ganze Wahrnehmung und Präsenz auf den grauen Mann. Schon glaubte ich seinen Schweiß zu riechen, sein süßliches Parfüm. Sah die Schuppen in seinen Haaren, sah, wie sich ihm die Nackenhaare aufstellten. Er wandte sich suchend um, mit gerunzelter Stirn. Sein forschender Blick glitt natürlich durch mich hindurch. Jetzt war es von Vorteil, dass die Menschen Wesen wie mich nicht mehr sehen konnten. Mehr noch, sie weigerten sich, meine Existenz auch nur für möglich zu halten. Die Ignoranz der Moderne wurde zu meinem Vorteil.

Ich ging noch dichter an ihn heran, umschlang ihn mit meinem Wesen. Dabei spürte ich sein Unbehagen und seinen Widerstand. Aber er wusste nicht, wogegen er sich wehren sollte. Er wechselte den Platz, aber das nützte natürlich nichts. Ich hing an ihm wie ein Spinnweb. Ich fühlte die Leere in ihm, darin ein Kern aus pulsierender Schwärze. Dort musste ich hin. Dort war der Fluch.

Hätte mich das Ritual der Mutter Oberin nicht auf diesen Moment vorbereitet, so wäre ich wahnsinnig geworden. So wahnsinnig wie das, was in der Schwärze lebte. Es war das, was den Träger der Schwärze lachen ließ, wenn andere Menschen Qualen litten. Was ihn gierig ihre Todesfurcht trinken ließ. Was ihn im Töten das Leben fühlen ließ. Ich sank noch tiefer, und dort, im schleimigen Grund dieses Sumpfes, fand ich das, was den Fluch in ihm hatte lebendig werden lassen: sein eigenes Grauen. Die Frau, die das Kind in ihm getötet und das Monster geweckt hatte.

Ich nahm ihr Bild mit mir und durchforschte weiter seinen Geist. Immer deutlicher wurden die Bilder. Stefanie war nicht die erste Frau, die er ausgewählt hatte. Doch alle anderen waren nur mindere Objekte auf dem Weg zu Stefanie. Sie war die Königsbeute, derer er sich bemächtigen wollte, um das zu zerstören, was ihn quälte.

Behutsam, damit er nicht merkte, dass es eine andere Kraft in seinem Geist gab, begann ich, diese Bilder zu formen. Stattete sie mit einem Dekor aus, das diesem Turm entsprach, und füllte es mit Erinnerungen an die andere schreckliche Bluttat. Es war nicht schwer, der Fluch half mir dabei.

Als ich mich von ihm zurückzog, fühlte ich mich so erschöpft und so wund wie seit Jahrhunderten nicht mehr. Ich kehrte zurück in die Steine, die mein Zuhause waren, um Kraft zu sammeln, während Stefanie die Gruppe wieder nach unten führte. Ich musste mich bereitmachen. Das, wozu ich vor langer Zeit erschaffen worden war, stand unmittelbar bevor.

Irgendwo in der nächtlichen Stadt brannte ein Feuer. Aber vielleicht war es auch nur das Feuer einer anderen, längst vergangenen Nacht. Denn die Zeit schrumpfte zusammen angesichts der Erfüllung dessen, wozu ich erschaffen war. Ich saß auf dem Dach und hielt in fiebriger Wachheit Ausschau. Hatte meine Magie gereicht, um Stefanie vor dem Tod zu bewahren? Ich hatte nie Gelegenheit gehabt, meine Macht zu erproben. Wenn ich versagte, würde das Böse endgültig Oberhand gewinnen.

Da! Eine Bewegung in der leeren Straße. Eine schwankende, unförmige Gestalt. Erst dann erkannte ich, dass es eine Gestalt war, die etwas Schweres über der Schulter trug: einen anderen Körper! War es etwa bereits geschehen? Hatte ich mich getäuscht?

Voller Ängste und Zweifel glitt ich durch die Mauern nach unten, bereit, mich in die Leere außerhalb des Turms zu wagen. Doch da vernahm ich den Schlüssel im Schloss. Es war der graue Mann, der Stefanie über der Schulter trug. In der anderen Hand hielt er eine Tasche, die er nun abstellte. Während er damit beschäftigt war, die Tür wieder zu verschließen, umhüllte ich Stefanie. Lebte sie noch?

Ich fühlte ihr schlagendes Herz. Auch war sie unverletzt. Der Mann hatte sie betäubt, um sie hierher zu bringen, wie ich es ihm eingegeben hatte. Unendliche Erleichterung durchflutete mich. Doch damit war meine Aufgabe noch nicht erfüllt. Jetzt würde der schwierige Teil kommen.

Ohne Licht zu machen, schleppte der graue Mann die bewusstlose Stefanie durch den engen Treppengang in der Mauer nach oben. Im zweiten Stock, dort, wo der Turm zur Stadt hin offen war, legte er sie schließlich auf dem Boden ab und hockte sich daneben, um wieder zu Atem zu kommen.

»Verdammtes Miststück!«, zischte er. »Hast mich genug schwitzen lassen. Jetzt kommt der spaßige Teil.«

Er erhob sich wieder und stieg die Treppen hinab. Natürlich, die Tasche! Er hatte sie an der Tür liegen lassen, um zunächst Stefanie heraufzubringen. Ich eilte ihm hinterher, umhüllte wieder seinen Geist, um den Zweck dieses Vorgehens zu verstehen. Die Bilder ließen mich zurückzucken. Seil und Draht zum Fesseln, Knebel, skalpellscharfe Messer, Zangen, es waren Werkzeuge des Grauens. Ich durfte ihn nicht mehr in Stefanies Nähe kommen lassen.

Im ersten Stock blieb ich zurück, während er die Tasche von unten holte. Mir blieb nicht viel Zeit. Ich beschwor die Magie herauf, mit der die Mutter Oberin mich ausgestattet hatte. Fühlte, wie mich ihre Kraft erfüllte. Wie ich mich ausdehnte, Dunkelheit ansog, bereit, mich zu formen. Dann rief ich das Bild hervor, das ich in der Tiefe seiner schwarzen Seele gefunden hatte. Danach formte ich mich, so groß, dass ich den ganzen Raum ausfüllte. Eine verdichtete schwarze Gestalt mit brennenden Augen. Aber noch nicht wahrnehmbar für den menschlichen Unglauben. Ich wartete.

Rasche Schritte auf der Treppe. Entschlossen wollte er gleich weitereilen, um sein grausiges Werk zu vollbringen. Da griff ich in seinen Geist und injizierte ihm, was ich war. Er zuckte zusammen. Fuhr herum. Seine Augen weiteten sich entsetzt. Sein Blick wanderte zu meinem Kopf empor, den nur er sehen konnte. Sein Mund öffnete sich gequält.

»Junge!«, rief ich in seinen Geist hinein.

Er ließ die Tasche fallen, hob abwehrend die Hände.

»Nein!«, keuchte er heiser. »Nein!«

Er taumelte rückwärts. Ich folgte ihm.

»Gehorche, Kind!«

»Nein!«, kreischte er, versuchte, zu entkommen, irrte dabei jedoch nur hilflos im Raum umher. Ich setzte ihm nach, drohend über ihm aufgebaut.

»Gehorche!«

»NEIN!«

Er fiel auf die Knie. Streckte flehend die Hände empor.

»Nein, Mutter, nein!«

»EMPFANGE DEINE STRAFE!«

Er sank vornüber, bedeckte mit den Händen den Kopf. Nur eine Armlänge vom Angstloch entfernt.

»Tu es!«, befahl ich.

Wimmernd kroch er zu dem Loch. Beugte sich darüber. Zögerte. Sabber tropfte aus seinem Mund.

»Stirb!«

Für ihn war es nicht die Eingangshalle mit einer Tür und Elektrizität. Für ihn war es der Kerker eines vergangenen Jahrhunderts. Er fiel mit dem Kopf zuerst. Sein Schädel zerbrach beim Aufschlag. Die Schwärze trat hervor, breitete sich um ihn herum aus. Ich glaubte, Flammen darin tanzen zu sehen, von brennenden Bäumen. Johlende Menschen im Wahn und den Hass, den nur zurückgewiesene Liebe erzeugen kann. Doch dann verrann die Schwärze, versickerte in den uralten Steinen. Und mit ihr verschwanden die Bilder jener grässlichen Nacht.

Auch ich schrumpfte wieder zu meiner eigenen Natur zurück. Ich wollte durch die Mauern nach oben, zu Stefanie, aber seltsamerweise gelang es mir nicht. Vielleicht hatte ich zu viel Kraft verloren. Also tat ich etwas, was ich schon seit ewiger Zeit nicht mehr gemacht hatte: Ich lief die Stufen empor. Lautlos näherte ich mich ihr. Schaute ängstlich in ihr liebes Gesicht.

Sie seufzte leise. Ihre Lider flatterten. Ihre Hand fasste nach der Stirn. Dann öffnete sie die Augen.

Einen kurzen Moment wirkte sie verwirrt. Dann lächelte sie. Merkwürdig, ich hatte das Gefühl, sie schaute mich an.

»Ja, hallo«, sagte sie leise.

Was! Wieso Hallo?

»Wer bist du denn?«

Sie richtete sich auf, stützte sich auf den Ellenbogen.

Ich war versucht, mich umzudrehen, um zu sehen, ob jemand hinter mir war. Aber da näherte sich ihre Hand. Sie hielt sie mir unter die Nase. Ich schnupperte vorsichtig daran.

»Du bist ja ein hübscher Kerl«, sagte sie zärtlich und strich mir sanft über die Stirn. Oh, wie gut das tat. Es war das erste Mal seit langer, langer Zeit, dass eine Frauenhand mich streichelte. Ich schmiegte meinen Kopf in ihre Hand. Und dann geschah etwas, was mich noch mehr erstaunte: Ich begann zu schnurren!

»So ein schönes schwarzes Fell«, sagte sie leise. »Weißt du, dass ich schon immer eine Katze wie dich haben wollte?«

Natürlich weiß ich das. Ich habe es in deinem Herzen gesehen.

»Sag mal, mein Kleiner, weißt du, wie ich hierhergekommen bin?«

Tja, das ist eine lange Geschichte.

Ich kletterte auf ihren Schoß, knetete mir einen Platz zurecht und reckte mich wieder ihrer Hand entgegen.

»Hey«, lachte sie. »Du suchst wohl Anschluss.«

O ja, das tue ich.

»Was mache ich denn mit dir?«

Ich richtete meinen Blick auf sie, ließ ihre Augen darin versinken und gab ihr eine kleine Kostprobe meiner Magie.

Ich trage das Wissen deiner Vorfahren in mir, Stefanie. Und wenn du lernst, still zu sein und wirklich zu lauschen, dann werde ich es dir nach und nach übermitteln. Und du wirst lernen, dass manche von uns Katzen mit manchen von euch Menschen einen heiligen Bund eingehen können. Dafür sind wir jahrhundertelang verfolgt und verbrannt worden. Doch in den heutigen Zeiten sind wir sicher, denn die Menschen glauben nicht mehr an das, was zwischen uns möglich ist. Aber das ist mir egal. Ich muss nur dich überzeugen, Stefanie. Die Letzte der Beginen!

AUSGELIEFERT

CARSTEN SCHÜTTE

Manuels Welt

Manuel Stock lebte in einer kleinen Zweizimmerwoh-
nung in Hannovers Ihmezentrum. Diese Bausünde der
siebziger Jahre gleicht auch heute noch einer Bauruine,
an der sich aktuell mehr oder weniger potenzielle Inves-
toren die Klinke in die Hand geben. Selbst für den mul-
tikulturellen Stadtteil Hannover-Linden mit einer recht
facettenreichen Architektur wirkt das Ihmezentrum
wie ein Schandfleck, der sehnsüchtig auf die Abriss-
birne wartet. Bauzäune sind mit Plakaten gesäumt, die
Absperrwände zwischen den schmucklosen Betonwän-
den mit Graffiti beschmiert. Dennoch gelangt man auf
normalem Wege in die Tiefgaragen und Treppenhäuser,
die in die bis zu 17-stöckigen Gebäude führen. Hier
trifft man auf Junkies, Skater, Sprayer oder auch Jugend-
gangs, die sich außerhalb der Kontrolle eines Sicher-
heitsdienstes oder regelmäßiger Polizeistreifen in der
Anonymität der Betonburg aufhalten.

Das alles störte Manuel Stock nicht, und es war ihm
darüber hinaus völlig egal. Er lebte in seiner Wohnung.

Die Welt da draußen war ihm unheimlich und fremd. Manuel versorgte sich ausschließlich durch den Pizzabringdienst, den er rund um die Uhr in Anspruch nahm.

An und für sich war Manuel kein schlechter Schüler gewesen, aber in seinem Jahrgang einfach anders. Er interessierte sich früh für Computer, wobei ihm die Spiele auf dem Markt zu anspruchslos waren, weswegen er selbst welche programmierte, die er an seine Mitschüler verkaufte. Das war aber auch die einzige Wertschätzung, die er in der Schule erfuhr. Schon während der Pubertät widmete er sich lediglich seiner Leidenschaft. Bewegung oder gar sportliche Betätigung waren Manuel nicht nur fremd, sondern zuwider, was man ihm auch deutlich ansah. Seine adipöse Statur, das unmodische, ungepflegte Erscheinungsbild samt schulterlanger fettiger Haare und einem Wildwuchs im Gesicht förderten nicht gerade die Akzeptanz seiner Mitschüler. In der anonymen Szene der Computerfreaks war er allerdings als absoluter Nerd nicht nur anerkannt, sondern überaus geschätzt.

Nach einem mittelmäßigen Abitur und einigen Semestern Informatik musste Manuel feststellen, dass seine Talente und Fähigkeiten nicht zu den hohen theoretischen und für ihn völlig unnützen Anforderungen passten. Er brach sein Studium ab und versuchte, als freier Programmierer in kleinen Firmen Fuß zu fassen. Allerdings ließ sich sein Arbeits- und Lebensstil mit festen Arbeitszeiten, Strukturen und Ansprüchen seiner Arbeitgeber nicht vereinbaren.

So gründete Manuel vor einem Jahr sein eigenes Start-up, schrieb Programme für Musikproduzenten und Bands und suchte als Erstes den Kontakt zu der erfolgreichen Sängerin und Voice-of-World-Gewinnerin Lisa Müller-Landmann, mit der er in der IGS-Roderbruch in einem Jahrgang gewesen war.

Lisas Management erwarb eine Lizenz, ein von Manuel erwarteter Kontakt zu seiner ehemaligen Mitschülerin kam jedoch nicht zustande. Durch diese Kooperation ergaben sich aber weitere Abschlüsse mit den Stars aus Hannover, und Manuel konnte »Lassie in the Bakerstreet«, Justi P. und selbst die »Crocodiles« von seinen Programmen überzeugen.

Trotz großer Namen deckten die Einnahmen gerade seine Kosten, um die Miete der 40 Quadratmeter im Ihmezentrum und seinen Pizza-, Döner- und Colakonsum zu finanzieren. Der erhoffte Hype, in die deutsche oder gar internationale Musikerszene zu expandieren, blieb bislang leider aus.

Manuel widmete sich daher immer öfter seiner Leidenschaft, die sich durch seinen zurückgezogenen Lebensstil und seine mangelnde Kommunikationsfähigkeit fast zwangsläufig ergab: Sex im Netz. Er konsumierte täglich jegliche Art von Pornos, und zwar in allen Facetten. So entdeckte er die Kinderpornografie nicht nur als eigenen Kick, sondern auch als lukrative Einnahmequelle.

*

Das Wiedersehen

Thorsten Büthe nutzte die Stadtbahn für seinen täglichen Arbeitsweg zum Landeskriminalamt, wo er den Arbeitsbereich »Operative Fallanalyse« leitete. Auf dem Heimweg stieg er am Waterlooplatz in die Linie 9 zum Fasanenkrug und fand einen Sitzplatz am Fenster. Am Hauptbahnhof setzte sich ein Mann auf den Platz ihm gegenüber, der Thorsten recht bekannt vorkam. Er war Mitte fünfzig, trug einen stylischen Hut auf seiner Glatze, einen langen Vollbart und eine runde Hornbrille.

»Gerwin?«, sprach Thorsten sein Gegenüber an.

Der fragende und fast genervte Blick zeigte Thorsten, dass sein Mitfahrer ihn nicht erkannt hatte.

»Thorsten. Wir sind zusammen zur Schule gegangen, ich wollte dich mal zum Ju Jutsu mitnehmen, was du aus Angst um deine feinen Klavierfinger aber abgelehnt hast.«

»Mensch, Thorsten, der Bulle. Ich fasse es nicht. Wie geht es dir? Sorgst du noch immer für unsere Sicherheit in Hannover?«

Thorsten stellte seinem alten Schulfreund seine aktuelle Tätigkeit vor.

»Wow, Profiling«, zeigte sich Gerwin erstaunt. »Dann steigt ihr in die Psyche von Mördern und Sexualtätern ein, erklärt, wie sie ticken und dann zu fassen sind?«

Thorsten lachte. »Es ist schon ein bisschen aufwendiger und komplizierter, aber so in etwa stimmt es. Wie geht es dir? Was macht Lassie?«

Gerwin war Mitglied der Rockband »Lassie in the Bakerstreet«, die 1986 international bekannt wurde.

Nach einer Pause von fast zehn Jahren machte die Band wieder gemeinsam Musik.

»Ich hätte nie mit so einem Hype gerechnet. Selbst nach der langen Pause stehen unsere alten Fans zu uns, und neue kommen dazu. Die Jahre, in denen wir pausiert hatten, waren für jeden total wichtig, aber wir haben die gemeinsame Arbeit und vor allem die Bühne absolut vermisst«, strahlte der alte Schulfreund von Thorsten, wobei er sich besann und seine Mimik wieder erstarrte. »Oh, sorry, ich muss raus. Hast du eine Karte? Vielleicht können wir ja mal telefonieren und uns auf ein Bierchen treffen und über alte Zeiten quatschen. Hättest du Lust?«, schlug der Musiker vor.

»Wenn du dafür noch Zeit findest, gern«, freute sich Thorsten. Beide tauschten ihre Handynummern aus und verabschiedeten sich herzlich. Als Gerwin aus der Bahn stieg, wirkte sein Blick wieder starr. Das eigentlich freudige Wiedersehen spiegelte sich darin nicht wider.

Nachdem Thorsten sich im Netz interessiert die aktuelle Entwicklung der Rockband angeschaut und allein die vielen Tourdaten für 2020 gesehen hatte, rechnete er nicht mit einem Kontakt seines Schulfreundes. Umso mehr überraschte ihn Gerwins Anruf schon am nächsten Tag. Gerwin hatte lange über ihr Gespräch nachgedacht und bat Thorsten um ein persönliches Treffen, an dem auch seine Bandkollegen teilnehmen wollten. Thorsten war aufgeschlossen und sagte zu.

»Braucht ihr noch einen Securitymitarbeiter?«, frotzelte Thorsten, wobei Gerwin in diesem Gespräch eher distanziert und unsicher wirkte.

»Wir brauchen deinen fachlichen Rat zu einem sensiblen Thema und vor allem Diskretion. Wäre das okay?«, bat Gerwin mit leiser Stimme.

Jetzt wurde auch Thorsten förmlich. »Ich höre euch gern zu und helfe, wenn ich es rechtlich vertreten kann. Wann und wo wollen wir uns treffen?«

Als Gerwin für den gleichen Abend einen kleinen Italiener in Großburgwedel vorschlug, erahnte Thorsten die Dimension der Angelegenheit nicht ansatzweise.

Thorsten hatte sich in den Jahrzehnten seines Polizeidienstes angewöhnt, stets sein Umfeld zu scannen, so dass ihm der dunkle VW Bulli mit den abgedunkelten Scheiben auf der gegenüberliegenden Straßenseite sofort auffiel. Der Lichtreflex im Innenraum ließ auf Kamera- oder Videoaufnahmen schließen. Beim Betreten des Restaurants erwartete ihn sein Schulfreund. Er ging so schnell auf ihn zu, dass nicht einmal der Oberkellner die Chance hatte, den neuen Gast anzusprechen.

»Danke für deine Spontaneität und dein Vertrauen, Thorsten. Komm bitte mit«, begrüßte ihn Gerwin formell und ging in den hinteren Restaurantbcrich.

Thorsten blieb jedoch stehen. »Stopp, Gerwin. Was läuft hier? Lasst ihr mich oder den Laden überwachen?«, dabei blickte er in Richtung des VW Bulli.

»Die gehören zu uns. Wir erklären dir gleich alles. Vertrau mir bitte«, bat Gerwin und öffnete die Tür zu einem Hinterzimmer.

Thorsten traf der Schlag, als sich die dortigen Personen erhoben, um ihn zu begrüßen. Nicht nur sämtliche Mitglieder der Lassies, sondern Klaas Menger und Rainer Schmelzer von den »Crocodiles« sowie Justi P. kamen auf Thorsten zu und bedankten sich bei ihm für sein Erscheinen. Als es dann an der Terrassentür klopfte und auch noch Lisa Müller-Landmann eingelassen wurde, waren sie komplett. Die hannoverschen Weltstars der Musikszene.

Gerwin eröffnete das Gespräch der illustren Runde. »Hallo, Thorsten. Ich glaube, du kennst uns. Wir alle haben seit Wochen ein Riesenproblem und wissen nicht, wie wir damit umgehen sollen. Wir alle werden erpresst!«

Klaas Menger, der Frontmann der »Crocodiles«, übernahm das Wort. »Wir haben uns bislang aus mehreren Gründen gegen eine offizielle Anzeige entschieden. Neben der Gefahr, dass allein die Info in die Medien kommt, glauben wir, dass uns der Erpresser nicht nur überwacht, sondern über unsere Schritte informiert ist. Wir brauchen einen vertrauensvollen Ratgeber, der uns sagt, wie wir uns jetzt verhalten sollen. Es spielen nicht nur rechtliche Aspekte eine Rolle. Es geht um viel mehr, fast um die Existenz jedes Einzelnen von uns. Wären Sie … Können wir uns nicht duzen? Ich habe da einfach ein besseres Gefühl.«

Thorsten nickte, und Klaas Menger fuhr fort:

»Wärst du bereit, uns erst mal nur anzuhören, dir anzusehen, womit wir alle hier konfrontiert sind, uns vielleicht erst dann einen fachlich menschlichen Rat zu erteilen, bevor wir uns über die sicherlich erforderlichen polizeilichen und rechtlichen Schritte einigen?«

»Das ›Du‹ ist okay, wobei das noch kein Vertrauens-
beweis sein kann. Ihr werft mich hier ins kalte Wasser.
Vorab kann ich euch keine Zusagen geben, strafrechtlich
relevante Dinge unter den Teppich zu kehren, nur weil
ihr euch vielleicht entschließt, andere Wege zu gehen.
Ich kann euch jedoch zusagen, alles so sensibel wie möglich zu behandeln und dann entsprechende Dinge in die
Wege zu leiten. Ohne zu wissen, worum es geht, kann
ich gar nichts zusagen. Lasst ihr mich beobachten?«,
warf Thorsten in den Raum.

»Nein, das ist unsere eigene Security, die checkt, ob
und von wem wir überwacht werden«, erklärte Carsten Weinhold von den Lassies.

»Okay, ich lasse euch jetzt ein paar Minuten allein
und trinke draußen einen Espresso. Stimmt euch bitte
ab, ob und wie weit ihr euch öffnen wollt. Soll ich euch
ehrlich helfen, müssen alle Karten auf den Tisch oder ich
bin raus«, forderte der Profiler. Die Stars nickten still.

Der bestellte Espresso war noch nicht einmal am Tisch,
als Gerwin Thorsten hineinbat. Der Raum war nunmehr
abgedunkelt und ein Beamer an der Decke aktiviert.

»Bevor wir es mit unseren eigenen Worten erklären,
schau es dir an.«

In dieser Runde war Thorsten der Einzige, der die
Filmsequenzen fachlich interessiert verfolgte. Die Stars
starrten teilweise mit Tränen in den Augen auf die Tisch-
platte.

Thorsten war erstaunt, mit welcher Präzision die
Stars einzeln oder mit den Bandmitgliedern zusammen als Kinderschänder in Pornovideos agierten. Jetzt

konnte er die Betroffenheit und das Misstrauen der Anwesenden nachvollziehen.

»Wie ist oder sind die Erpresser mit euch in Kontakt getreten? Was wird gefordert und womit wird gedroht?«

Justi P. übernahm sichtlich bewegt das Wort: »Erst kamen kommentarlose Sequenzen per WhatsApp. Dann war tagelang Ruhe. Es war die Hölle.«

Rainer Schmelzer setzte fort: »Er fordert Millionen in Bitcoins oder er veröffentlicht die Videos im Netz.«

»Habt ihr schon gezahlt?«

Die Anwesenden schüttelten die Köpfe.

»Nein, die Frist läuft erst in vier Tagen ab. Übermorgen soll ein bestimmter Text im Frühstyxradio bei FFN als Signal gebracht werden.«

Auf den fragenden Blick von Thorsten ergänzte Klaas Menger kleinlaut: »Nein, wir haben noch keinen Kontakt zu Radio FFN aufgenommen.«

»Wisst ihr von anderen möglichen Opfern? Habt ihr euch mal umgehört?«

Lisa schluchzte: »Wir haben nicht viele echte Vertraute in der Szene, aber die Quellen, die wir angezapft haben, sprechen nicht dafür.«

Auf dem Profiler lasteten erwartungsvolle, aber auch hilflose Blicke.

»Meine Frage wird jetzt keinem gefallen: Die Sequenzen sehen verdammt professionell aus. Gibt es irgendetwas, was ich noch wissen sollte?«

Alle wiesen das empört von sich.

»Gut, ich vertraue euch. Ich sehe nur eine Möglichkeit. Ich beziehe unsere Experten für Cybercrime und

Kinderpornografie ein. Die kennen die Szene, haben das technische Knowhow und können das Fachwissen sowie die Programme beurteilen, mit deren Hilfe der Erpresser die Videos so professionell bearbeiten konnte. Wir müssen uns zusammensetzen und klären, warum nur ihr betroffen seid. Warum nur Hannover? Ist es ein lokaler Erpresser? Welche Verbindung besteht zwischen euch? Ist es vielleicht mehr als nur die Musik? Welche Möglichkeit hat er, um euch real oder auch nur virtuell zu beobachten? Wir sollten versuchen, die anonyme Bitcoinzahlung zu umgehen. Auch dazu brauchen wir die Experten aus unserem Haus, ich habe davon keine Ahnung. Wir müssen ihn aus seiner Höhle locken und versuchen, eine persönliche Übergabe des Lösegeldes zu erreichen. Dazu nutzen wir die eingeforderte Botschaft über das Frühstyxradio bei FFN. Ich brauche euer Einverständnis, eure Handys überwachen zu dürfen. Wir werden uns mit dem Kriminologischen Forschungsinstitut Niedersachsen zusammenschließen, sämtliche Studien auswerten und ein gemeinsames Täterprofil entwickeln. Eine Alternative habe ich nicht. Seid ihr dabei?«

Klaas Menger blickte in die Runde: »Hat wer einen anderen Vorschlag?«, worauf die Stars resigniert die Köpfe schüttelten.

»Ich benötige sämtliche Kontakte mit dem Erpresser, alle Handydaten von euch sowie sämtliche Videodateien, die man euch geschickt hat. Wir kommen morgen Vormittag auf euch zu und klären die Details. Okay, dann los, wir haben nicht viel Zeit«, schloss Thorsten die Runde.

*

Die Uhr tickt

Am nächsten Morgen wies Thorsten Büthe neben seinen OFA-Kollegen sämtliche Experten des LKA sowie des zuständigen Kommissariats für Erpressungsdelikte im OFA-Analyseraum in die aktuelle Lage ein. Die Experten für Cybercrime und Kinderpornografie zapften ihre Quellen an, drehten die Szene auf links und erkundigten sich bundesweit nach ähnlichen Fällen. Maik Holzner, der medienstrategische Experte der OFA, nahm Kontakt mit den Verantwortlichen bei Radio FFN auf, die das Frühstyxradio produzierten, um die geforderte Botschaft zu platzieren. Die Sozialwissenschaftlerin des Profilerteams, Nina Bachmann, wertete mit dem Kriminologischen Forschungsinstitut Niedersachsens die aktuellsten Studien und Erkenntnisse über die Kinderpornoszene und entsprechende Erpressungen aus.

Die übrigen Fallanalytiker Kristin Bäumer, Thomas Schulte und auch die Psychologin Carlotta Bayer-Westholt versuchten mit Thorsten Büthe gemeinsam, aus den bisherigen Erkenntnissen dem Täter ein mögliches Bild zu geben. Wo waren die Gemeinsamkeiten der Erpressungsopfer? Betraf es nur die Musikszene oder gab es weitere Parallelen? Wie könnte es ihnen gelingen, den Erpresser aus der Anonymität zu locken?

Das Fallanalyse-Team geriet schnell an fachliche Grenzen, denn sie befanden sich zwar im Gebiet der Tötungs- und Sexualdelikte auf sicherem Terrain, waren aber im Bereich Cybercrime und Kinderpornografie im Netz keine Experten, so dass sie sich vom Dezernatsleiter dieses Fachgebietes in die Materie einweisen ließen.

Der Medienprofi der OFA, Maik Holzner, hatte sich mit der Redaktion des Frühstyxradios abgestimmt und ein positives Kooperationssignal angezeigt. Maik war zudem ein absoluter Kenner der Musikszene und neben seinem Profilerjob Leader einer angesagten Rockband.

»Maik, triff dich bitte mit deinen Musikerkollegen und versucht, Parallelen zu finden, die sie als Erpressungsopfer zusammenbringen. Gefeuerte Bandmitglieder, Stress mit einem gemeinsamen Management oder so«, bat Thorsten Bühte seinen Musikexperten. »Ach ja, ist zwar nur so ein Gefühl, aber fang bitte bei der Jüngsten an. Vielleicht ist ja Lisa der Schlüssel. Das kommt dir doch sehr entgegen, oder?«, schmunzelte Thorsten, dem bekannt war, dass Maik Lisa sehr attraktiv fand.

Einige Zeit später hatten die Spezialisten der Polizei sämtliche möglichen Fakten zusammengetragen.

Hier fiel der Name Manuel Stock nicht nur in der Hacker- und Pornoszene auf, sondern auch in den Geschäftsbeziehungen aller Opfer. Ein Durchsuchungsbeschluss seiner gemeldeten Privat- und zugleich Geschäftsadresse lag den Beamten vor. Bei der Überprüfung fanden die Durchsuchungskräfte allerdings nur den Briefkasten eines dubiosen Bürodienstes vor. Eine andere Meldeanschrift war weder existent noch zu ermitteln.

»Wir haben keine andere Wahl und müssen ihn aus seinem Bau locken«, regte der OFA-Leiter an und schlug folgendes Konzept vor: »Die Botschaft im Frühstyxradio soll über ›Günther, der Treckerfahrer‹ zum Thema Bitcoins verbreitet werden. Er könnte mit Klaas Menger ein satirisches Gespräch führen und Bitcoins total verteufeln. Dabei bietet er verschlüsselt, aber deutlich, eine Bargeldübergabe an. FFN hat schon zugestimmt. Gibt es Gegenstimmen?«

Niemand hatte einen anderen Vorschlag. So übertrug FFN in dem Satiremagazin des Frühstyxradios eine Diskussion mit der Figur ›Günther, der Treckerfahrer‹ und dem Leadsänger der »Crocodiles« über den Bitcoinhype, der Günther fast seinen Trecker gekostet hätte. Er hatte sich bequatschen lassen, seinen Trecker für Bitcoins verpfändet und fast alles verloren. Klaas Menger wies auf die Unsicherheit hin und propagierte die altbewährte Barzahlung, um den Erpresser zu veranlassen, den nächsten Schritt zu gehen.

Die Antwort des Erpressers wurde prompt per WhatsApp an Lisa gesendet.

»Komm mit 1,5 Millionen in einer Primark-Tüte morgen um 12 Uhr in die Markthalle zu Vroni und lass dein Handy an. Kommt ein Double, seid ihr um 13 Uhr auf Sendung«, drohte der Entführer.

*

Einsatz Markthalle

Die Einsatzkräfte postierten sich schon ab 9 Uhr an allen Ein- und Ausgängen sowie an den Kaffeeständen in der Markthalle. Sie beobachteten das Treiben konspirativ, hatten aber keinen Anhalt, wen sie eigentlich suchten. Beim Einwohnermeldeamt existierte lediglich ein Foto aus dem Personalausweis von Manuel Stock, auf dem er nicht nur sechs Jahre jünger, sondern auch 30 Kilo leichter und mit kurzem Haar sogar sympathisch und gepflegt wirkte.

Die Musikstars bestanden darauf, die Primark-Tüte mit echten Banknoten in exakt der geforderten Summe zu bestücken. Sie konnten nicht riskieren, dass der Täter die Filme veröffentlichte, falls der Polizeieinsatz misslang.

Das OFA-Team versuchte, aus den bekannten Erkenntnissen über Manuel Stock zu prognostizieren, wie er eine Geldübergabe ohne eigenes Risiko erfolgreich abschließen könnte.

Er war technisch versiert und würde nach Einschätzung der Profiler irgendetwas aus dem Hut zaubern, was die Beamten vor eine große Herausforderung stellen würde. Das OFA-Team regte daher an, die Überwachungszonen auch über den Bereich außerhalb der Markthalle hinaus auszuweiten, wozu auch die U-Bahn-Stationen Markthalle und Kröpcke zählten.

Lisa war total aufgeregt und ließ sich von den Technikern verkabeln. In den Banknoten hatten sie zudem einen Peilsender platziert, um dem Täter selbst bei einer gelungenen Flucht folgen zu können.

Die Markthalle füllte sich zur Mittagszeit, und die Lage wurde unübersichtlich. Im Zentrum des beliebten Treffpunkts lag der bayerische Stand. Er war von drei Haupteingängen und dem Lieferantenzugang aus schnell erreichbar.

Lisa wartete in einem VW Bulli mit abgedunkelten Scheiben auf dem Parkplatz am Wirtschaftsministerium. Sie sollte die Markthalle um 11.58 Uhr über den Eingang am Landtag betreten.

Es blieben noch fünf Minuten, und die Markthalle füllte sich enorm. Den Observationsteams fielen Hunderte Besucher mit Primark-Tüten auf, die sich am Bayernstand trafen. Dem Medienprofi der OFA, Maik Holzner, entging nicht, dass diese Besucher DIN-A5-Flyer in der Hand hielten und am blau-weißen Stand ein Freigetränk samt Weißwurst einforderten. Dabei waren die Mitarbeiter hinter dem bayerischen Tresen völlig irritiert und bei dem Ansturm hilflos überfordert. Es wurde laut, viele Besucher regten sich auf.

Maik sprach eine junge Frau an. »Gibt es hier etwas umsonst?«

Ihre ganze Clique wurde laut und schimpfte. »Erst Gutscheine verteilen und dann von nichts wissen wollen. Eine Riesensauerei!«

Maik ließ sich einen Gutschein aushändigen und war erstaunt. ›Nach Ihrem Primark-Einkauf erhalten Sie ab 12 Uhr am Bayernstand bei Vroni eine kostenlose Weißwurst samt einem Getränk Ihrer Wahl. Vielen Dank für Ihren Einkauf und guten Appetit.‹

Lisa betrat die Markthalle und konnte sich kaum durchschlängeln, als schon ihr Handy klingelte.

»Kämpf dich zum Bayernstand durch!«, wies die männliche Stimme an.

Die Schutztruppe von Lisa hatte Probleme, ihr in dem Gedränge zu folgen.

»Jetzt rechts zu den Toiletten!«, ordnete die Stimme an.

Ihre Begleiter meldeten der Einsatzzentrale: »Haben Kontakt verloren. Wer ist dran?«

Ein Beobachter aus dem Obergeschoss hatte das Szenario im Blick. »Zielperson ist hinter dem Bayernstand rechts zum Lieferantenausgang abgebogen.«

Die Einsatzkräfte versuchten, ihre Leute in diesen Bereich zu verlagern, und brüllten gegen die aufgebrachte Gutscheinmeute in ihre Funkgeräte und Handys. Die technische Überwachungseinheit in dem VW-Bus auf dem Parkplatz meldete: »Haben Kontakt zum Peilsender verloren!«

Stille. Funkverkehr und Handyempfang waren tot.

Plötzlich riss ein fetter Kerl mit einem dunklen Hoodie Lisa die Primark-Tüte samt den 1,5 Millionen Euro aus der Hand und verschwand in der tobenden Menge.

Lisa schrie in ihr Mikro: »Er hat's mir aus der Hand gerissen. Ein kräftiger Typ im dunklen Hoodie. Schnappt ihn euch!«

*

Keine Antwort

Manuel Stock hatte zwei Hipster in der Fußgängerzone angesprochen und ihnen jeweils 50 Euro dafür gezahlt, ab 11.30 Uhr Flyer vor dem Primark an die Menschen zu verteilen, die ihren Einkauf beendet hatten und samt Tüte aus dem Kaufhaus traten. Wenn sie die 1.000 Flyer unter die Leute gebracht hatten, sollten sie zu Vroni in die Markthalle kommen und weitere 50 Euro als Prämie erhalten.

Manuel hatte sich zudem einen Jammer besorgt und die Frequenzen der Funkgeräte der Polizei sowie das Handynetz in der Markthalle gestört. Er sprintete, so gut er konnte, über einen Nebeneingang in das angesagte Fischrestaurant »Gosch«. Schwer atmend betrat er die Herrentoilette, entnahm das Bargeld aus der Primarktüte und suchte gezielt nach dem Peilsender, den er auch sofort fand und in der Toilette herunterspülte. Die Geldbündel samt dem schwarzen Hoodie packte er in einen kleinen Reisekoffer und zog sich ein dunkles Sakko über. Mit seinen nun gepflegten kurzen Haaren und darüber hinaus glatt rasiertem Gesicht verließ er unbehelligt das Fischrestaurant durch einen Nebeneingang. Manuel schlenderte ruhig über die Karmaschstraße zum Hauptbahnhof. Hier fuhr er mit der Linie 9 direkt zum Ihmezentrum und traf ohne Zwischenfall in seiner Wohnung ein.

Nach erster Resignation starrte die Einsatzleitung samt OFA-Team im Einsatzbus auf den Monitor. Sie hofften, dass der Nulllinie des EKGs des zweiten Senders wieder ein Herzschlag folgte. Der Piepton ging in dem Jubel fast unter, und die Einsatzbereitschaft war schlagartig wieder präsent.

»Wir haben ihn wieder. Er sitzt vermutlich in der Stadtbahn 9 in Höhe Georgstraße«, stellte der Leiter der tech-
nischen Einheit fest.

Thorsten Büthe mahnte zur Ruhe. »Wir müssen ihn
an seinem Rechner stellen, sonst ist eine Veröffentlichung immer noch möglich. Wir warten.«

Maik Holzner hatte sich zu den aufgeregten Stars
in die »Gondel«, das Restaurant des GOP-Varietés
gegenüber der Oper, begeben, um sie über das aktuelle Geschehen zu informieren. Die Anspannung aller
war deutlich spürbar, von einer lockeren Musikerszene
war nichts mehr zu spüren.

Der neue Minisender war von Manuel Stock nicht
gefunden worden. Sex und viel Geld machen blind.
Dieser Täter war der von der OFA prognostizierten
Verlockung und dem Triumph, den Peilsender entdeckt zu haben, erlegen. Die ausgefeilte Technik war
sogar in der Lage, nicht nur die Adresse am Ihme-
platz 17, sondern sogar die Wohnung und das Zimmer zu bestimmen.

So klopfte das Einsatzkommando kurze Zeit später
mit der Ramme kurz und kräftig an. Manuel Stock war
vor Schreck und Angst vor den maskierten und schwer
bewaffneten Spezialkräften nicht in der Lage, auch
nur mit den Augenbrauen zu zucken. Er konnte ohne
Gegenwehr festgenommen werden. Sämtliche Dateien
mit den manipulierten Videos wurden sichergestellt.

*

Erleichterung

Die Stars lagen sich erleichtert in den Armen, wobei nicht nur bei Lisa Tränen flossen. Selbst Maik ließ sich herzen und war froh, in den Stars wieder die Musiker und nicht mehr die Opfer sehen zu müssen.

Als das OFA-Team mit der Nachricht hinzukam, dass sämtliche Dateien gesichert und der Täter nicht die Chance einer Veröffentlichung gehabt hatte, klopfte Gerwin seinem alten Schulfreund dankbar auf die Schulter.

Klaas Menger ergriff das Wort. »Liebe Freunde, wir hatten schon keine Hoffnung mehr und sind froh, uns dir, Thorsten, anvertraut zu haben. Euer gesamtes Team hat sich so stark ins Zeug gelegt, dass wir wieder unbefangen das machen dürfen, was wir am besten können. Ab auf die Bühne. Wir möchten uns bei euch bedanken und haben uns überlegt, alle Kollegen, die sich hier eingebracht haben, samt Partnern ins GOP zu einem gemeinsamen privaten Konzert einzuladen, was nur für euch ist. Keine weiteren Zuschauer, keine Presse, nur ihr und wir. Seid ihr dabei?«

Es wurde ein wunderschöner Abend mit Begegnungen toller und vor allem total sympathischer Menschen.

MIT SCHIRM UND CHARME

CHRISTINE BONVIN

Das Gehen fiel Adele von Tag zu Tag schwerer. Ihr Stur-kopf verweigerte jedoch die Benutzung eines Rollators. Sie brauchte den Schirm ihres verstorbenen Vaters als Gehstock. Bei jedem Wetter begleitete sie die Stütze und damit die Erinnerung an einen geliebten Menschen. Manch höhnische Bemerkung steckte sie deswegen ein. Sie reagierte stets mit einem charmanten Lächeln, das zu sagen schien: »Auch du kommst in die Jahre!«

Nur wegen gesundheitlicher Beschwerden wollte sie auf keinen Fall daheimbleiben. Sie zwang sich geradezu, »unter die Leute« zu kommen. Seit sie in der Calenberger Neustadt wohnte, besuchte sie regelmäßig ihre Stamm-kneipe, das »Pfannkuchen-Haus«. Der kleine Tisch in der Nähe der Bierfasstheke bot die beste Aussicht auf das urige Lokal. Am liebsten hörte sie die Kommen-tare zu den ausgefallenen Dekorationen an der Decke und den Wänden. Besonders der große Zeppelin sorgte regelmäßig für Sprüche. Diese amüsierten sie. Häufig schnappte sie Bewertungen der Mahlzeiten auf. Meist die, welche sie später auf Tripadvisor wieder las. Tisch-nachbarn brauchte sie nicht, Unterhaltung hatte sie zur Genüge. Sie bekam ebenfalls die Gespräche der Mitarbeiter hinter dem Ausschank mit. Sie fühlte sich pudelwohl in dieser Umgebung. Die Menükarte schaute sie nie an. Sie bestellte abwechselnd Pfannkuchen mit Ahornsirup und Sahne oder Pfannkuchen mit Schokosoße und Sahne. Der Arzt hatte ihr empfohlen, mehr Obst zu essen, deshalb orderte sie an jenem Sonntag Pfannkuchen mit heißen Kirschen, Vanilleeis und Sahne – viel Sahne.

Eine lautstarke Auseinandersetzung störte sie bei der Mahlzeit. Lea, die Serviererin, und ein Gast beschimpften einander.

»Jetzt ist ein für alle Mal Schluss – ich lasse mich nicht länger von Ihnen begrabschen.«

Adele löste den Blick vom Teller. Sie äugte in Richtung Lärmquelle. Ein Mann um die fünfzig, mit schütterem Haar und aufgedunsenem Gesicht, beleidigte die junge Frau mit abschätzigen Worten. Für den Bruchteil einer Sekunde fiel sein Augenmerk auf die Beobachterin. Sein Gesichtsausdruck verfinsterte sich, die Augenbrauen zuckten, die Stirn bekam Falten. Abrupt wandte er die Aufmerksamkeit wieder Lea zu. Diese drehte sich ab und stolzierte hoch erhobenen Hauptes aus dem Lokal. Die Gäste schauten ihr wortlos hinterher. Fritz Habermann kam aus der Küche in den Schankraum. Erwin, der zweite Kellner, klärte den Chef ungefragt über den Vorfall auf.

»Was fällt Ihnen ein!«, schimpfte jetzt auch der Wirt. Verärgert betrachtete er den lästigen Besucher.

»Es ist doch kein Verbrechen, einem Servierfräulein den Hintern zu tätscheln. Das war bei unseren Vorvätern schon üblich.«

»Wir leben in der Neuzeit. Frauen werden nicht betatscht. Das Wort ›Fräulein‹ ist Schnee von gestern. Das können Sie aus dem Gedächtnis streichen. Ich dulde ein solches Verhalten nicht. Wenn mir jetzt die beste Kellnerin abspringt, mache ich Sie verantwortlich. Gehen Sie ihr nach, entschuldigen Sie sich gefälligst.«

»Ich mich entschuldigen? Sicher nicht. Und übrigens, so wie es in diesem Bierkeller aussieht, haben *Sie* die Moderne verpasst. Hier sieht es aus wie in den Siebzigern – altmodisch und verstaubt.«

»Verlassen Sie auf der Stelle das Lokal! Sie sind hier unerwünscht.«

»Was fällt Ihnen ein? Wegen so einer kleinen, miesen Schlampe wollen Sie mich rauswerfen? Nicht zu glauben.«

Der Wirt packte den Typen am Kragen und beförderte ihn unsanft zum Ausgang. »Raus oder ich rufe die Polizei!«

Schimpfend blieb der Kerl vor dem »Pfannkuchen-Haus« stehen. Keine Minute später kam Lea durch die Hintertüre zurück ins Wirtshaus. Sic band ihre Schürze um, schaute kurz zum Chef und begann, den Tisch des Verjagten abzuräumen. Ein Anschein von Normalität kehrte in die Gaststätte ein. Trotzdem stellte die wachsame Adele fest, dass sich die Menschen in Gedanken noch mit dem Vorfall beschäftigten. Sie selbst fand, Fritz Habermann habe gut reagiert. Dieser schien aber an seinem Tun zu zweifeln, das entnahm sie der gerunzelten Stirn. Schweigend verschwand er Richtung Küche.

Wie so oft, wollte Erwin Lea gefallen und ihre Aufmerksamkeit auf sich lenken. Diese bekam es einmal mehr nicht mit. Er streckte ihr ein Biskuit hin. Sie nahm es wortlos entgegen und schob es in die Hosentasche. Dabei würdigte sie ihn mit keinem Blick. Adele bemerkte die betretene Reaktion des Bewunderers, der sich resigniert abwandte.

Die Seniorin bezahlte die Rechnung und steckte Lea ein Trinkgeld zu. Aufmunternd meinte sie: »Gut gemacht! Lassen Sie sich nicht alles gefallen und setzen Sie sich zur Wehr. Wir Frauen sind kein Freiwild. Falls Sie das Bedürfnis verspüren, einmal mit einem erfahrenen Weibsbild das Thema ›Belästigung am Arbeitsplatz‹ zu behandeln, klopfen Sie ungeniert an meine Haustüre. Ich wohne auf der gegenüberliegenden Straßenseite, direkt oberhalb der Sparkasse, im ersten Stockwerk. Sie sind jederzeit willkommen.«

Ein erstauntes Lächeln huschte über das Gesicht der Kellnerin. Wortlos nickte sie.

Lea erschien schneller als erwartet. Am selben Abend stand sie vor der Tür der verwunderten Adele. »Der unverschämte Restaurantbesucher hängt da drüben an der Bushaltestelle herum. Er schaut finster in die Welt. Ich fürchte, dass er mir auflauert. Bestimmt will er sich für den Rausschmiss rächen. Deshalb entschloss ich mich spontan, Sie aufzusuchen.«

»Gute Idee. Vielleicht zieht er ja inzwischen unverrichteter Dinge ab.«

Die zwei unterschiedlichen Frauen verbrachten trotz

allem einen ungezwungenen Abend mit anregendem Gedankenaustausch. Ein paar Gläser Wein lösten die Anspannung.

Im Lauf der Zeit beschlich Lea ein Unbehagen. Sie wollte wissen, wie es um die Sicherheit stand, und äugte durch die Vorhänge auf die Straße. Die Uhr zeigt kurz vor ein Uhr. Der obskure Typ hielt sich immer noch draußen auf. Er starrte unentwegt zum Fenster empor. Ein Unwohlsein erfasste beide.

»Du schläfst am besten hier«, schlug Adele vor. Sie waren in der Zwischenzeit zum freundschaftlichen Du übergegangen. »Morgen schauen wir weiter.«

Lea akzeptierte das Angebot nur zu gerne. Eine zweite Flasche Wein wurde genüsslich entkorkt. Erst eine Stunde später, nach Gesprächen über Gott und die Welt, zogen sich die Frauen zurück, nicht ohne vorher noch einmal hinauszuspähen. Der Typ schien auf der Straße angewachsen zu sein.

Am nächsten Tag erwachte Adele, weil ein ungewöhnlicher Lärm an ihr Ohr drang. Mühsam stand sie auf, ging zum Fenster. Der Platz um die Bushaltestelle war abgesperrt. Sichtschutz und Polizeibänder hielten Gaffer vom Schauplatz fern. Sie sah von oben, dass ein Mann, *der Mann,* am Boden lag. Lea trat hinter sie und erfasste die Situation auf einen Blick.

»Ein Problem gelöst, dafür kommen ein paar andere hinzu«, meinte sie trocken.

»So kann man es auch sehen. Wir werden uns wohl zu dem Ereignis äußern müssen. Aber lass uns zuerst Kaffee trinken.«

Bevor es jedoch dazu kam, klingelte es bereits. Ein Polizeibeamter stellte sich als Klaus Ledermann vor und verwies auf den Vorfall vor dem Haus.

»Wir befragen die Leute in der näheren Umgebung. Darf ich reinkommen?«

»Bitte. Wir können Ihnen in der Tat Informationen liefern.«

Abwechselnd berichteten die Frauen über den Zwischenfall tags zuvor im Restaurant und die Ängste am Abend.

»Was ist geschehen?«, wollten sie vom Beamten erfahren.

»Peter Vogel, das Opfer, wurde gemäß unseren ersten Erkenntnissen erstochen. Die Tat könnte zwischen drei und vier Uhr morgens geschehen sein. Sagt Ihnen der Name des Toten etwas?«

»Vogel?«, wie aus einem Mund kam es von Adele und Lea. Und wieder synchron: »Nein.«

»Sollte Ihnen noch etwas einfallen, so rufen Sie mich bitte an. Hier ist meine Karte. Bestimmt wird der Hauptkommissar Sie noch befragen wollen. Wir melden uns auf jeden Fall nochmals bei Ihnen.«

Nach dem Kaffee verabschiedete sich auch Lea und versprach, demnächst wieder vorbeizuschauen. »Sonst sehen wir uns morgen im ›Pfannkuchen Haus‹, oder?«

»Ausnahmsweise komme ich heute schon. Ich will doch hören, was so alles getratscht wird. Eventuell erfahren wir bereits, ob die Polizei erste Hinweise gefunden hat. Bis dann!«

Wäre sie nicht hingegangen, hätte sie eine filmreife Vor-
führung verpasst. Tatsächlich gab es an dem Abend kein
anderes Thema. Jeder glaubte, eine einleuchtende These
zum Mord loswerden zu müssen. Am lautesten lamen-
tierte Erwin. Sonst sprach er nicht viel, war eher scheu
und zurückhaltend. Nun schien er jedoch die Hem-
mungen abzulegen.

»Als der zur Türe reinkam, schien mir der Mann
schon suspekt. Die Tattoos auf seinen Armen zeigten
nur gewaltverherrlichende Bilder. Unser Chef hat sich
ja was getraut, als er den rausgeschmissen hat. Aber
hätte er Lea noch einmal angefasst, ich wäre ihm an die
Gurgel gegangen.«

»Sag das nicht. Das bringt dich in Teufels Küche«,
entgegnete die Genannte.

Da geschah das Unerwartete. Er sank vor ihr auf die
Knie. »Für dich würde ich mich in jede Küche dieser
Welt begeben. Ich liebe dich, Lea. Willst du meine Frau
werden?«

Die Gäste klatschten in die Hände. Die Angebetete
schaute ihn entgeistert an und begriff nicht, was abging.
Erwin jedoch kapierte sofort.

»Das war ein Witz!«, rief er, stand auf, drehte sich
um und verzog sich in das Untergeschoss. Dort lehnte
er sich an eine Wand und weinte hemmungslos. Das
Gelächter in der Gaststube drang nicht an seine Ohren.
Lea indes erwachte aus ihrer Lethargie und schüttelte
den Kopf.

Adele übernahm das Zepter. »Ja, der Scherz ist gelungen. Ich spendiere eine Runde. Komm, Lea, nimm die
Bestellungen auf.«

Klaus Ledermann betrat in Begleitung des Hauptkommissars Andreas Busch die Gaststätte. Adele winkte die beiden zu sich an den Tisch.

»Sind Sie im Dienst oder darf ich Ihnen ein Glas offerieren?«

»Feiern Sie ein Fest?«

»Das kann man so nicht sagen. Ich überwinde eine schwierige Situation«, gab sie zur Antwort.

»Was bedeutet das?«

Adele erklärte den Beamten, was sich im Lokal eben abgespielt hatte, ohne den genauen Wortlaut von Erwins Aussage zu wiederholen.

»Aha.«

»Wie weit sind die Ermittlungen?«, wollte die Neugierige wissen.

»Er wurde mit einem spitzen Gegenstand erstochen. Weitere Anhaltspunkte, die auf einen bestimmten Täter hinweisen, fehlen noch.«

Das »Aha« kam dieses Mal von der anderen Seite.

»Sie wohnen doch direkt über dem Tatort. Haben Sie in der Nacht gar nichts gehört? Besteht die Möglichkeit, dass die junge Frau in der Tatzeit die Wohnung verlassen hat und später unbemerkt zurückgekommen ist?«

»Wenn sie raus wäre, hätte ich das gehört. Was jedoch auf der Straße geschieht, bekomme ich nicht mit, weil mein Schlafzimmer zum Hof geht. Verdächtigen Sie etwa Lea? Das kann doch nicht wahr sein!«

Adele schüttelte ungläubig den Kopf.

»Wir müssen alle Eventualitäten in Betracht ziehen.«

»Aber meine Herren!« Sie lächelte die zwei Beamten an.

Lea kam dazu. Sie schaute ebenso perplex in die Runde wie beim vorangegangenen Heiratsantrag.

»Keine Sorgen, Kindchen. Das wird sich schon regeln«, versuchte Adele die Frau zu beruhigen.

Erwin kreuzte wieder auf. Schnurgerade ging er auf die beiden Kommissare zu.

»*Ich* habe die Tat begangen.«

Mäuschenstille herrschte im Lokal.

»Er hat meine Kollegin genötigt und ihr am Abend aufgelauert. Da sah ich rot. Ich wollte sie beschützen. Nehmen Sie mich fest.«

Die Beamten führten Erwin ab. Fritz Habermann verkündete laut: »Liebe Gäste, ich bitte um Verständnis. Wir schließen heute früher. Bitte verlassen Sie die Gaststube. Wir sind morgen wieder für Sie da.«

Murrend zogen die Besucher ab.

»Darf ich ausnahmsweise noch einmal bei dir übernachten, Adele? Ich bin komplett aus dem Häuschen und verstehe gerade nicht, was hier alles abläuft.«

»Gehen wir«, erwiderte die alte Dame spontan.

Lea fühlte sich ausgelaugt. Sie hatte das Bedürfnis nach Ruhe. Sie wollte sich hinlegen und die Gedanken wandern lassen.

»Morgen bin ich wieder auf dem Damm, aber jetzt möchte ich innehalten.«

»Kein Problem. Erhol dich gut.«

Adele nahm im bequemen Ohrensessel Platz. Ein Buch lag unbeachtet auf den Knien. Die letzten vierundzwanzig Stunden spielten sich noch einmal vor ihren Augen ab. Erwin hatte den Mord nicht begangen, das wusste sie mit hundertprozentiger Sicherheit. Warum ließ er sich zu einer solchen Aussage hinreißen und widerstandslos abführen? Sie nickte ein. Die Klingel weckte sie aus den Träumereien. Fritz Habermann stand vor der Türe.

»Ich brauche Hilfe!«

»Hilfe von einer alten Frau?«

»Ich kenne deine Fähigkeiten. Ich besitze Informationen über dich!«

»Komm rein.«

Sie setzten sich an den Tisch. Adele öffnete eine Flasche Wein und prostete ihm zu. »Ich höre!«

»Erinnerst du dich, dass 1985 in der Presse viel zu meiner Erfindung, der Bierwaage, geschrieben wurde? *Als leidenschaftlicher Biertrinker hatte ich immer ein schlechtes Gewissen, wenn ich Bier in Steinkrüge einschenkte, da man den Eichstrich nicht genau sehen kann. Deshalb konstruierte ich Deutschlands erste und einzige Bierwaage, die sogar patentamtlich eingetragen ist.* Die Zeitungsartikel liegen, ordentlich aufbewahrt, in meinem Büro. Wie es der Zufall so will, schaute ich letzte Woche wieder einmal in das Archiv. Auf der Rückseite eines Abschnittes stach mir ein Foto von dir ins Auge.«

»Soso«, kommentierte die Seniorin verwundert.

»Ja. Du hast dich in all den Jahren nicht verändert. Dein Gesichtsausdruck ist unverändert geblieben. Der Name hat sich jedoch geändert. Im besagten Bericht las ich, dass man dich im Polizeipräsidium ›die graue Eminenz‹ nannte. Damals sei es einmal mehr dank dir zur Lösung eines Falls gekommen.«

»Das ist eine alte Geschichte.«

»Eine Person mit deinen Fähigkeiten verliert die Begabung nicht. Hör mir zu, was ich erzählen will. Erwin und ich blieben am Sonntag länger im ›Pfannkuchen-Haus‹. Nach einem letzten Bier schloss ich das Lokal. Auf der Straße sahen wir Peter Vogel an der Bushaltestelle stehen. Wir sprachen ihn an, es kam zu einem fürchterlichen Streit.«

»Was ist geschehen?«

»Ich versetzte ihm einen Schlag in die Magengegend. Er fiel stöhnend hin. Wir marschierten davon, nicht ohne einen Blick zurückzuwerfen. Zu meiner Erleichterung erkannte ich, dass er aufstand. Er lehnte sich an eine Hauswand. Erwin und ich sind keine Mörder.«

»Warum hast du ihn bei der Festnahme heute Morgen nicht verteidigt?«

»Er wollte es so. Die Ermittler realisieren sicher bald, dass seine Aussage auf einem anderen Motiv beruht.«

»Er vermutet wohl, Lea habe die Tat begangen. Er will sie beschützen, weil er unsterblich in sie vernarrt ist«, sinnierte Adele.

Wie aufs Stichwort trat Lea in den Raum. »Was sagst du da? Meint ihr etwa, ich sei eine Mörderin?«

Im Chor ertönte: »Nein, selbstverständlich nicht!«

»Ist Erwin tatsächlich so verliebt, dass er sich für mich opfern würde?«, fragte sie nachdenklich.

»Du merkst aber auch gar nichts, Lea. Seit Monaten flirtet er mit dir, überschüttet dich mit Aufmerksamkeit, gibt dir Geschenke. Heute bekommst du einen Heiratsantrag.«

»Das war doch Spaß, oder?«

»Unter Spaß verstehe ich was anderes. Warum weint er sich wohl anschließend die Augen aus?«

Lea fiel in einen Stuhl. Sie sah die beiden bestürzt an.

»Fritz, ich schlage vor, dass du Herrn Busch morgen einen Besuch abstattest. Sicher will er deine Version hören. Nach einer Nacht in der Zelle wird Erwin wohl zurückbuchstabieren. Was meint ihr?«

»Also gut.«

»Und die Geschichte mit der Adele Grimm streicht ihr aus dem Gedächtnis. Sonst könnt ihr mich vergessen. Ist das klar?«

Beide nickten stumm.

Die Polizei tappte im Dunkeln. Keine Hinweise auf einen Täter.

Das Leben im Quartier ging weiter wie bisher. Adele beehrte ihre Lieblingsgaststätte wie gewohnt dreimal wöchentlich. Zur Verwunderung aller hatte sie den Schirm durch einen Spazierstock ersetzt. Die Ernährung stellte sie nicht um, obwohl der Arzt sie erneut gewarnt hatte. Erwin wanderte nach Thailand aus. Lea und Adele verabredeten sich regelmäßig im privaten Rahmen. Es entspann sich eine Freundschaft zwischen den beiden ungleichen Frauen. Fritz Habermann erlag dem Charme der Stammkundin vollends. Er besuchte sie mitunter zu Hause. Sie ließ es gnädig zu, gab ihm sogar einen Wohnungsschlüssel.

Ein halbes Jahr nach dem Mordfall fand Fritz sie eines Tages leblos in ihrem Bett. Er verständigte den Arzt. In der Nachttischschublade lag ein Umschlag mit dem Vermerk: ›Für Andreas Busch, Hauptkommissar‹.

Sehr geehrter Herr Busch,

im Bewusstsein, dass die restliche Lebenszeit von kurzer Dauer sein wird, schreibe ich diese Zeilen.

Vor vierzig Jahren arbeitete ich als Sekretärin im Polizeipräsidium. In jener Zeit wurde ein Nachbarskind vergewaltigt. Das Mädchen und deren Familie erholten sich nie von dem tragischen Ereignis. Auch mir ging die Tat durch Mark und Bein. Dank meiner Mithilfe gelang es, den Täter, Peter Vogel, hinter Schloss und Riegel zu bringen. Der Vorfall zeigte mir jedoch die seelischen Grenzen auf. Verzweiflung, Rachegefühle und Zorn wüteten in mir. Das führte dazu, dass ich den Arbeitsplatz aufgab. Ich beschäftigte mich nicht mehr mit Menschen, sondern mit Zahlen. Der Versuch, ein normales Leben zu führen, scheiterte. Ich heiratete, wurde Mutter von Mia. Männer blieben mir suspekt. Meine Tochter wollte ich vor allem Unheil der Welt beschützen. Der übertriebene Beschützerinstinkt und das ewige Misstrauen vergraulten meine zwei Liebsten. Sie wanderte nach Neuseeland aus. Er ließ sich scheiden. Im weitesten Sinn verlor ich wegen Vogel mein Kind und meinen Partner.

An jenem Tag in der Gaststätte erkannte ich ihn – und er mich. Gefühle und Erinnerungen sprudelten wieder hoch, die ich verarbeitet geglaubt hatte. Ich erinnerte mich an die Nachbarsfamilie, deren Schicksal und an meines. Ich war von der Angst besessen, dass Vogel mich nach seiner Entlassung aus dem Gefängnis suchte, um sich an mir zu rächen.

In jener Nacht schüttete ich Lea Schlafmittel in den Wein und schlich mich gegen drei Uhr aus der Wohnung. Vogel saß benommen auf der Bank bei der Bushaltestelle. Die angestaute Wut der letzten Jahre quoll über. Es kam zu einer heftigen Auseinandersetzung. Er wollte mich angreifen. Ich zückte meinen Schirm, fuhr das in der Spitze versteckte Messer aus und stach zu.

BLÖDMANN!

ERICH WEIDINGER

Ein Schrei ließ ihn aufschrecken. Seine linke Hand fuhr unkontrolliert zur Seite und stieß den Stock um, der an die Gartenbank gelehnt war.

»Komm da sofort raus! Der Bach ist nicht zum Spielen.«

Er konnte und wollte sich nicht umdrehen, um zu prüfen, welches Kind hinter ihm in den so friedlich dahinplätschernden Wasserlauf gestiegen war. Es war ihm schlicht und einfach egal. Sein Körper gestattete ihm die dafür nötige Drehung nicht mehr, er hatte sich daran gewöhnt, das Dahinter zu vernachlässigen.

Und wieder rief die Mutter:

»So, jetzt bleibst du bei mir! Siehst du den Mann dort auf der Bank? Er wird sich jeden Augenblick umdrehen, um nachzusehen, welch unartiges Kind du bist.«

Nein! Wird er nicht! Er hatte es immer gehasst, wenn Elternteile andere Personen zu verhaltenstherapeutischen Maßnahmen nötigten, um ihr eigenes pädagogisches Unvermögen zu kaschieren. Während seiner Berufsausübung als Gärtner und Naturpädagoge hier im Berggarten hatte er auch ausreichend Erfahrungen gesammelt, die nicht nachahmenswert waren.

Wenig später war er wieder alleine und genoss die Ruhe, die störenden Elemente hatten sich entfernt. Frühling wie Sommer saß er hier oft stundenlang auf der Parkbank beim Staudengrund, sah tagträumend auf seine geliebte chinesische Yulan-Magnolie, die jetzt in weißer Blüte stand. Der darunter wie ein violetter Teppich leuchtende Lerchensporn vollendete die paradiesisch anmutende Komposition.

An diesem Ort schwelgte er in der Erinnerung an eine Zeit, in der er beide Hände und Beine uneingeschränkt hatte bewegen können. Eine Zeit, in der er dem Beruf als Gärtner in der wundervollen Anlage des Berggartens nachgegangen war. Fast konnte er es spüren, wie er mit den Händen sachte die Pflanzen berührt und Schädlinge entfernt hatte, über Beete gestiegen und mit allen Sinnen in diverse Blütenkelche versunken war. Gleich einer Biene, die, voll des Durstes, den süßen Nektar in und am Körper aufnimmt.

Er beugte sich behutsam nach vorne, um mit der rechten Hand seinen Stock zu ergreifen. Ein paar Zentimeter zur Schlaufe fehlten ihm jedoch. Entweder versuchte er ihn selbst hochzuheben und riskierte dabei, auf die steinernen Bodenplatten zu rutschen, oder er wartete auf fremde Hilfe, was ihm meist sehr unangenehm war.

Es wäre nicht das erste Mal, dass er im Berggarten am Boden lag. Damals, im Herbst vor eineinhalb Jahren, als ein Blutgefäß in seinem Gehirn beschlossen hatte zu platzen und die linke Körperhälfte ihre Arbeit eingestellt hatte. Als der Laubbesen zuerst ins Gras gefallen war und er hintennach. Hatte nicht mehr gespürt, wie ihm die Metallstreifen den linken Arm aufritzten. War unfähig geworden, zu rufen, unfähig, sich aufzurichten. Hatte alles wie von Ferne wahrgenommen, sich immer weiter in die innere Dunkelheit zurückgezogen, um letztendlich die Besinnung zu verlieren.

Unter den Stieleichen im Gras hatte er gelegen. Beim Mausoleum des Geschlechtes der Welfen. Welch Ironie des Schicksals. Von der Großmutter, die sich bis zu ihrem Tode mit der Genealogie beschäftigt hatte, wusste er von seinen Ahnen, jenem hannoverschen Kurfürsten, der ein Kind mit einer Gärtnerstochter gezeugt hatte. Natürlich ungewollt und bis heute verschwiegen. Ein Bastard damals und ein Bastard heute, da er selbst seinen Vater nie kennengelernt hatte. Und damit dem ungeschriebenen Gesetz der Serie Genüge getan wurde, hatte er sich in die Reihe eheloser Vaterschaften eingefügt. Sein Sohn war Schlagzeuger in einer Heavy-Metal-Band in Berlin. Oder war es Hamburg? Egal! Der Kontakt beschränkte sich auf wenige unwichtige Familientreffen.

Das Schicksal hätte ihm das weiche Grab im Schatten seiner Ahnen bereitet, doch eine seiner Kolleginnen hatte schnell reagiert und die Rettungskette in Gang gesetzt. Daran und an die erste Woche nach dem Aufwachen fehlte ihm jede Erinnerung.

Dafür erlaubte ihm sein beschädigtes Gehirn, zuvor Erlebtes abzurufen. Das *Davor* und das *Danach*. So bezeichnete er die zwei Phasen seines Daseins. Er liebte diese Wörter: danach, davor, dafür, daran, dahinter, darüber …

Eine tiefe Stimme ließ ihn aufschrecken. Mit der guten Hand konnte er verhindern, dass er auf dem Boden landete. Die andere bezeichnete er als schlechte Hand.

»Darf ich Ihnen den Stock hier anlehnen?«

Er drehte den Kopf nach links und erkannte einen Gärtner, der seine Gehhilfe aufgehoben hatte. Er bedankte sich bei ihm. Dieser Kollege war ihm nicht bekannt. Er musste *danach* hier eingestellt worden sein, denn *davor* hätte er sich an ihn erinnert. Oder doch nicht?

»Darf ich Sie darauf aufmerksam machen, dass wir bald schließen?«

Ja, durfte er.

Jeder konnte sehen, dass er mehr Zeit benötigte, den Ausgang zu erreichen, als alle anderen. *Davor* war es ihm auch immer wichtig gewesen, dass die Besucher den Garten pünktlich verlassen hatten. Und jetzt wäre er gerne bis in die Nacht hier gesessen. Die Geschäftsleitung und seine Kollegenschaft hatten ihm *danach* eine Dauerkarte für die gesamten Gärten der Herrenhäuser in Hannover zukommen lassen. Am liebsten begab er sich in den Berggarten, wo er jeden Winkel kannte, selbst jene, zu denen ausschließlich den Beschäftigten der Zutritt gestattet war.

Bevor er mit der guten, der rechten Hand in die Schlaufe seines Stockes fuhr, brachte er den linken Fuß in Position, um sich aufrichten zu können. So wie es ein Davor und ein Danach gab, so hatten sich sein Körpergefühl und die Koordination in links und rechts gespalten. Ein Miteinander musste ständig trainiert werden, und das war manchmal sehr mühsam und anstrengend. Die Therapien während der Reha in Hessisch-Oldendorf waren erstaunlich erfolgreich. Er verdankte ihnen, wieder gehen, sprechen sowie seine linke Hand mehr bewegen zu können. Aber zu Hause in seiner Wohnung gab es ebenfalls ein Danach. Das Danach des Aufenthaltes im Rehabilitationszentrum. Zu Hause wurde er immer träger, auf die empfohlenen täglichen Bewegungen kam er nie.

Einige wackelige Schritte und die Stütze des schulterhohen Stockes bewirkten, dass er sich aufrecht und ohne zusätzliche Hilfe in Richtung des Ausganges beim Bibliothekspavillon begeben konnte. Er realisierte den unrunden Gang, das holprige Anheben und Abstellen des linken, des schlechten Fußes. Wenn er den Weg hierher und zurück nach Hause in die Ringelnatzstraße ging, nicht mehr als ein Kilometer Wegstrecke, wurden die Bewegungsabläufe runder und geschmeidiger. Meistens war er jedoch zu faul und fuhr die halbe Route mit dem Bus.

Heute erübrigte es sich wahrscheinlich, darüber nachzudenken. Seine Halbschwester, bei der er seither lebte, würde ihn irgendwo aufspüren. Es war ihm egal, wie sein Tag zu Ende gehen würde.

Wie an jenem vergangenen Spätherbsttag, an dem er seinem unwürdig gewordenen Leben ein Ende setzen wollte. Er hatte sich geweigert, Medikamente gegen die Depression zu nehmen. Sich in Selbstmitleid suhlend, hatte er sich in eine bequeme Passivität zurückgezogen, in der er nur das Lebensnotwendigste eigenständig machte. Das Kochen, Putzen und anderes erledigte von Anfang an die Schwester. Zur Körperpflege kam täglich ein Pflegedienst vorbei. Warum sollte er sich anstrengen? Das Einzige, was ihm viel bedeutet hatte, war der Berggarten.

An jenem Tag wollte ihn seine Schwester an der Bushaltestelle beim Garten abholen. Die optischen und akustischen Eindrücke des Abendverkehrs hatten ihn dort besonders überfordert. Autos, Fahrräder und Fußgänger waren in einer für ihn nicht erfassbaren Geschwindigkeit vorbeigezogen. Ob des eingeschränkten Sichtfeldes und der Unfähigkeit, den Kopf rasch zur Seite zu drehen, verlor er des Öfteren die räumliche Orientierung. An diesem Tag verzweifelte er und wollte das Leben, das ihm geblieben war, nicht weiterleben, sondern sein *Danach* auf der Straße beenden. Ungelenk, langsam einen Fuß vor den anderen setzend, war er darauf aus, zuerst den Fahrradstreifen zu überqueren und dann zielgerichtet vor einem Auto auf der Straße zu landen. Doch dazu kam es nicht. Er hörte nur »He, Blödmann« und spürte den Stoß, der ihm Gleichgewicht und Stock raubte. Im Blickwinkel erhaschte er noch kurz das Bild des Rückens eines Radfahrers, dann nichts mehr. Erst später hatte er sich wieder an den Lärm und das Blaulicht erinnert.

Er erfuhr von seiner Halbschwester, was auch die Medien berichteten, dass er auf die Straße gestürzt war. Ein roter Peugeot konnte rechtzeitig ausweichen, war aber dadurch auf der Gegenfahrbahn mit einem LKW kollidiert. Die Lenkerin des Kleinwagens, eine Polizistin, war dabei getötet worden. Er selbst hatte ein paar Schürfwunden, eine Platzwunde am Kopf und einen neuerlichen Aufenthalt im Krankenhaus abbekommen.

»Behinderter Gärtner stürzt auf Straße und verursacht Tod einer Polizistin!«, so die »Hannoversche Allgemeine Zeitung«. Dass ein Radfahrer der tatsächliche

Verursacher war, wurde in keiner Weise erwähnt. Seine Absicht wäre gewesen, dass er ihn erwischte und nicht jemand anderen. Obwohl, da er jetzt wusste, wer in dem Peugeot gesessen hatte, war es ihm egal.

Auf dem Foto in der Zeitung erkannte er die Polizeibeamtin, die ihm das Jahr zuvor den Führerschein für einen Monat abgenommen hatte. Und das wegen lächerlicher 0,7 Promille. Obendrauf hatte man ihm fünfhundert Euro als Bußgeld abgeknöpft. Er hatte es ihr nie verziehen. Die Gefühle von Gut und Böse, die Diskrepanz von Gerechtigkeit und Unrecht waren für ihn, im Lebensabschnitt *danach*, nicht mehr von Belang. Sein ganzes Leben empfand er seither als eine beispiellose Ungerechtigkeit.

Die unterschiedlichen Höhen der Bodenplatten bereiteten ihm heute Probleme. Genauso das Hinabsteigen der breiten Stufenfelder. Er musste mehrmals nach unten blicken, um den linken Fuß dort abzustellen, wo er ihn haben wollte. Hoffentlich behinderte ihn das nicht bei seinem nächsten Vorhaben. Ja, auch ein Behinderter konnte noch zusätzlich behindert werden.

Beim welfengelben Bibliothekspavillon verabschiedete er sich von einer ehemaligen Kollegin. Ob sein Vorfahre hier, im damaligen Gärtnerwohnhaus, gezeugt worden war? Oder hatte der Welfe unter den Linden die Hosen fallen lassen? Vielleicht im Gemüsebeet, wo seine Libido durch die prallen reifen Früchte angeregt worden war? Egal, hier auf Erden würde er es nicht mehr erfahren.

An die Wand des Toilettenhäuschens gelehnt, sah er auf die Armbanduhr. In einigen Minuten müsste es so weit sein. Er griff nach dem Stock, ohne mit der Hand durch die Schlaufe zu fahren. Er war in seinem Bestreben derart gefestigt, dass er mit beinahe sicheren Schritten den Gehweg zwischen den Platanen passierte. Am äußersten Baum ging er in Stellung.

Vor über einer Woche hatte er ihn gehört. Zur selben Zeit am gleichen Ort.

»He, Blödmann!«

Ein Mann, der auf sein Handy starrte, achtete nicht darauf, dass hinter der Bushaltestelle der Fahrradstreifen verlief. Er war knapp einem Zusammenstoß entgangen.

Wie ein Blitz durchfuhr es ihn. Diese Stimme, der Wortlaut des Ausrufers. Das war der Radfahrer, der seinen Selbstmord vereitelt hatte. Deshalb war er ihm nicht böse. Aber einen Behinderten lauthals Blödmann zu rufen! Das war definitiv ein No-Go. In seiner Bitterkeit bezeichnete er sich, mit einem herabwürdigenden Unterton, als behindert. Mutierte vom Vorgangspassiv ins Zustandspassiv, stand sich selbst oft genug im Weg. Die angeblich beschönigenden Synonyme wie »beeinträchtigt« oder »eingeschränkt« waren nicht besser. Das Modewort »gehandicapt« ging gar nicht, er war ja kein Golfspieler. Wär ja noch schöner!

Jeden Tag, etwa gegen 18.30 Uhr, kam der Radfahrer vorbei. Meistens so schnell, dass er ihn nicht eingehend betrachten konnte. Er erkannte ihn am grünen Fahrradhelm mit den dunklen Luftlöchern, die wie Streifen wirkten. Der schwarze Sportanzug sowie die silberne Sonnenbrille waren immer dieselben. Wochentags fuhr der rücksichtslose Typ wie nach Plan am Abend hier vorbei. Am Wochenende nicht. Dreimal in der vergangenen Woche hatte er jemanden mit »Blödmann« aufgeschreckt, wich in kurzem Bogen dabei aus, ohne die Geschwindigkeit zu reduzieren.

Zu Hause hatte er geübt, den Stock wie eine Lanze blitzartig nach vorne zu stoßen. Es war anstrengend, standfest zu bleiben, während der Stock zielgerichtet nach vorne fuhr. Zwei aufgestellte Stühle, die verhindern sollten, dass er umstürzte, halfen beim Training. Er war zufrieden. Endlich hatte er für sich ein Ziel gefunden, auf das es sich lohnte hinzuarbeiten.

Der Blödmann kam immer von rechts. Das war optimal, denn auf dieser Seite war sein Sichtfeld nicht eingeschränkt. Langsam verließ er den Schatten des Baumes, setzte einen Fuß vor den anderen und blieb am Asphalt stehen. Er war aufgeregt wie ein kleines Kind.

Das Gewicht auf den gesunden Fuß verlagert, die Waffe einsatzbereit. Den Kopf gedreht, um den Kommenden zu taxieren. Bevor er ihn sehen konnte, spürte er ihn.

Er hatte sich vorgenommen, zuerst »Blödmann« zu rufen, was ihm nicht mehr gelang. Alles geschah in rasender Geschwindigkeit.

Sein Stock blockierte tatsächlich das Hinterrad, zersplitterte und riss ihn zur Seite. Er taumelte und ging zu Boden. Ein stechender Schmerz durchfuhr seine gesunde Hand.

Er konnte das Abheben des Radfahrers bloß erahnen, dafür hören, wie dieser bei der Bushaltestelle schreiend auf den Asphalt prallte. Dass sich das Rad mehrmals überschlug und einen auf den Bus wartenden Passanten verletzte, hatte er nicht mitbekommen.

Viele helfende Menschen, mehrere Einsatzfahrzeuge, Notarzt, Polizei – und das alles wegen ihm. Plötzlich schmeckte er Blut. Blut, das von einer Platzwunde an seiner Stirn über sein Gesicht floss. Sein Mienenspiel verkam zu einer entsetzlichen Fratze. So konnte niemand das Lächeln als das deuten, was es war. Kein Zeichen des vorhandenen Schmerzes. Nein, ein boshaftes und selbstgefälliges Grinsen.

Nach der Erstversorgung wurde er auf eine elektrohydraulische Trage gelegt und in den Wagen geschoben. Der Radfahrer lag noch am Unfallort, wo er von den Sanitätern und dem Notarzt behandelt wurde.

Nun fühlte er wieder die Schmerzen. Ein Arzt hatte gemeint, er hätte sich mindestens einen Finger der rechten Hand gebrochen. Der Spaß war es wert, auch wenn er vermutlich die nächsten Wochen nicht fähig sein würde, sich den Arsch selber abzuwischen.

Natürlich hatten die Medien schnell herausgefunden, dass er bereits den zweiten Unfall am gleichen Ort verursacht hatte und auf seinem Konto ein Toter und diesmal mindestens ein Schwerverletzter zu verbuchen waren. Natürlich wurde ihm ebenfalls die Opferrolle zugeschrieben. Das gefiel ihm. Ermutigte ihn, sich weitere Racheszenarien zu erdenken, bei denen er Menschen, die sich negativ über Behinderte ausließen, beseitigte.

Nach ein paar Tagen durfte er mit einer genähten Wunde am Kopf und einer Fingerschiene die Krankenstation verlassen. Seine Halbschwester hatte seine Tasche gepackt und stützte ihn auf seinem Weg. Er hatte es nicht eilig und sah sich auf dem Flur aufmerksam um. Von einer Krankenschwester hatte er erfahren, dass im selben Stock ein verunglückter Radfahrer eingeliefert worden war. Übel zugerichtet, mit einem zertrümmerten Knie und vielen anderen Verletzungen. Und tatsächlich, als sie an einer offenen Zimmertür vorbeikamen, erblickte er einen Mann, dessen Gesicht aussah, als hätte man es mit Schleifpapier behandelt. Ein Fuß war dick mit Bandagen umwickelt und stabilisiert.

Er hielt kurz an und konnte nicht umhin, ihn leise zu verabschieden:

»Tschüss, Blödmann!«

AFFA!

GÜNTHER ZÄUNER

Mitte Oktober klingelt es kräftig in den Kassen der Messestadt Hannover. Besonders im berüchtigten Steintorviertel, wo sich Puff an Puff reiht. Acht lange Tage sich am Messestand die Beine in den Bauch stehen schlauchen und acht einsame Nächte im Hotelzimmer nerven. Der obligatorische Absacker mit den Ausstellerkollegen in der Bar wird auf Dauer langweilig.

Beschwingt von zu viel Alkohol und noch völlig mitgenommen von den Liebeskünsten seiner beiden Gespielinnen, schwankt Formanek aus dem »Thai Eros« in der Reitwallstraße. Die kühle Nachtluft entnebelt etwas sein Hirn und der Aussteller beschließt, noch einen Zug um die Häuser zu machen. Er ist zum ersten Mal in der Stadt und die Familie weit weg. Außerdem, man lebt nur einmal.

Formanek genießt seinen heimlichen Ausbruch aus dem Biedermann-Leben, doch kennt er nicht die Spielregeln im Milieu. Das böse Erwachen kommt schneller als erwartet. Hier hat nur einer das große Sagen. Einer, mit dem man sich besser nicht anlegt oder ihm in die Quere kommt. »Steintorkönig« oder schlicht »der Lange« nennen ihn ehrfürchtig seine Leute und seine Gegner. Mit eiserner Hand kontrolliert er das Viertel.

Der ehemalige Schwergewichtsboxer stieg nach seiner Ringkarriere in das Rotlichtmilieu ein, führte als Präsident das *Chapter Hannover* der Hells Angels und wurde rasch zu einer Leitfigur der deutschen Höllenengel. Mit Hilfe eines hannoverschen Promi-Anwalts, zu dessen Freunden auch ein Altbundeskanzler zählt, gelang es, wenn auch nur kurzfristig, medienwirksam Frieden mit den Todfeinden der Angels, den Bandidos, zu schließen.

Somit wäre alles in trockenen Tüchern gewesen, aber plötzlich bildet sich der Staat ein, die Höllenengel müssen in Hannover verboten werden. Doch Gesetze haben Lücken und die gilt es zu nutzen. Daher Gründung eines neuen Motorradclubs unter anderem Namen und *business as usual*. Zwar hat die Polizei das Nachsehen, beobachtet dafür mit Argusaugen. Doch die neue Gang ist flexibel, abgebrüht und die schwerfällige Bürokratie hinkt meist hinterher.

Wieder alles im Lot. Die Terrains sind abgesteckt und man kommt sich nicht ins Gehege. Da taucht aus dem Nichts diese verdammte Gang *S.O.B.* auf und beansprucht in Hannover die Hoheitsrechte, will sich die Herrschaft über das Steintorviertel unter den Nagel reißen, den »Langen« kaltstellen. Diese Hurensöhne scheuen nicht davor zurück, sich *Sons Of Barger* zu nennen, nach dem amerikanischen Urgestein der Hells Angels, Ralph »Sonny« Barger. Eine Provokation, die nach Krieg schreit.

*

Beschwingt und in bester Stimmung, geht Formanek in die Scholvinstraße und bekommt große Augen, als er die stattliche Anzahl von parkenden, chromblitzenden, blitzblank geputzten Harley Davidsons vor dem »Biker's Pub« sieht.

Der knapp fünfzigjährige Mann entdeckt die andere Seite des Lebens. Was der erste Puffbesuch seines Lebens alles in ihm ausgelöst hat. Mit so einer Maschine ins Büro donnern, dass hinterließe mächtig Eindruck.

Bisher kannte er nur Arbeit, Familie und Karriere. Sonst der smarte Geschäftsmann, streunt Formanek ziemlich naiv in seinem schicken Anzug in dieser Parallelwelt umher, merkt nicht, dass ihn längst einige zwielichtige Typen auf dem Kieker haben. Fasziniert von den schweren Motorrädern, kann er sich nicht daran sattsehen.

*

Aus dem »Biker's Pub« dröhnt wie zum Hohn »S.O.B. – Son Of A Bitch« von Nathaniel Rateliff. Soeben ging im Hinterzimmer eine Krisensitzung wegen der neuen Konkurrenz-Rocker zu Ende. Wie nicht anders zu erwarten, wird das einstimmige Ergebnis ausgiebig begossen. Die *Sons Of Barger* bekommen eine kräftige Abreibung, die sie nie mehr vergessen, und werden aus Hannover verjagt. Daran führt kein Weg vorbei. Die Stimmung ist extrem aufgeheizt. Immer wieder ertönt lautstark »AFFA – Angels Forever, Forever Angels«, der Kampfruf der verschworenen Bruderschaft. Es ist sonnenklar, wer hinter der neuen Gang tatsächlich steckt.

Brandgefährlich genug, dass *S.O.B.* diese Gang herausfordert, besitzt auch noch einer der *Sons Of Barger* die Unverfrorenheit, einem feindlichen Club-Mitglied seine *Old Lady*, seine Freundin, auszuspannen. Die dumme Nuss musste für ihren Fehltritt bereits bitter bezahlen. Bronco, ihr Ex, kannte kein Erbarmen. Nachdem er sie fürchterlich verprügelt hatte, verschacherte er das Mädchen an einen Ukrainer. Inzwischen ist sie sicher in einem Puff in Kiew oder sonst wo gelandet.

Ihr Kurzzeit-Lover von den *S.O.B.* wurde von seinen eigenen Kumpels aus dem Club geworfen. Feind hin, Feind her. So einem ist nicht zu trauen. Wer weiß, irgendwann vergreift er sich an der *Old Lady* der eigenen Mitglieder. Jetzt ist der Typ *out in badstanding*, vogelfrei. Er hat seinem Club geschadet, muss seine Tattoos entfernen lassen, darf nie wieder die Kutte mit den Clubfarben und den *Patches* tragen. Bronco weiß, wo er seinen Erzfeind findet. Seine Kundschafter haben perfekt gearbeitet.

Draußen, im Stadtteil Limmer auf dem alten *Continental*-Gelände, das sich in eine riesige Baustelle verwandelte und wo die neue Wasserstadt erbaut wird, hat sich der Schweinehund in einem riesigen abbruchreifen ehemaligen Fabrikgebäude verkrochen.

Zeit für den Aufbruch zum alten *Conti* in der Vahrenwalder Straße, dessen ausgedienter Schornstein weithin sichtbar ist. Bronco führt den Trupp an. Schließlich ist er der Gehörnte und will Rache. Der Auftakt für einen neuen Rockerkrieg in Hannover. An dem Scheißtyp, der Bronco seine *Old Lady* ausgespannt hat, wird das erste Exempel statuiert. Bronco muss den Kerl selbst fertigmachen, sonst verliert er vor seinen Kumpels und in der Szene für immer das Gesicht.

Die eigentliche Drecksarbeit, *S. O. B.* aus der Stadt zu treiben, werden später die *Hangarounds* und *Prospects* ausführen. Anwärter, die sich erst für eine vollwertige Mitgliedschaft profilieren müssen. Läuft es schief und die Bullen marschieren auf, sind die Auftraggeber aus dem Schneider. Keiner wird vor den »Schmiermichels« singen. Der *Sergeant Of Arms* – der Waffenmeister, über den jeder Club verfügt und der im Vorstand sitzt – wird für die nötige Ausrüstung sorgen.

*

Es ist weit nach Mitternacht, als an die zwanzig Rocker mit Bronco an der Spitze aus dem »Biker's Pub« herausströmen und zu ihren Motorrädern stolzieren. Einige Nachtschwärmer ziehen die Köpfe ein, vermeiden Blickkontakte und beschleunigen ihre Schritte, als diese Kleiderschränke in ihren Lederklamotten mit den Kutten, voll mit Patches, und teilweise auch in den Gesichtern tätowiert, auf der Bildfläche erscheinen.

Nur Formanek will es unbedingt wissen. Schließlich kennt er das nur aus Filmen und aus dem Fernsehen. Jetzt steht er leibhaftig echten Rockern gegenüber. Dummdreist zückt er sein Handy. Dieser Aufmarsch muss bildlich dokumentiert werden. Besonders der offensichtliche Anführer sticht Formanek ins Auge. Am Rücken seiner Kutte prangt ein Totenkopf und in der rechten Augenhöhle liest Formanek »81«. Ein Geheimcode, mit dem Formanek gar nichts anzufangen weiß.

Der achte Buchstabe des Alphabets ist das H, der erste das A – Hells Angels.

Formanek schafft kein einziges Foto, die nietenbeschlagene Handschuhfaust trifft punktgenau. Ein zersplittertes Handy und drei Zähne liegen auf dem Asphalt, Blut tropft auf Formaneks Hemd und Jackett.

Zusätzliches Pech, dass ausgerechnet Bronco das Ziel seiner Begierde sein sollte, der ohnehin auf Krawall gebürstet ist. Hätte Formanek gewusst, was die Patches »Expect No Mercy« und »1%« auf dessen Kutte bedeuten, besäße er noch ein funktionierendes Handy und ein vollständiges Gebiss. »Erwarte keine Gnade« heißt, dass der Rocker bereits einen Menschen getötet oder zumindest schwer verletzt hat. Ein *Onepercenter* lebt sein Leben ohne jegliche Rücksichten und Kompromisse in seiner Gang.

Bronco schwingt sich grinsend auf seine Harley, dreht am Gasgriff seines *Apehangers*, dem hochgezogenen Lenker, an dem die Griffe in Schulterhöhe sind. Im Regelfall hätte es noch mehr Hiebe für diesen Blödmann gegeben, doch die Zeit drängt.

Eine Maschine nach der anderen wird gestartet, zusammen verursachen sie einen Höllenlärm. Mit einem satten Sound setzt sich der martialische Konvoi in Bewegung, Richtung altes Conti-Gelände draußen in Limmer. Sollten jetzt die Bullen aufkreuzen, ist es eben ein nächtlicher *Run*, wie Rocker ihre Ausfahrten bezeichnen.

Für Formanek ist die Messe gelaufen. Mit einer riesigen Zahnlücke am Messestand die Firma zu repräsentieren, kommt überhaupt nicht gut. Woher jetzt auf die

Schnelle einen provisorischen Zahnersatz organisieren? Ein Ding der Unmöglichkeit. In einem Krankenhaus würde man sicher lästige Fragen stellen, vielleicht sogar die Polizei einschalten. Sein Missgeschick als Sturz zu verkaufen wäre denkbar, verursacht aber auch wieder Scherereien. Formaneks größte Sorge ist es, wie soll er seine Blödheit zu Hause verklickern?

*

Währenddessen hat der Rocker-Konvoi das alte Conti-Gelände erreicht. Weit und breit nichts von Bullen zu sehen. Nur ein privater Wachdienst ist vor Ort, damit nicht Baumaterial oder Maschinen gestohlen werden. Die beiden Männer zucken zusammen, als sie die wummernden Motoren hören und von den starken Scheinwerfern geblendet werden. Bronco lässt seine Harley direkt auf die beiden verängstigten Wachleute zurollen, stellt den Motor ab, steigt aus dem Sattel. Seine Leute bilden einen Halbkreis. Die Lichtkegel der Motorräder tauchen einen Teil des riesigen Areals in ein gespenstisches Licht. Die Wachmänner bemühen sich, ruhig zu bleiben, obwohl sie vor Angst innerlich schlottern.

»Ihr habt nichts gesehen und ihr werdet nichts sehen«, baut sich der Anführer vor ihnen auf, hält ihnen seinen Baseballschläger vor die Nasen, »egal, was passiert. Ihr wollt doch nicht im Kanal den Fischen Gesellschaft leisten, oder? Außerdem weiß ich, wo ihr wohnt, und eure Familien wollen auch keine Probleme.«

Es ist nicht gelogen. Die Gang ist bestens organisiert und hat sich auf ihren Rachefeldzug penibel vorbereitet.

»Ja, ja«, stottern die beiden im Gleichklang.

»Verzieht euch in euren Container und Schnauze«, bestimmt Bronco die Regeln, winkt einen seiner Männer herbei, »behalt sie im Auge, damit sie auf keine blöden Gedanken kommen.«

Das verlotterte und desolate Fabrikgebäude liegt völlig im Dunkeln. Als der »Mongole« – sein Spitzname in der Szene wegen des asiatischen Aussehens – den Motorenlärm hört, weiß er, jetzt ist es aus. Doch er will seine Haut so teuer wie möglich verkaufen. Ihm fehlt das Geld, um aus Hannover abzuhauen und irgendwo in Deutschland oder im Ausland unterzutauchen. Eigentlich gibt es kein Versteck mehr für ihn. Die Gangs spüren ihn überall auf der Welt auf. Einem *brother* die Frau auszuspannen ist ein absolut tödliches Verbrechen, das gesühnt werden muss. Da treten sämtliche Rivalitäten unter den Clubs in den Hintergrund.

Dabei ging die Initiative von Broncos *Old lady* aus, doch das zählt nicht. Zumindest für eine Zeit lang hoffte der Mongole verschwinden zu können, um in Ruhe nachzudenken, wie er aus dem Schlamassel wieder halbwegs unbeschadet herauskommt. Doch wie er sich leicht ausrechnen kann, wurde sein Versteck verpfiffen. Wenn sie ihn aufspüren, will er ein paar von denen mitnehmen. In seiner Knarre sind sechs Patronen, die letzte ist für ihn selbst bestimmt. Inzwischen ist er total verwildert, Haare und Bart verfilzt. Seit Tagen konnte er sich nicht mehr waschen und entsprechend verströmt er einen strengen Geruch. Eigentlich muss man nur der Nase nachgehen, um ihn zu finden.

Der Mongole hat sich im dritten Stockwerk des einstmals monumentalen Gebäudes versteckt, wo er von einer Fensterhöhle aus das Geschehen beobachtet. Nicht nur wegen der feindlichen Rocker ist es hier lebensgefährlich geworden. Der Backsteinbau ist dermaßen baufällig, dass überall große Schilder vor dem Betreten warnen und auf die Lebensgefahr hinweisen. Zusätzlich ist die Fabrikruine mit Bauzäunen abgesichert. Doch das ist das geringste Hindernis. Keine einzige Fensterscheibe gibt es mehr. Daher sind die Nächte in dieser Bruchbude bereits empfindlich kalt. Im Erdgeschoss sind die Fenster entweder zugemauert oder mit Brettern vernagelt. Überall wuchern meterhoch Unkraut und Stauden, aus den Fensterhöhlen wachsen Sträucher und kleine Bäume.

Für Sprayer ein Eldorado. Und so prangen überall die unterschiedlichsten Graffitis. Im Innern sind Böden eingebrochen, Mauern umgefallen und Treppen eingestürzt. Jeder Schritt muss sorgfältig überlegt werden. Der Mongole überprüft nochmals seine *Smith & Wesson*, während unter ihm sein Widersacher die Männer in Gruppen aufteilt, die nun ausschwärmen, um den Mongolen zu stellen. Was ihm blüht, wenn sie ihn erwischen, weiß er genau. Schließlich war er öfters mit *S.O.B.* bei Strafaktionen dabei und hatte selbst unbarmherzig auf die Opfer eingedroschen und eingetreten.

*

Formanek hofft, dass ihm zu dieser späten Stunde niemand mehr von seinen Kollegen im Hotel über den

Weg läuft. Während der Fahrt mit dem Taxi bleibt er stumm, wendet das Gesicht ab, hält sich die Hand vor den Mund, was dem Lenker nicht entgeht. Natürlich sieht er das Blut auf der Kleidung. Auf seine Frage, ob er helfen kann, knurrt Formanek etwas von einem »harmlosen Sturz«.

Er verflucht sich und seine Blödheit. Ihm wird wohl nichts anderes übrig bleiben, als heute früh beim Frühstück die Ausrede zu servieren, dass er unglücklich im Bad gestürzt ist und sich dabei die Zähne ausgeschlagen hat. Danach zum Zahnarzt und sich zumindest ein Provisorium besorgen. Und er will auf keinen Fall diesen verdammten Schläger ungeschoren davonkommen lassen. Als Chef der Buchhaltung verfügt er über ein phänomenales Zahlengedächtnis und hat sich das Kennzeichen des Motorrades gemerkt. Er wird Anzeige erstatten, die Wahrheit sagen und die Polizei um äußerste Diskretion ersuchen.

Doch Formaneks Plan wird nicht so aufgehen, wie er es sich vorstellt. In weiten Teilen der Firma ist er wegen seiner Penibilität äußerst unbeliebt, gilt als Pfennigfuchser. Während seiner missglückten Fotoaktion gab es einen unbemerkten Beobachter und auch dem Taxifahrer ist sein Fahrgast sehr suspekt gewesen.

*

Der Mongole hat sich in einem Winkel hinter einem Bretterstapel versteckt. Der Hahn seines Revolvers ist gespannt. Durch ein Loch im Fußboden sieht er, wie ein Suchtrupp mit starken Lampen herumgeistert, bewaffnet mit Ketten und Baseballschlägern. Ihm knurrt fürchterlich der Magen, er hat den ganzen Tag über nichts gegessen. Der Typ, der ihn bisher gegen gute Kohle mit Pizzen, Hamburgern und Bier versorgte, hat ihn im Stich gelassen. Der Mongole hat schon sämtliche Krümel in den Pizzakartons zusammengekratzt und auch Regenwasser getrunken. Er kann nicht raus, da er noch immer seine Rockerklamotten trägt und sofort auffallen würde. Hier ist er festgenagelt. Er hat den Typ gebeten, ihm unverfängliche Zivilkleidung zu besorgen, doch das hat er nicht geschafft.

Als der Mongole sich dieses Versteck suchte, trieb sich einer der Sprayer illegal auf dem Gelände herum. Er griff sich das Bürschchen, log ihm vor, von den Bullen gesucht zu werden und dass er deswegen einige Zeit hier untertauchen muss. Da der Junge auch nicht viel mit der Polizei am Hut hatte, willigte er schließlich ein und sorgte für das leibliche Wohl des Mongolen.

Doch Bronco und seine Männer sind sehr ausgeschlafen, kamen rasch dahinter, wo sich der Mongole nur verstecken konnte. Das Conti-Gelände ist prädestiniert als Unterschlupf. Daher legten sich einige von Broncos Kumpels auf die Lauer und siehe da, der Sprayer kam einige Male mit Fressalien angetanzt. Dann fingen sie ihn ab, drohten ihm fürchterliche Prügel an und dass sie sich seine Freundin vorknöpfen, wenn er nicht sofort auspackt. Was blieb dem armen Teufel anderes übrig?

Nun sind sie hier und kommen dem Mongolen immer näher.

*

Kaum eine Stunde liegt Formanek im Bett, als ihn ein Klopfen an der Zimmertür aus dem ohnehin schlechten Schlaf reißt. Er blickt durch den Spion und sieht zwei Männer davorstehen.

»Was ist los?«, fragt er schlaftrunken. Sein Kiefer pocht höllisch, die Schmerztabletten zeigen keinerlei Wirkung.

»Polizei«, sagt einer der beiden.

Auch das noch!

Formanek schließt auf. Die Kripobeamten halten ihm ihre Dienstausweise unter die Nase, treten ein, wollen wissen, was passiert war.

»Woher …?«

»Sie sind vom Steintorviertel mit einem Taxi weggefahren«, wird Formanek unterbrochen, »und Sie waren blutverschmiert«, der Kripo-Mann deutet auf das über den Sessel geworfene Jackett, »ist ja noch deutlich zu sehen.«

Obwohl es Formanek mehr als peinlich ist, erzählt er von seinem fatalen Fauxpas. Die Kriminalbeamten bestätigen ihm indirekt, dass er ein ziemlicher Trottel war.

»Und bei dem Kennzeichen sind Sie sich sicher?«, haken sie nach.

»Hundert Prozent«, bestätigt Formanek.

Ein vielsagender Blick. Die Kripobeamten wissen nur zu genau, auf wen diese Harley zugelassen ist. Einer telefoniert sofort mit der Dienststelle, erklärt, was Sache ist, und sofort wird eine Streife in den »Biker's Pub« geschickt.

*

Als die Polizisten in der Biker-Kneipe eintreffen, hält Bronco mit seinen Getreuen Hof. Augenblicklich verstummt jegliche Unterhaltung und feindselige Blicke durchbohren die Gesetzeshüter. Selbstverständlich hat niemand die leiseste Ahnung, was vorgefallen war. Bronco grinst breit, drückt den Polizisten aufs Auge, dass sie nur ein wenig gepokert hätten. Natürlich nicht um Geld!

Unverrichteter Dinge und stinksauer müssen die Beamten wieder abziehen. Ihnen ist vollkommen klar, dass Bronco eine Menge Dreck am Stecken hat, aber es fehlen die Beweise. Formanek hat zu viel Angst und verweigert eine Gegenüberstellung. Dazu kann er nicht gezwungen werden. Er erstattet nur anonym Anzeige wegen schwerer Körperverletzung.

Hinter dem Scheibenwischer eines Streifenwagens steckt ein abgerissener Zettel mit nur einem rasch hingekritzelten Wort: ›Conti‹. Die Polizei weiß längst, dass ein Rockerkrieg in der Luft liegt, aber bisher sind keine Hintergründe und Details bekannt. Aber es ist klar, was der anonyme Tippgeber meint. Vielleicht kommt es draußen in Limmer zum großen Showdown oder es ist bereits geschehen?

Daher wird nicht lange gefackelt. Eine Hundertschaft wird noch in dieser Nacht zu dem Gelände abkommandiert, mit SEK- und Hubschrauberunterstützung. Der großangelegte Einsatz erweist sich als Schlag ins Wasser. Das alte Gebäude wird von oben bis unten durchkämmt, doch nichts bis auf Unmengen Unrat wird gefunden.

*

Erst ein paar Tage später bestätigt sich der begründete Verdacht der Polizei. Ein Spaziergänger, der mit seinem Hund unterwegs ist, entdeckt die Leiche des Mongolen am Ufer des Kanals, im Wasser liegend. Dem Mann wurden die Kniescheiben zertrümmert und man ließ ihn hilflos ersaufen. Der Kripo ist sofort klar, wer für den Mord verantwortlich ist, da das Opfer ein S.O.B.-Mitglied war. Es gibt nur zwei Möglichkeiten. Entweder steckt Bronco mit seiner Gang dahinter oder die eigenen Leute wollten den Mongolen, aus welchen Gründen auch immer, loswerden. Die beiden Wachmänner auf dem Conti-Gelände verhalten sich wie die drei Affen: Nichts sehen, nichts hören, nichts reden.

Bald wird die Akte unter »Ungeklärt« abgelegt werden müssen.

*

Formanek hat sich zum Gespött in der Firma gemacht. Sein Schatten im Steintorviertel war sein eigener Stellvertreter. Ebenfalls kein Kind von Traurigkeit, vergnügte sich der Kollege in cinem anderen Puff und als er herauskam, sah er zufällig Formanek aus dem »Thai Eros« kommen, wollte nun wissen, was der verhasste Chef noch alles vorhatte. So bekam er auch den Faustschlag mit.

Als Formanek während des Frühstücks von seinem vermeintlichen Sturz im Badezimmer erzählte, platzte es aus dem Kollegen heraus und er meinte, dass es eine Frechheit wäre, dass die Badezimmer im »Thai Eros« dermaßen glitschig seien.

Ein beispielloses Mobbing setzt ein, das Formanek eine Zeit lang durchhält, aber letztendlich kündigt er. Über Umwege erfährt seine Frau von seinem Fehltritt in Hannover, lässt sich scheiden.

Monate später knallt Formanek ungebremst in einen Baum. Ob es Selbstmord war oder am Ende Bronco dahintersteckt, um auf Nummer sicher zu gehen, wird für immer ungeklärt bleiben.

DER SIEGER BEKOMMT ALLES

BEATE MAXIAN

Boris Milanov liebte Friedhöfe. Die friedvolle Stille, lediglich unterbrochen vom leisen Flüstern des Windes, der durch die Baumkronen strich, und dem Gesang der Vögel. Durchschritt man den von Ludwig Droste erschaffenen Haupteingang des Stadtfriedhofs Engesohde in Hannover, sperrte man zugleich die Hektik des Alltags aus. Er schlug den Kragen seines dunkelgrauen Leinensakkos hoch, obwohl der heutige Maientag außergewöhnlich warm war. Zudem steckten trotz der sommerlichen Temperatur seine hageren Finger in geschmackvollen Lederhandschuhen. Doch Boris Milanov trug zu jeder Jahreszeit Handschuhe. Sein Blick blieb am eisernen Bödeker-Engel hängen, der im Eingangsbereich stand. Ob es Glück brachte, ihn zu berühren? Er ließ es bleiben. Immerhin war der Engel aufgestellt worden, um Bürger zu animieren, für wohltätige Zwecke zu spenden. Milanov hatte nicht den weiten Weg von Monaco zurückgelegt, um etwas zu geben. Außerdem war Glück etwas für Anfänger. Er war ein erfolgreicher Geschäftsmann. Das hatte nichts mit Glück zu tun. Er wandte sich ab und machte sich auf den Weg zu seinem eigentlichen Ziel. Dennoch genoss er den

Anblick der Alleen, registrierte die geometrische Gleichheit der immergrünen Heckenbögen. An den Endpunk-
ten, zumeist der Längsachse, waren überragende Fami-
liengräber als Blickfang errichtet worden. Der Friedhof
in der Südstadt war eine der ältesten Grabstätten von
Hannover und er war für seinen Baumbestand bekannt.
So stand es jedenfalls in seinen Unterlagen. Gräberanla-
gen mit unzähligen Bäumen glichen einer Oase für die
Seele, war Milanov überzeugt. Außerdem zogen ihn die
künstlerisch gestalteten Grabdenkmäler und Gruften
magisch an. Ebenso gerne, wie er Grabmäler betrachtete, las er Grabinschriften: »Ruhe in Frieden«, »Geliebt
und unvergessen«, »Von der Erde gegangen, im Herzen
geblieben« . Gutgemeinte Sprüche, die man Verstorbenen ins Grab nachwarf wie Blumen und eine Handvoll
Erde, bevor man vergaß, dass es sie gab. Die Inschrift
auf dem Grabstein des Künstlers Kurt Schwitters hingegen gefiel ihm: »Man kann ja nie wissen.« Außerdem
symbolisierte sein Grabmal die hochgiftige Herbstzeit-
lose. Eine Warnung? Sollte er lieber abhauen? Er blieb.
Auf Milanovs Grabstein sollte jedenfalls auch etwas
Originelles stehen. Vielleicht jene Worte seines Vaters,
die ihm im Gedächtnis geblieben waren: »Die Welt ist
verrückt. Mache dir das zu eigen.«

Sein Weg führte ihn zur Abteilung 46. Vor dem Ehren-
grab der bekannten Tänzerin Yvonne Georgi blieb er
stehen. Kein Grabspruch, nur die Inschrift »Professor
Yvonne Georgi-Arntzenius« und das Geburts- und Ster-
bedatum standen auf dem quaderförmigen Stein. Davor
ein einsames Grablicht. Ihre Geschichte erinnerte ihn
an seine eigene, obwohl sie kaum etwas gemein hat-

ten. Lediglich, dass ihre Eltern aus unterschiedlichen Ländern stammten und seine Mutter ebenfalls Tänzerin war. Yvonne Georgis Mutter stammte aus Nordafrika, seine war eine russische Schönheit. Was man ihr noch heute mit ihren sechzig Jahren ansah. Damit endeten ihre Gemeinsamkeiten auch schon. Yvonne Georgis Vater war Arzt aus Oldenburg. Boris' Vater war ägyptischer Diplomat. Eine perfekte Tarnung für umfangreiche Ölgeschäfte rund um den Globus. Boris kam in Moskau zur Welt, als sein Vater dort an der ägyptischen Botschaft gearbeitet hatte. Er war das Produkt eines One-Night-Stands, von seiner Mutter liebevoll großgezogen. Sein Vater sorgte dafür, dass es ihnen finanziell gutging. Er war in den 1980er-Jahren bei einem Bombenattentat in Beirut ums Leben gekommen, hatte ihm jedoch sehr viel Geld hinterlassen. Neben einer Topausbildung in London und Paris, einer weiteren Basis für ein unbeschwertes Leben. Boris Milanov war 42 Jahre alt, wohnte in Monaco, hatte einen britischen Pass, sprach fließend Englisch, Französisch, Russisch und Deutsch und sah verdammt gut aus. Seine Freunde nannten ihn gerne mal Craig, aufgrund seiner Ähnlichkeit mit dem James-Bond-Darsteller. Auch er war ein Frauenschwarm, der sich nicht binden wollte, keine feste Beziehung suchte. Was auch aufgrund seiner vielen Tätigkeiten und Firmen nahezu unmöglich war. Wie sein Vater einst, reiste er ständig rund um den Globus, um heikle Dinge zu erledigen. Von internationalen Transporten teurer Kunst bis hin zum Personenschutz namhafter Persönlichkeiten aus Film, Pop und Politik. Dabei standen ihm Dutzende erfahrene Mitarbeiter aus allen dafür notwendigen Bereichen zur Verfügung. Er nahm für sein Unternehmen schon mal Aufträge an, die nicht jedermanns Sache waren. Manche Dinge erledigte er sogar persönlich. Aus dem Grund war er auch nach Hannover gereist. Es ging um eine heikle Personenbeobachtung auf dem Engesohder Friedhof. Das reizte ihn. Er ging in die Knie, griff nach dem Grablicht, drehte den Plastikbehälter auf den Kopf und sah die Zahl 314. Er erhob sich wieder und machte sich auf den Rückweg. Das Grablicht entsorgte er im nächsten Müllcontainer.

Es dauerte sechzehn Minuten mit der U-Bahn bis zu Kastens Hotel Luisenhof. An der Rezeption herrschte Hochbetrieb. Eine Reisegruppe checkte ein. Niemand beachtete Boris auf dem Weg zum Lift. Wenige Augenblicke später klopfte er bereits an der Tür des Zimmers mit der Nummer 314. Eine Frau in einem hellblauen Etuikleid öffnete. Bislang hatten sie nur über einen Freund von Boris Kontakt gehabt. Beatrix Wannek war um die fünfzig, trug ihre Locken akkurat hochgesteckt. Der Schmuck um ihren Hals war mehr wert als so mancher Luxusschlitten in der Garage des Fünf-Sterne-Hotels.

»Kommen Sie herein!« Sie trat einen Schritt zur Seite, um ihm Platz zu machen. Jede Bewegung dieser Frau strahlte selbstverständliche Eleganz aus. Eine betörende Duftnote umwehte Boris' Nase beim Betreten des Zimmers.

»Haben Sie sich schon in Hannover umgesehen?«

»Ich war auf dem Engesohder Friedhof.«

»Der Friedhof ist ein Gesamtkunstwerk. Finden Sie nicht?«, fragte eine Frau, die mit übereinandergeschlagenen Beinen und einem Champagnerglas in der Hand auf dem Ledersofa der geschmackvoll eingerichteten Suite saß. Elegante südländische Erscheinung, registrierte Boris. Knallrot lackierte Fingernägel, der Farbton abgestimmt auf den Lippenstift. Die Farbe passte zum akkurat geschnittenen Bob und den fast schwarzen Augen. Das Geschmeide, das sie an den Ohren und um den Hals trug, strahlte ebenfalls exorbitanten Reichtum aus.

»Das ist Clarissa Konstantin, meine Freundin«, erklärte Beatrix.

»Ich stimme Ihnen zu«, antwortete Boris. »Ein Gesamtkunstwerk.«

Sie schüttelten sich die Hände wie gute Freunde. Auf dem Couchtisch lehnte Champagner im Kühler. Dom Pérignon Vintage 2009. Die Flasche kostet circa dreihundert Euro, schätzte Boris stumm. Die Frauen wussten, wie man Geld ausgab. Daneben lag der Ausdruck eines Landschaftsporträts. Beatrix Wannek folgte seinen Augen.

»Sie haben den Blick des Kunstkenners. ›Rast im Mondschein‹ von Edmund Koken«, nannte sie schließlich den Titel des Bildes und den Namen des Künstlers. »Er war ein bedeutender Landschaftsmaler und ein Kind Hannovers. Der letzte Kronprinz Hannovers, Ernst August der Zweite von Hannover, soll zu seinen Schülern gezählt haben. Koken liegt ebenfalls auf dem Engesohder Friedhof begraben. Falls Sie sich sein Grabmal ansehen wollen. Ich spiele jedenfalls mit dem Gedanken, dieses Gemälde zu kaufen. Sozusagen als Andenken.«

»Die Kunst ist nicht nur mein Geschäft, sie ist meine große Leidenschaft. Caravaggio, Raffael, Botticelli, Tizian. Ich bin ein Fan der großen italienischen Meister.« Boris zeigte auf den Gemäldeausdruck. »Eines meiner Unternehmen kann den Verkauf abwickeln, falls Sie als Käuferin anonym bleiben wollen.«

»Denken Sie, Edmund Koken sei es nicht wert, gekauft zu werden?«, forderte ihn Beatrix Wannek heraus. Boris registrierte ihr nahezu akzentfreies Deutsch. Dabei stammte sie seinen Unterlagen nach aus seiner Geburtsstadt Moskau.

»Natürlich ist er es wert. Aber steht es denn zum Verkauf?«

Ihre zartrosa geschminkten Lippen verzogen sich zu einem wertschätzenden Lächeln. »Noch hängt es im Historischen Museum am Hohen Ufer … aber wer weiß? Hat nicht alles seinen Preis?«

»Wenn Sie meinen.«

Sie zeigte auf den Sessel der Ledersitzgruppe und bot ihm ein Glas Champagner an. Er nahm es dankend entgegen. Sie setzte sich ebenfalls.

»Sie kennen meinen Mann, Othmar Wannek?«, kam sie auf den eigentlichen Grund ihres Treffens zu sprechen.

»Er betreibt gemeinsam mit Dietmar Konstantin …«, er machte eine angedeutete Verbeugung Richtung Clarissa, »Ihrem Ehemann, von Frankfurt aus ein internationales Immobilienimperium. Spezialisiert auf Luxusvillen.«

Die Frauen nickten zufrieden. Er hatte seine Hausaufgaben bestens erledigt.

»Mein Mann und Dietmar waren von Kindesbeinen an Freunde.« Sie machte eine Pause, womöglich, um das Wort »Freunde« nachhallen zu lassen. Er wartete geduldig, bis sie fortfuhr. »Doch die Jahre und viele gemeinsame Projekte haben ihren Tribut gefordert und sie zu Feinden gemacht.«

Sie schüttelte verständnislos den Kopf. »Zum Glück verlangen sie nicht, dass Clarissa und ich unsere Freundschaft aufkündigen.«

»Othmar und Dietmar sind erzkonservativ, gehören Verbänden an, die sich an strenge Regeln halten. Dazu der Altersstarrsinn«, übernahm nun Clarissa. Sie seufzte theatralisch. »Die beiden sind inzwischen knapp siebzig Jahre … man denkt, sie kämen allmählich zur Einsicht … Doch in Wahrheit werden sie immer starrköpfiger.« Sie schüttelte nun ebenfalls den Kopf und machte dabei eine wegwerfende Handbewegung. »Sie sprechen seit Jahren nicht mehr miteinander. Alles, wirklich alles wird über die Firmenanwälte geregelt. Derweil sollten sie sich mal an einen Tisch setzen, immerhin leiten sie gemeinsam ein internationales Unternehmen. Ihr angeschlagener Gesundheitszustand verlangt ebenfalls danach, endlich einige Dinge zu regeln. Verstehen Sie?«

Beatrix nippte am Champagner. Sie sah aus, als ringe sie damit, auszusprechen, was ihr auf der Zunge lag. Schließlich gab sie sich einen Ruck. »Die beiden Idioten wollen sich ernsthaft duellieren. Wie im tiefsten Mittelalter.«

Ein Duell! Boris unterdrückte ein breites Grinsen. Diese Verrücktheit gefiel ihm. »Sie schießen doch sicher nicht mit echter Munition? Das wäre doch …«

»Lächerlich«, fiel ihm Beatrix ins Wort. »Leider doch.«

»Gefährlich und verantwortungslos, wollte ich sagen«, vollendete Boris seinen Satz. »Wenn einer der Geschäftsführer bei einem Duell ums Leben kommt, stört das nicht nur den Ablauf im Unternehmen, sondern lockt auch die Polizei an. Oder ist das in Deutschland anders als in Monaco?« Ein schiefes Lächeln erschien auf seinen Lippen.

»Es gibt eine Regelung. Der Sieger bekommt alles. Der andere, nun ja, verschwindet auf Nimmerwiedersehen. Die Segelyacht der Firma liegt im Yachthafen von Hannover.« Beatrix presste fest die Lippen aufeinander.

Boris nickte. Er hatte verstanden. So eine Yacht explodierte schon mal. Da hatte selbst ein erfahrener Segler schlechte Karten.

»Dass es so weit kommt, sollen Sie ja gerade verhindern«, mengte sich Clarissa mit Nachdruck ein. Ihr Blick glitt zum Boden.

»Warum in Hannover? Warum auf dem Engesohder Friedhof?«, hakte Boris nach.

Clarissas Augen wanderten wieder zu Boris. »Es geht Sie zwar nichts an … aber wir wollen mal nicht so sein. Immerhin ziehen wir Sie in eine unangenehme Familienangelegenheit mit hinein, die absolut geheim bleiben soll.« Sie warf die Hände in die Luft. »Was heißt soll! Sie *muss* geheim bleiben. Nicht auszudenken, wenn die Presse oder, noch schlimmer, unsere Geschäftspartner dahinterkommen, was diese beiden Dummköpfe anstellen.« Ihre Miene spiegelte eine Mischung aus Angespanntheit und Besorgnis wider. »Nicht auszudenken, wie dieses Aufeinandertreffen ausgeht, wenn Sie zu spät eingreifen.«

Beatrix übernahm. »Dietmar und Othmar haben Hannover ausgewählt, weil sie weder etwas mit dieser Stadt noch mit dem Friedhof verbindet. Dort wird sie niemand vermuten und im besten Fall auch niemand erkennen. Die beiden wollen natürlich ebenso wenig wie wir, dass ihre verrückte Idee entdeckt und womöglich an die große Glocke gehängt wird. Stellen Sie sich den Skandal vor.«

»Ich verstehe Ihre Besorgnis.«

Beatrix zeigte sich zufrieden. »Also gut, morgen bei Sonnenaufgang soll das Ganze stattfinden. Das wäre so um halb sechs Uhr herum. Es soll ohne Adjutanten geschehen. Doch Sie, lieber Boris, werden vor Ort sein. Bewahren Sie unsere Männer davor, eine Dummheit zu begehen.«

Er lächelte zurück. »Was ist mit den Toren? Der Friedhof öffnet erst um acht Uhr.«

Sie bedachte ihn mit einem Blick, der sagte: Und das soll ein Problem sein? Dann zog sie eine Visitenkarte unter dem Gemäldeausdruck hervor, überreichte sie ihm mit einer förmlichen Geste. »Sie rufen mich um Punkt neun Uhr unter dieser Nummer an.«

Er warf einen Blick auf die Karte. Eine Telefonnummer in Paris. Beatrix erhob sich und signalisierte damit, dass das Gespräch zu Ende war. Seine Aufgabe war klar und er ein Profi. Vieler Worte bedurfte es nicht. Clarissa blieb sitzen und schenkte ihm ein kokettes Lächeln.

Boris fuhr direkt zum Hauptbahnhof, holte seine Reisetasche aus dem Schließfach der Gepäckaufbewahrung und machte sich wieder auf zum Friedhof. Er traf um sechs Uhr ein, schlenderte umher, betrachtete die Gräber berühmter Persönlichkeiten. Die wenigen Besucher verließen ab halb acht nach und nach die letzte Ruhestätte ihrer verstorbenen Angehörigen. Um acht würden die Tore geschlossen werden. Ein uneinsehbares Versteck, dichte Hecken auf dem weitläufigen Gelände weit entfernt vom Eingang zu finden, war ein Leichtes. Er verschwand dahinter wie ein Geist, wartete nahezu regungslos, bis die Tore geschlossen und die Mitarbeiter nach Hause gegangen waren. Dann zog er sich um, tauschte Hemd und Jackett gegen einen schwarzen Kapuzenpulli. Er arbeitete nie im Leinensakko. Danach richtete er seinen Beobachtungsposten ein. Taschenlampe, Nachtsichtgerät, Feldstecher, Decke. Es galt, jeden Moment mitzubekommen und im richtigen Augenblick einzugreifen. Danach streckte er sich aus. Er wollte ein bisschen ausruhen, bevor es losging.

Bereits um fünf Uhr lag er wieder hellwach in seinem Versteck nahe Edmund Kokens Grabstätte. Er hatte den Hinweis von Beatrix verstanden, dass das Duell an dieser Stelle stattfinden sollte. Er fühlte sich wie ein Raubtier auf Beutezug. Er atmete so flach wie möglich, versuchte, kein Geräusch zu machen. Über ihm sangen Singvögel. Im Minutentakt begannen sie zu tirilieren. Nach ihnen konnte man die Uhr stellen. Halb fünf Kohlmeisen, gefolgt vom Stieglitz, danach Grünfink, Buchfink und um fünf folgte der Gartenrotschwanz. Das wusste er, weil die Vögel oft seine einzigen Gefährten waren, wenn er frühmorgens einen Beobachtungsposten bezog.

Die Zielpersonen kamen pünktlich um zwanzig Minuten nach fünf Uhr. Othmar Wannek und Dietmar Konstantin, zwei ältere Herren. Seite an Seite schlenderten sie stumm bis zum Grabstein des Landschaftsmalers, hängten ihre eleganten Sommermäntel über den nächstgelegenen Grabstein. Gleich darauf standen sie sich stumm im feinen Anzug mit Stecktuch gegenüber. Ihre Haare waren über die Jahre ergraut, doch ihre Haltung war aufrecht und ihre stoische Miene zeigte jene Entschlossenheit, die sie seit jeher zu Höchstleistungen angetrieben hatte und das Fundament ihres Erfolges war.

Der Abstand zwischen Boris und den beiden betrug nur wenige Meter. Die Hecken boten ihm Schutz. Es war noch zu früh zum Eingreifen. Er lag auf dem Bauch und beobachtete das groteske Schauspiel vor seinen Augen. Sie benutzten Revolver Kaliber 38. Gute Entscheidung. So eine Waffe warf keine Patronenhülsen aus. Vielleicht würden die beiden noch etwas sagen. Abgrundtiefer Hass sprach aus ihren Augen. Dann schossen ihre Hände hoch. Sie zielten aufeinander ohne letzte Aussprache oder ein Adieu. Bis drei zählen und dann abdrücken. Jetzt war der Moment gekommen, einzuschreiten. Boris blieb liegen. Schüsse fielen. Dietmar Konstantin ging in die Knie und kippte Sekunden später nach vorne, mit dem Gesicht auf den Boden. Boris rappelte sich auf. Othmar Wannek fuhr erschrocken herum.

»Guter Schuss«, lobte Boris, während er auf den Sieger zuging.

»Verflucht noch mal!« Wanneks Augen flackerten angstvoll umher. »Wer sind Sie? Polizei? Presse?«

»Nein.« Boris nahm ihm den Revolver aus der Hand.

»Gratuliere zum Sieg. Jetzt gehört Ihnen die gesamte Firma. Der Sieger bekommt alles. So läuft der Deal, nicht wahr?«

Othmar Wanneks Blick wanderte zu seinem toten Geschäftspartner, der einmal sein Freund gewesen war. Boris hob die Hand, setzte den Revolver an Wanneks Stirn. Erschrockene Augen starrten ihn an.

»Die Welt ist verrückt. Mach dir das zu eigen.« Er drückte ab. Die Waffe legte er neben den Toten. Er liebte Aufträge, für die er nicht sein eigenes Werkzeug benutzen musste. Danach packte er seine Sachen zusammen und besprayte Edmund Kokens Grabstein: »Töte den Sieger!« Diese rätselhafte Grabinschrift würde die Polizei eine Weile beschäftigen. Egal, ob die Leichen rechtzeitig auf Nimmerwiedersehen bei einer Explosion der Firmenyacht verschwanden oder nicht. Gedanken, wer diese Drecksarbeit erledigte, machte er sich nicht. Das stand nicht auf seiner Agenda.

Bereits um sechs Uhr verließ er den Friedhof durch das Haupttor. Fingerabdrücke von ihm gab es keine. Keine Spuren. Keine Verbindung. Kein Muster.

Die U-Bahn brachte ihn in dreizehn Minuten zum Hauptbahnhof. Auf dem Steintorplatz steuerte er den öffentlichen Fernsprecher an. Die Telefonnummer in Paris kannte er bereits auswendig.

»Ja bitte?«, erklang augenblicklich die Stimme von Beatrix.

»Mein Beileid.«

»Wer hätte gewonnen?«

Trauer klang anders. Entsetzen ebenfalls. Aber mit schockierten und weinenden Witwen hatte Boris auch nicht gerechnet. Die beiden wussten, wen sie für die Bewachung ihrer Ehemänner engagiert hatten. Boris Milanov, der Mann, der anspruchsvolle Missionen persönlich bearbeitete. Ob der Champagner bereits eingekühlt war?

»Spielt das eine Rolle? Sie sind beide tot.«

»Ich bin eben neugierig und Clarissa und ich haben gewettet.«

»Othmar.«

»Ich hätte gedacht, Dietmar macht das Rennen.«

»Der Sieger bekommt alles!«

»Stimmt.«

»Ich denke, wir sind uns einig, dass *ich* gewonnen habe.« Noch bevor Beatrix antworten konnte, hängte Boris ein und ging zu Gleis 12. Der IC nach Amsterdam wartete nicht. Ob sein Sieg auch Beatrix und Clarissa einschloss? Einerlei. Wenn nicht, würde er schon eine Lösung für die beiden finden. Töte den Sieger! Auftrag abgeschlossen. Boris Milanov mochte Friedhöfe und Grabinschriften.

ONKEL FRED – HELD MEINER JUGEND

BERND KÖSTERING

Wie so oft, sitze ich bereits frühmorgens an meinem
Schreibtisch in der Kanzlei und lese die Zeitung. Ein-
sam und friedlich, eine Tasse Kaffee neben mir. Ich mag
diese Zeit, in der noch keine Kollegen über die Flure
eilen und den Eindruck vermitteln, als seien sie gerade
dabei, die Welt zu retten. Die Büros haben Glaswände,
jeder kann hineinschauen, unser Chef wollte das so. Um
diese Zeit schaut niemand herein.

Ich nehme den Lokalteil der »Hannoverschen Allge-
meinen« zur Hand. Eine Schlagzeile, dick und fett. Eine
Schlagzeile, die mich direkt in meine Jugend zurück-
wirft.

Fred Kowalski nimmt sein Geheimnis mit ins Grab.

Ich war 14 Jahre alt, als ich Onkel Fred zum ersten
Mal begegnete. Er hatte graue Haare und keinen dicken
Bauch. Das fand ich damals ungewöhnlich. Onkel Fred
hatte stattdessen Muskeln. Die Kombination grauhaa-
rig und muskulös war neu für mich.

An die Begegnung kann ich mich genau erinnern. Es
war das Jahr, in dem unsere Familie zum ersten Mal,
seit ich denken konnte, nicht nach Norderney fuhr,

denn wir warteten auf Onkel Fred. Er hatte sich für den August angesagt, ohne ein konkretes Datum zu nennen. Das erhöhte die Spannung. Bisher hatte ich immer nur Bruchstückhaftes über Onkel Fred gehört, Gesprächsfetzen und gemurmelte Telefonate, so dass er eine Art Mysterium für mich geworden war. Eine Sehnsuchtsperson, die einem Jungen aus dem Haushalt eines Lehrerehepaars das große Abenteuer versprach. Christoph Columbus, Old Shatterhand und Martin Luther King in einer Person. Dabei umgaben ihn schon immer Fragen und Geheimnisse. Onkel Fred war nie verheiratet gewesen, hatte keine Kinder und betrieb ein Wirtshaus in Hannover-Ricklingen. Manchmal wurde von einer Gaststätte gesprochen, dann wieder – hinter vorgehaltener Hand – von einer Kneipe. Ich kannte noch nicht einmal den Unterschied und meine Eltern wollten nicht, dass ich Onkel Fred und seine Gastwirtschaft zu Gesicht bekam. Zudem wurde mir nie verraten, warum er im Jahr 2000, dem Jahr der Weltausstellung in unserer Stadt, nach Amerika ausgewandert war. Da sich meine Sinne in diesem Alter zunehmend schärften, ahnte ich zumindest, dass Onkel Fred Deutschland nicht ganz freiwillig verlassen hatte. Als ich ihn am Tag seiner Ankunft danach fragte, meinte er nur lässig, das habe sich so ergeben und er habe schon immer nach Amerika gewollt, bereits als Kind. Dann erzählte er von den Weiten der Prärie, durch die er Rinder getrieben hatte, bis ihm die Sitzfläche schmerzte. Von Las Vegas und den Spielbanken, in denen er viele Dollars verloren hatte, bis er schmerzlich feststellen musste, dass sein Geldbeutel leer war. Und von den hübschen Frauen in

Kalifornien, die ihm so viel Herzschmerz verursacht hatten, dass er zurückkehren musste. Das mit den Rindern fand ich unbedingt erstrebenswert, mein Hintern würde es schon aushalten. Das mit dem Spielgeld reizte mich überhaupt nicht. Und das mit den Frauen waberte durch mein Hirn wie ein hochgelobtes, aber unbekanntes Reiseziel.

Die meiste Zeit saß Onkel Fred bei uns im Wohnzimmer und las die »Hannoversche Allgemeine«. Er wollte wissen, wie sich Deutschland in den fünf Jahren seiner Abwesenheit verändert hatte. Gerade in dieser Woche war durch Leserbriefe eine neue Diskussion über den Verbleib der Pavillons auf dem Expogelände sowie deren weitere Nutzung entbrannt.

Wenn Onkel Fred nicht Zeitung las, dann löste er Rätsel. Vornehmlich Zahlen-Kreuzworträtsel, bei denen man jede Zahl einem bestimmten Buchstaben zuordnen musste und nur durch Kombinationsgabe herausfand, welche der Zahlen zu welchem der 26 Lettern gehörte. Ich half ihm meistens beim Rätseln, ich hatte Zeit, denn es waren Sommerferien, wir fuhren nicht in den Urlaub und meine Eltern schienen froh zu sein, dass ich beschäftigt war.

Dann fragte Onkel Fred, ob ich mit ihm das Expogelände besuchen wollte. Ich hatte den Eindruck, als sei ihm das wichtig. Mein Vater zögerte, vielleicht vertraute er seinem Schwager nicht so ganz, ich hatte keine Ahnung, was dahintersteckte. Mutter sah das nicht so streng und meinte, das Expogelände sei unbedenklich, schließlich seien fünf Jahre zuvor Hunderttausende gefahrlos durch die Pavillons gepilgert. Sie schärfte mir allerdings ein, nicht allein über das Gelände zu streifen, da einige Gebäude als einsturzgefährdet galten, kurzum, ich sollte ihrem Bruder nicht von der Seite weichen. Ich nickte und Onkel Fred freute sich sehr. So sehr, dass ich es ein wenig übertrieben fand. Aber es ging mir wie vielen Gleichaltrigen: Solche Eindrücke tauchten kurz auf und verschwanden dann im jugendlichen Gefühlschaos.

Wir fuhren mit der Stadtbahn zur Messe. Onkel Fred führte eine grüne Tasche mit sich, auf der ein seltsames Symbol prangte, dazu ein Schriftzug, an den ich mich genau erinnere: »Gala«. Ich traute mich nicht, nach dem Inhalt der Tasche zu fragen. Er führte mich zur Expo Plaza, dem zentralen Platz des Ausstellungsgeländes. Dabei hatte ich den Eindruck, er hätte sich mehrmals umgesehen, so als würde er verfolgt. Wir besuchten das Expo-Museum. Dort waren viele Gastgeschenke der teilnehmenden Länder ausgestellt. Onkel Fred zeigte mir ein Miniaturmodell der Expo 2000 und erklärte mir alle Pavillons. Ich wunderte mich, dass er so gut Bescheid wusste. Er zeigte auf das Modell des niederländischen Pavillons. Dort seien verschiedene Landschaften unserer Nachbarn aufgeschichtet worden, um die Vielfältigkeit eines flächenmäßig kleinen Landes zu zeigen. Dann meinte er schließlich, wir sollten uns jetzt das Original ansehen, genauer gesagt die Reste davon. Währenddessen hatte ich das Gefühl, dass Onkel Freds wahres Ziel ein anderes war.

Es hatte angefangen zu regnen. Ich streifte meine Kapuze über den Kopf. Onkel Fred zog mich über eine Kreuzung und ich erkannte ein seltsames Gestell aus Metall und Holz, in mehreren Schichten übereinander: das Skelett des niederländischen Pavillons. Er zog mich weiter. Dahinter tauchte ein großer Holzkasten auf. Das sei die sogenannte Finbox, meinte er, der ehemalige finnische Pavillon, in dem nun verschiedene Firmen ihre Büros und Werkstätten hatten. Der Regen wurde immer stärker.

Pass auf, Junge, sagte Onkel Fred, ich habe da drinnen etwas zu erledigen. Du wartest hier, in dieser Ecke, am Lieferanteneingang, da bist du vor dem Regen geschützt. In genau einer halben Stunde bin ich wieder zurück.

Aber … begann ich, stockte dann und überlegte, dass ein solch erfahrener Abenteurer wie Onkel Fred wohl lachen würde, wenn ich die Anweisung meiner Mutter zu ernst nahm. Ihr Ausdruck »nicht von der Seite weichen« erinnerte mich in diesem Moment an ein kleines Kind, das an Mamas Rocksaum hing. Also beschloss ich, Onkel Freds Wunsch zu folgen, durchaus mit einem flauen Gefühl in den Eingeweiden, aber ich wollte ja erwachsen werden und meinte zu erkennen, dass ein wenig gesunder Ungehorsam dazugehörte. Onkel Fred schien zu merken, dass ich einen inneren Kampf ausfocht, sagte aber nichts dazu, außer dass er mir riet, auf meine neue Armbanduhr zu achten, um die halbe Stunde nicht zu verpassen. Es ging um meine Konfirmationsuhr, auf die ich sehr stolz war. Welche Konsequenz es haben würde, wenn er nach 30 Minuten nicht zurückkam, ließ er offen.

Nun wartete ich also am Lieferanteneingang des Pavillons, der den Finnen während der Expo als Aushängeschild ihres Landes gedient hatte, und fand diesen Ort total langweilig. Immer wieder sah ich auf meine Konfirmationsuhr, zumindest hatte ich damit eine gewisse Beschäftigung, aber die Minuten rannen so langsam dahin, dass ich nicht nur das Gebäude langweilig fand, sondern das gesamte Finnland und all seine Einwohner. Hoffentlich musste ich niemals in meinem Leben dorthin fahren.

Dann fuhr ein weißer Kastenwagen vor die Finbox und rangierte rückwärts auf den Lieferanteneingang zu. Aus dem Gebäude trat ein Angestellter. Er verscheuchte mich mit einer Handbewegung, ich ging zur Seite und stellte mich vor eine Glasfront, flach ans Glas gepresst, um nicht nass zu werden. Als ich meinen Kopf ein wenig drehte, um zu sehen, was die Männer in den Kastenwagen einluden, entdeckte ich etwas, was meinen Eindruck von Finnland gänzlich revidierte: Hinter mir, mit Blick durch die Glasscheibe, die in Streifen, teils als Milchglas, teils als Klarglas, aufgeteilt war, erblickte ich ein Birkenwäldchen. Tatsächlich, einen kleinen Birkenwald, mitten in dem Gebäude! Ich war fasziniert. Irgendwann einmal würde ich Finnland besuchen, das stand jetzt fest. Weiter hinten führte eine Holzbrücke vom linken Teil des Gebäudes durch das Wäldchen in den rechten Teil. Unter der Brücke sah ich einen Mann in einem grünen Kittel, der dort offensichtlich Gärtnerarbeiten erledigte. Das Birkenwäldchen wurde sogar gepflegt und instandgehalten. Toll!

Endlich kam Onkel Fred zurück, er sah erschöpft und zugleich zufrieden aus und meinte, wir müssten jetzt schnell nach Hause fahren, um das Abendessen nicht zu verpassen. Das war mir recht, denn damit wurde eine Diskussion mit meinen Eltern vermieden, während der ich womöglich noch gefragt wurde, warum wir zu spät kamen und wo genau wir uns so lange herumgetrieben hatten. Und lügen konnte ich nicht. Das konnte ich noch nie. Weil wir uns beeilen mussten und Kleingeld für die Fahrkarten zusammensuchten, vergaß ich vollkommen, Onkel Fred von dem Birkenwäldchen zu erzählen.

Als wir in der Nähe meines Elternhauses aus der Stadtbahn stiegen, stellte sich Onkel Fred vor mich hin und meinte feierlich, ich sei von nun an sein Freund. Mehr war nicht notwendig, um mir klarzumachen, dass ich meinen Eltern nichts von der bewussten halben Stunde erzählen sollte. Ich war mächtig stolz, der Freund eines Abenteurers zu sein, und hätte sein Vertrauen niemals missbraucht.

Danach saß er eine Woche lang wieder auf unserer Couch, las Zeitung und löste mit mir Zahlen-Kreuzworträtsel. Ich wurde immer besser, weil ich im Internet nachgesehen hatte, welche Buchstaben in der deutschen Sprache am häufigsten vorkamen. Der Spitzenreiter war das E. Dies zu wissen, half enorm beim Lösen der Rätsel.

Am folgenden Montag stand er unvermittelt vom Frühstückstisch auf und verkündete, dass er einen Termin habe und jetzt losmüsse. Er verabschiedete sich noch nicht einmal ordentlich von mir, wie sich das gehört hätte, tippte nur kurz mit dem Finger an seinen Hut und verschwand. Noch lange danach fragte ich mich, ob er an diesem Tag wirklich verabredet gewesen war. Und was für ein wichtiger Termin das hätte sein sollen. Wichtiger, als mit mir zu rätseln? Jedenfalls habe ich Onkel Fred seitdem nie wiedergesehen. Sein einziges Lebenszeichen waren drei Fotos in einem wattierten Umschlag, die er mir kurz nach seinem Verschwinden schickte, per Post, an mich persönlich adressiert.

Fred Kowalski nimmt sein
Geheimnis mit ins Grab.
Hannover, 21. März

Der ehemalige Hannoveraner Gastwirt Fred
Kowalski ist, wie uns erst kürzlich gemeldet
wurde, am 17. März an den Folgen einer Krebs-
erkrankung verstorben. Kowalski kämpfte seit
15 Jahren gegen einen Nierentumor und verlor
den Kampf nun im Alter von 55 Jahren.

Onkel Fred tot? Die Tränen schießen mir in die Augen. Das ist einem knapp 30-jährigen Mann vielleicht nicht angemessen, aber immerhin ist ein Held meiner Jugend gestorben. Seit 15 Jahren kämpfte er gegen einen Tumor, heißt es in dem Zeitungsbericht ... Ich rechne, ja, das passt. Vielleicht war das sein ominöser Termin. Bei einem Arzt oder, mit dem Verdacht auf einen Tumor, sogar in der Medizinischen Hochschule Hannover. Aber warum hat er mir nichts davon gesagt, und warum steht solch ein Ereignis, das zwar wichtig für *mich* ist, jedoch nicht für die Allgemeinheit, in der Zeitung? Ich beginne zu ahnen, dass wesentlich mehr hinter den Ereignissen meiner Jugend steckt, als ich bisher vermutet habe.

Kowalski wird verdächtigt, den spektakulä-
ren Überfall auf einen Geldtransporter im Jahr
2000 in der Brechtstraße begangen zu haben.
Der Täter erbeutete dabei Dollarnoten im heu-
tigen Wert von 900.000 Euro. Ihm gelang die
Flucht, indem er sich während der Expo unter
die Besucher aus aller Welt mischte und ver-
schwand. Die Polizei konnte ihn noch bis zum
Belgien-Pavillon verfolgen, dort tauchte er in
der Menschenmenge des belgischen Nationen-
tags unter. Es regnete und die vielen Schirme
erschwerten die Suche nach Kowalski zusätz-
lich. Erst als alle prominenten Gäste, darunter
der belgische Kronprinz Philippe, Familienmi-
nisterin Christine Bergmann und die Expochefin
Birgit Breuel, abgereist waren, konnte die Poli-
zei den Pavillon durchsuchen. Man fand weder
den Räuber noch das Geld.
Danach blieb Kowalski lange Zeit verschwunden,
bis er vor einigen Jahren in einem Krankenhaus
in Hannover wieder auftauchte. Da Kowalski zu
dieser Zeit bereits schwer von seiner Krankheit
gezeichnet war und eine Gegenüberstellung mit
verschiedenen Zeugen kein eindeutiges Ergeb-
nis brachte, stellte die Staatsanwaltschaft Han-
nover das Verfahren ein.

Onkel Fred ein Verbrecher? Ich bin schockiert. Und
verwirrt. Noch ist es nicht eindeutig bewiesen, aber tief
in meinem Innern regt sich die böse Gewissheit, dass
der Abenteurer Fred Kowalski ein Extremabenteuer

gesucht hat. Warum in aller Welt ist er dann zurückgekommen und hat sich mit der knappen Million nicht
ein schönes Leben in Amerika gemacht?

Die Beute aus dem Überfall wurde bis heute
nicht gefunden.

Augenblicklich schießt der Gedanke an die grüne Tasche
in mir hoch. Gala. Ich gebe das Wort in den Internet-
browser ein. »Galabau Hannover – Ihr Spezialist für
Garten- und Landschaftsbau«. Nicht zu fassen! Er hat
sich als Gärtner in die Finbox geschlichen, um die Beute
auszugraben. Ganz schön clever. Viel kriminelle Energie.
Schlagartig wird mir bewusst, dass es nicht irgendein
Gärtner war, den ich durch die Scheibe im Birkenwäldchen gesehen hatte, nein, das war er: Onkel Fred. Ich
habe ihn beim Ausgraben der Beute beobachtet. Natürlich! Er hat das Geld während seiner Flucht dort versteckt, um für den Fall, dass er geschnappt würde, alles
leugnen zu können. Ich rufe einen Plan des Expoge-
ländes auf. Die Finbox befindet sich schräg gegenüber
des Belgien-Pavillons. Er hat das Gedränge zum belgischen Nationentag ausgenutzt, um sich in der Besu-
chertraube zu verstecken, und ist dann nach Finnland
abgebogen. Und mich hat er fünf Jahre später absicht-
lich mitgenommen, als er das Geld geholt hat, weil er
wollte, dass ich davon wusste. Er hat mich, einen 14-Jäh-
rigen, in sein Verbrechen hineingezogen. Und dann die
Mär vom Herzschmerz in Kalifornien als angeblichen
Grund für seine Rückkehr nach Hannover – die reine
Lüge! Es ging nur um die Beute.

Mein Rechtsbewusstsein schlägt Kapriolen. Wie konnte er so etwas tun? Mit 14 Jahren lässt sich ein Junge leicht führen, vielleicht sogar verführen. Das hat Onkel Fred ausgenutzt. Ich laufe durch mein Büro, hin und her, dreißig-, vierzigmal, dann steht mein Entschluss fest: Ich gehe zur Polizei und mache eine Aussage. Es wird nichts ändern, Onkel Fred ist tot, aber ich muss dieses Wissen loswerden, abgeben wie einen zerschlissenen Mantel bei der Altkleidersammlung. Eventuell werden meine Eltern dazu befragt. Okay. Nicht schön für sie. Es wäre das letzte Stück Ungehorsam, das mich kurz vor dem 30. Geburtstag eigenständig werden ließe. Während ich über meine Eltern nachdenke, frage ich mich, ob sie von dem Überfall im Expo-Jahr etwas mitbekommen haben. Vielleicht wussten sie sogar, dass Onkel Fred in Verdacht geraten war. Haben sie es mir verheimlicht? Warum? Um mich zu schützen? Hat Vater deswegen gezögert, mich mit Onkel Fred aufs Expogelände gehen zu lassen?

Plötzlich fallen mir Onkel Freds Bilder ein, in dem dicken, wattierten Umschlag, der zusammen mit all meinen wichtigen Unterlagen und denen meiner Eltern im Aktentresor unseres Chefs lagert. Er besitzt die Zulassung zum Notar und verwahrt solche Papiere. Warum ich diesen Umschlag, der nichts enthält als ein paar Fotos aus Amerika, überhaupt aufbewahre, weiß ich selbst nicht.

Inzwischen sind alle Kollegen eingetrudelt. Auch unser Chef, er schreitet den Flur vor meinem Büro entlang, ich reiße die Tür auf und erkläre ihm, dass ich einige Unterlagen für meine Eltern überprüfen müsse.

Er öffnet den Tresorraum und händigt mir unsere Familienkassette aus, verbunden mit dem Hinweis, dass er diesen Aufwand nicht mehrmals im Jahr betreiben könne. Ich gehe damit zurück in mein Büro. In der Kassette liegt auch meine Konfirmationsuhr. Sie sieht viel kleiner und billiger aus, als ich sie in Erinnerung hatte. Dann der Umschlag. Ich ziehe die Fotos heraus und betrachte sie. Ganz normale Aufnahmen, Stallungen, Holzhütten und Farmhäuser, vermutlich aus dem mittleren Westen. Genau genommen könnten sie aber überall stehen. Viele Jahre lang habe ich sie nicht mehr angeschaut, und erst jetzt bemerke ich, dass ausschließlich Gebäude auf den Abbildungen zu sehen sind. Keine Menschen, keine Tiere. Dann entdecke ich etwas Merkwürdiges: Auf jedem der Gebäude befindet sich eine 11-stellige Nummer, mit weißer Farbe, vermutlich von Hand aufgetragen. Zufall? Nein, unmöglich. Drei Fotos, auf allen dieselbe Zahlenfolge, in jeder viermal die gleiche Ziffer. Das muss das »E« sein. Der Rest ist schnell gefunden, es ergeben sich zwei Buchstabenkombinationen, aber nur eine davon macht Sinn: Seesternweg. Ich weiß, dass es in der Nähe meines Elternhauses eine solche Straße gibt, gebe den Namen in den Internetstadtplan von Hannover ein und finde den Seesternweg sofort. Zoomtaste: eine Bäckerei, eine Reinigung, eine Privatbank. Eine Bank? Nein, das kann nicht wahr sein. Ohne Schließfachnummer und Schlüssel kommt man sowieso nicht an das Geld. Oh nein, ich lasse mich nicht noch tiefer in dieses Verbrechen hineinziehen! Wütend stecke ich die Bilder wieder in den Umschlag und will ihn gerade zurücklegen, als ich etwas Hartes spüre. Im Innern des Umschlags? In der wattierten Hülle? Ich greife nach einer Schere und schneide die Umhüllung auf. Ein Schlüssel fällt heraus. Schmal, mit Doppelbart und eingravierter Schließfachnummer. Verdammt! Was soll das? Ich werfe den Umschlag in die Kassette, schließe sie und gebe sie meinem Chef kommentarlos zurück. Er sieht mich an wie ein Lehrer, der kurz davor ist, einen Tadel ins Klassenbuch einzutragen. Meine Privatangelegenheiten gehen Sie gar nichts an, würde ich gern sagen, traue mich aber nicht. Schnell verlasse ich die Kanzlei und sitze gleich darauf im Auto. Als ich den Autoschlüssel ins Zündschloss stecken will, merke ich, dass ich den Doppelbart immer noch in der Hand halte. Wie komme ich dazu? Ich starte in Richtung Polizeirevier. ·

Somit wird der Überfall in der Brechtstraße weiter als ungelöster Fall in den Polizeiarchiven liegen und eine stille Schuld verbergen.

Nein, das wird er nicht. Held der Rechtsbewahrung gegen Held der Jugend. Aber die Jugendzeit ist vorüber. Mein Weg führt mich durch den Seesternweg.

Eine eigene Kanzlei, das wäre natürlich etwas. Ich denke, Onkel Fred hätte es gefallen.

EIN EISKALTES HÄNDCHEN

BARBARA SCHLÜTER

Hannover im Winter 1889/90

Die 17-jährige Elsa Martin, eigenwillige Ziehtochter der Architektenfamilie von Elßtorff, jubelte innerlich. Bereits Mitte November hatte klirrender Frost eingesetzt, und der hannoversche Magistrat hatte die Maschwiesen von der Friedrichstraße bis zum Döhrener Turm künstlich fluten lassen. Nun waren die Eisflächen zum Schlittschuhlaufen freigegeben worden.

Leise klopfte Elsa an der Tür des kleinen Salons. Sophie von Elßtorff bestellte gerade neue Kleider. Die Dame des Hauses, auf atemberaubende 45 cm Taillenumfang geschnürt, stand auf einem Schemel. Die Schneiderin kniete vor ihr und steckte den Saum eines flaschengrünen Stoffes aus kostbarem Lindener Samt ab.

»Liebe Tante Sophie, darf ich meine Freundin Roberta besuchen? Sie möchte, dass ich ihr beim Lernen ihrer neuen Rolle helfe.«

Sophie seufzte. »Du weißt, ich sehe es nicht gern, dass du allein durch die Stadt gehst, und wenn es nur bis zum Aegidienthorplatz ist. Aber ich schätze Roberta Stein sehr. Sie ist für mich die beste Schauspielerin an unserem Königlichen Schauspielhaus.«

Zerstreut blickte Sophie auf die Stoffe für weitere Gewänder. »Also geh in Gottes Namen und grüß Fräulein Stein von mir.«

Darauf hatte Elsa gehofft. Der Ziehtante ein Kusshändchen zuwerfend, entschwand sie eilig. Leise schlich sie zum Treppenhaus der Dienstboten, das an der hinteren Tordurchfahrt endete. Von dort schlüpfte sie ins Kutscherhaus. Aus einer alten Holztruhe holte sie ihre Verkleidung als Dienstmädchen hervor. Schwarzer Rock, Leibchen, weiße Bluse, das Ganze wurde durch eine Jacke und ein warmes Umschlagtuch ergänzt. Die Krönung bildete die schwarze Perücke, die aus der attraktiven Blondine einen völlig anderen Typus machte. So verkleidet konnte sie allein und ungeniert durch Hannover bummeln, was sich eigentlich für eine höhere Tochter nicht schickte.

Sie eilte die Königstraße entlang Richtung Friedrichstraße und freute sich als leidenschaftliche Schlittschuhläuferin auf die ersten Runden auf dem Eis.

Zwischen kleiner und großer Masch hatte Bummelmeier wie stets seine Stelzenbude aufgeschlagen. Er begrüßte das vermeintliche Dienstmädchen väterlich. »Biste auch wieder da. Hast ja ganz rote Wangen vor lauter Vorfreude. Bekommst auch neu geschliffene Schlittschuhe.« Elsa bedankte sich artig, bezahlte, ein Anschnaller befestigte die Kufen und schon schwebte sie davon. Schnell fand sie in ihren Laufrhythmus, zumal jetzt eine Militärkapelle begann aufzuspielen, mit Walzern, Quadrillen, Polonaisen und Polkas. Selig wiegte sich Elsa im Walzerschritt Richtung Süden. Weiter hinten auf den Maschwiesen, wo die Langstrecke bis zum Döhrener Turm führte, wurden Eisblöcke für die Kühlung im Sommer gesägt. In der Nähe des Schnellen Grabens ging das nicht mehr. Dort gab es Untiefen, die abfielen und viel langsamer zufroren. Dieses Eis sah etwas modrig aus, weshalb die Arbeiter solche Stücke oft unter der Hand an private Haushalte verhökerten, bevor sie die Hauptausbeute des Tages zum Lindener Eiskeller brachten.

Bald war die Musik kaum noch zu hören und es wurde merklich leerer. Elsa verlangsamte das Tempo – sie war ein wenig außer Atem.

Da sah sie ein junges, offenbar verliebtes Paar an sich vorüberziehen. Obwohl das junge Mädchen den Kopf mit einem Tuch stark verhüllt hatte, erkannte Elsa das Kinderfräulein Lina der Familie des Oberst Oskar von Blottnitz. Der Oberst wohnte mit Gemahlin und Sohn im 2. Stock über den von Elßtorffs in der Königstraße. Lina war die verwaiste Nichte der langjährigen von Elßtorffschen Köchin Miene. Ihr Begleiter, der junge Herr von Blottnitz, war ein ausgezeichneter Schlittschuhläufer. In seiner Uniform als Reserveoffizier machte er Bella Figura. Das fand offenbar auch Lina, die beständig kicherte und ihn anzuhimmeln schien.

Elsa war alarmiert, denn sie wusste, dass die Köchin sich Sorgen um die naive und gutgläubige 15-jährige Nichte machte. Für heute reicht es, beschloss sie und strebte in der einbrechenden Dämmerung nach Hause. Sie hatte keinen Blick für die Marktkirche und das Königliche Schauspielhaus. Am repräsentativen Bahnhof mit dem Reiterdenkmal hoch zu Pferde trafen sich Hannoveraner gern unterm Schwanz. Elsa sah Bekannte der von Elßtorffs und war froh, als sie unerkannt in der Königstraße ankam. Dort holte sie bei Bäcker Fahrenhorst Mohrenköpfe, ihre Nerven brauchten etwas Süßes. Rasch zog sie sich um und begab sich ins Souterrain.

»Miene, hast du eine heiße Schokolade für mich?«

Die gutmütige Köchin, die das Mädchen bereits als Dreijährige gern verwöhnt hatte, nickte.

Schnell hatte Elsa das köstlich duftende Getränk in ihrem persönlichen Becher vor sich stehen. Das Delfter Steingut mit geschwungenem Henkel war mit einer Windmühle und Blumen bemalt. Lächelnd schob sie Miene einen Mohrenkopf zu – wohl wissend, dass diese ihre Leidenschaft für dieses Gebäck teilte. Einen Moment lang breitete sich behagliche Stille aus, in der nur das knisternde Feuer im Herd zu hören war. In der gemütlichen Küche hatte sich Elsa von Kindesbeinen an gern aufgehalten. So manches Wort fiel unter den Dienstboten, was eigentlich nicht für die Ohren der Herrschaft bestimmt war. Aber Elsa als Waise und Ziehkind nahm da eine Zwischenstellung ein. Sie übte sich darin, die unterschiedlichen Informationen mit dem zu verbinden, was am Tische der von Elßtorffs beredet wurde. Daher zog sie ihr ein Jahr älterer Ziehbruder gern mit ihrer Kombinationsgabe auf. »An dir ist ein Detektiv verloren gegangen«, spottete er gern.

Da meinte Miene leise: »Mache mir Sorgen um meine Nichte. Das Kind ist eine Landpomeranze, kennt die Welt nicht und liest viele schlechte Romane und die ›Gartenlaube‹. Wenn der ein junger Herr schöntut und ihr erzählt, im Himmel ist Jahrmarkt, dann will sie mit dem hingehen.«

Elsa nickte verständnisvoll: »Und sie sieht wirklich hübsch aus. Die üppigen braunen Locken, die Rehaugen und der klare Teint, die schmale Taille – da guckt so mancher hinterher.«

»Eben. Dazu gehören auch die Herren von Blottnitz, der junge wie der alte. Und sie hat Flausen im Kopf und strebt nach Höherem.«

Auch am folgenden Tag benutzte Elsa wieder die Dienstbotentreppe. Ein Laut ließ sie nach oben blicken. Eng umschlungen und sich leidenschaftlich küssend standen dort Lina und Albert von Blottnitz. Da Elsa nicht gern auf der Dienstbotentreppe erwischt werden wollte, schlich sie auf Zehenspitzen nach unten. Aber eine Stufe knarrte und das Paar stob auseinander. »Guten Morgen, Fräulein Martin«, grüßte Albert von Blottnitz. Und ging gleich zum Angriff über. »Sie in diesem Treppenhaus? Hang zum Küchenpersonal?« Die lässig näselnde Art des Offiziers störte Elsa ebenso wie die verkürzte Sprache.

»Wenn dies so wäre, hätten wir eine Gemeinsamkeit«, schoss sie zurück und ärgerte sich im gleichen Moment, dass sie überhaupt reagiert hatte.

»Nun, dann teilen wir ein Geheimnis, das wir im gegenseitigen Interesse nicht an die große Glocke hängen sollten!« Der drohende Unterton war unverkennbar, aber Elsa wusste nicht so recht, worauf dieser sich bezog. Daher ging sie rasch weiter. Immer wieder grübelte sie, was von Blottnitz gemeint haben könnte. Zugleich sorgte sie sich um Lina, die ihr bis über beide Ohren verliebt erschien. Das konnte nicht gut gehen!

Nachmittags musste Elsa an einer der üblichen Einladungen zum Kaffee teilnehmen, die in höheren Kreisen zum guten Ton gehörten. Frau von Blottnitz befand sich ebenfalls unter den eingeladenen Damen. Nachdem sich das Gespräch zunächst um die Kinder gedreht hatte, berichtete die Gräfin von der Schulenburg: »Einer meiner Neffen will tatsächlich eine völlig unpassende Verbindung eingehen. Mit einer Handwerkertochter, das ist doch undenkbar!«

»Warum nicht gleich ein Dienstmädchen!«, zischte eine andere Dame.

Frau von Blottnitz stellte die Kaffeetasse geräuschvoll ab. »Mesalliancen können das ganze familiäre Gefüge zerstören. Da sind peinliche Situationen ja geradezu unvermeidbar. Mein Gatte betont stets zu Recht, dass der absolut untadelige Ruf unserer Familie das Wichtigste überhaupt ist.«

»Nun, meine Damen, ein wenig haben sich die Zeiten ja geändert«, meinte Sophie. »Inzwischen ist so mancher aus verarmtem Adel froh, wenn er eine reiche Fabrikantentochter oder gar eine Dollarprinzessin heiraten kann. Und mitunter überwindet auch eine tiefe Zuneigung den Standesdünkel.«

Elsa verfolgte den weiteren Verlauf des Gespräches nicht mehr. Ihre Gedanken drehten sich kurz um ihre eigenen Heiratschancen, wobei sie nicht zum ersten Mal bedauerte, als Mädchen weder das Abitur machen noch studieren zu dürfen. Dann wandten sich ihre Überlegungen Lina zu. Sie nahm sich vor, ihr bei passender

Gelegenheit die Gefahren aufzuzeigen, die ihr drohen konnten.

Einige Tage später traf Elsa in der von Elßtorffschen Küche im Souterrain auf Lina, die dort das 8 Monate alte Nesthäkchen ihrer Herrschaft in einem Korb schaukelte. Als der Säugling schrie, beugte sich Lina vor und eine Kette rutschte ihr aus dem Ausschnitt – daran hing ein Siegelring mit dem Wappen der von Blottnitz. Hastig stopfte sie den Ring zurück.

»Ich habe das Wappen erkannt«, sagte Elsa. Sie waren allein. Die Köchin hatte sich wie stets nach dem Mittagessen für ein Viertelstündchen in ihre Schlafstube zurückgezogen. Das Küchenmädchen hantierte geräuschvoll in der Spülküche. Ohne lange Vorrede kam Elsa zur Sache.

»Lina, du weißt, was passiert, wenn du schwanger wirst.«

»Albert wird sich natürlich zu mir bekennen.«

»Das glaubst du doch selber nicht. Erstens ist der Standesunterschied viel zu groß, zweitens würde sein Vater alles tun, um das zu verhindern. Der würde nie im Leben zulassen, dass sein einziger Sohn ein mittelloses Kindermädchen heiratet.«

»Es gibt immer eine Lösung, wenn zwei sich wirklich lieben.«

»Gewiss, vor allem in Groschenheften! In der Realität erklärt man schwangeres Personal für moralisch minderwertig und wirft es hinaus. Dann kannst du sehen, wo du bleibst.«

»Sie gönnen mir einfach mein Glück nicht«, entgegnete Lina. Aber Elsa spürte ihre Verunsicherung.

»Ich möchte nur nicht, dass du sehenden Auges in dein Unglück rennst. Nur weil ich dich mag, rede ich so streng mit dir. Denn als ledige Mutter kannst du noch froh sein, wenn du nicht in der Gosse landest, sondern im Magdalenium, dem Asyl für gefallene Mädchen. Da darfst du den ganzen Tag waschen und schrubben. Und dich davon beim täglichen Bibelstudium erholen.«

»Lassen Sie mich doch in Ruhe! Wir lieben uns!«

»Dein Wort in Gottes Ohr! Denk daran, dass ledigen Müttern meist nichts anderes übrigbleibt, als das Kind zur Adoption freizugeben oder es von einer Pflegemutter aufziehen zu lassen.«

Die rehbraunen Augen von Lina blickten nicht mehr sanftmütig, sondern funkelten wütend.

»Halten Sie sich da gefälligst raus. Sonst verrate ich, dass Sie sich heimlich als Dienstmädchen verkleiden und allein in der Stadt rumtreiben. Da werden Sie mächtig Ärger bekommen. Und der Albert weiß das auch.«

Nun war Elsa endlich klar, auf was der kürzlich im Treppenhaus angespielt hatte.

»Hast du ihm das etwa erzählt?«

»Wir haben keine Geheimnisse voreinander. Und er hat mir etwas sehr Wichtiges anvertraut. Wenn das rauskommt, ist es zappenduster mit seiner Karriere beim Militär. Albert kann mich nicht aufgeben, denn ich habe ihn in der Hand.«

Das fand Elsa leichtsinnig von dem Jungen von Blottnitz. Und Lina erschien ihr bei aller Unbedarftheit doch ziemlich raffiniert – eine nicht ungefährliche Mischung. Eine böse Vorahnung stieg in Elsa auf.

Am folgenden Samstagnachmittag fuhr Sophie von

Elßtorff zu einer Einladung. Elsa hatte sich mit Kopfschmerzen entschuldigt. Kaum war die Kutsche mit der Dame des Hauses abgefahren, zog sich Elsa in Windeseile um. Schnellen Schrittes durchquerte sie die Toreinfahrt und holte vor Schreck tief Luft. Oskar von Blottnitz stand, mit Zigarre und Schlittschuhbeutel bewaffnet, auf dem Trottoir. Da kam auch schon sein Zweispänner. Sein Blick streifte nur flüchtig das schwarzhaarige Dienstmädchen, das weder sein Typ war noch einem Techtelmechtel zugeneigt schien.

Als Elsa an den Maschwiesen ankam, herrschte dichtes Getümmel. Sie tanzte ein wenig zur Musik der Militärkapelle, die tüchtig aufspielte, und lief dann Richtung Döhrener Turm. Bald sah sie Lina mit Albert von Blottnitz Hand in Hand dahinschweben. Beobachtet von Oskar von Blottnitz, der mit Mütze, Schal und Brille kaum zu erkennen war.

Am 3. Advent sickerte durch, dass bei der Familie von Blottnitz ein Siegelring gesucht wurde. Man berichtete, dass auch deren eigenes Personal verdächtigt werde, was in der von Elßtorffschen Küche ebenfalls für Unruhe sorgte. Miene war empört. »Die haben doch tatsächlich meine Lina befragt. Unglaublich, was die Familie von Blottnitz sich manchmal herausnimmt. Kein Wunder, dass dort die Bediensteten häufig wechseln. Da haben wir es bei unserer Herrschaft besser!«

Am folgenden Tag lief Lina mit dicken Augen und roter Nase herum, hantierte beständig mit dem Taschentuch und murmelte etwas von einer Erkältung. Als scharfe Beobachterin merkte Elsa bald, dass das Mädchen gar nicht erkältet, sondern verheult war.

Besorgt suchte Elsa abends Lina in ihrer Dachkammer auf. Auf ihr Klopfen kam keine Reaktion. Leise trat Elsa ein. Weinend saß die Kleine auf dem Bett und steckte sinnierend den Siegelring von dem linken auf den rechten Finger. Fröstelnd setzte sich Elsa auf den einzigen Stuhl. Obwohl ein Ofen die schlimmste Kälte vertrieb, reichte dies nicht, den Raum wirklich zu erwärmen.

»Lina, was ist los?«, fragte Elsa sanft.

Diese schnäuzte sich heftig die Nase und sagte schluchzend: »Der Oberst hat mich verhört wie eine gemeine Verbrecherin. Man gut, dass ich Alberts Ring fest im Ausschnitt des Korsetts hatte. Und dann hat er so komisch geredet.«

»Was hat er denn gesagt?«

»Dass sein Sohn eine große Laufbahn vor sich hat. Dass da alles mit Vernunft bedacht werden muss und standesgemäß oder so ähnlich. Dass er dafür sorgen wird, dass nichts dazwischenkommt.«

»Vielleicht hat er euch beim Eislaufen beobachtet?«

Völlig entsetzt riss Lina die Augen auf. »Das kann ich mir nicht vorstellen! Bin immer so eingemummelt, mein Gesicht ist doch kaum zu erkennen.«

»Und bist du allein nach Hause gegangen oder in Begleitung von Albert?«

»Meist sind wir noch ein Stück zusammen gelaufen.«

»Vermutlich weiß der Oberst Bescheid. Und er wird seinem Sohn die Leviten lesen, davon kannst du ausgehen. Vielleicht schickt er ihn auch weg.«

»Dann wäre ich ja ganz allein. Und das, wo ich ...«, sie sah Elsa an und schüttelte sich verzweifelt. »Wenn Sie recht behalten, bringe ich mich um!«

Elsa setzte sich zu dem weinenden Mädchen aufs Bett und nahm es in die Arme. »Das wirst du gewiss nicht tun. Solltest du wirklich in der Hoffnung sein, vertrau dich deiner Tante an.«

»Die wird entsetzt sein. Ich wage gar nicht mir vorzustellen, was die sagen wird.«

»Miene ist eine gutherzige Frau – sie wird zunächst poltern, dann jedoch nach einer Lösung suchen. Und ich tue auch, was ich kann. Wir Waisen müssen schließlich zusammenhalten.«

»Sie haben mich ja gewarnt, gnädiges Fräulein. Aber ich liebe nun mal den Albert über alle Maßen.«

Nach dem 2. Weihnachtstag kam Lina von ihrem freien Nachmittag nicht nach Hause. Die Köchin war völlig aufgelöst. Ihr heimlicher langjähriger Verlobter, Wachtmeister Sieberts, hörte sich um. Elsa hatte den Verdacht, dass Lina sich wieder zum Schlittschuhlaufen mit Albert getroffen hatte. Ob die beiden sich gestritten hatten?

Der Oberst Oskar von Blottnitz war in der Dämmerung mit dem Zweispänner vorgefahren und hatte den Schlittschuhbeutel in der Hand gehabt. Aber sie traute sich nicht, Sieberts etwas zu sagen.

Am folgenden Morgen erstattete der Oberst eine Vermisstenanzeige.

Elsa machte sich Vorwürfe. Vielleicht hatte Lina tatsächlich mit Albert darüber gesprochen, wie es weitergehen sollte. Und damit ein Zerwürfnis verursacht. Was war das für ein Geheimnis, das die Karriere des jungen von Blottnitz ruinieren konnte? Hatte der Oberst etwas mitbekommen und eingegriffen? Das traute Elsa ihm durchaus zu. Oder war Lina tatsächlich schwanger und aus Verzweiflung in den Tod gegangen?

Die Köchin quälte die Ungewissheit so, dass ihr die umfangreichen Vorbereitungen für die Jahreswende schwerfielen. Die Schildkröte, die zur Zubereitung der Suppe à la Lady Curzon geliefert wurde, musste der Diener Franz an den Hinterbeinen aufhängen und ihr den Hals abschneiden.

Am 31. Dezember wurden noch einige zusätzliche Stangen Eis geliefert. Die Arbeiter hatten wegen des großen Bedarfs gesägt, bis es dunkel war. Die Köchin überwachte das sachgemäße Verstauen in der Eiskammer im Souterrain. Einer der Arbeiter schwadronierte ein wenig herum. »Manche Schlittschuhläufer sind leichtsinnig. Man weiß doch, wo es am Schnellen Graben tiefer wird und damit gefährlich. Neulich ist ein Paar dorthin gelaufen – die haben sich lauthals gestritten. Der Herr war ein Offizier, die reden ja immer so abgehackt.«

Elsa, die sich gerade im Kutscherhaus umgezogen hatte und auf eine heiße Schokolade spekulierte, hörte es und erstarrte. Sie wagte es jedoch nicht, nach dem genauen Datum zu fragen. Die ahnungslose Miene entgegnete lediglich: »Was anner Lüt treiben, interessiert mich nicht. Aber ob mein eigen Fleisch und Blut noch lebt, das spurlos verschwunden ist, das möchte ich gerne wissen.« Sie drückte den bedröppelt blickenden Männern einige Münzen in die Hand. »Euer Neujährchen! Gehabt euch wohl«, und winkte Elsa, ihr in die Küche zu folgen.

Die Köchin wollte das abendliche Menü weiter vorbereiten. Die Schildkröte war ausgeblutet, der Panzer am Vortag gelöst, das Fleisch zur Suppe mit Klößchen verarbeitet worden, wie es der Hausherr liebte. Auf dem großen Arbeitstisch lagerte der Silvesterkarpfen auf einem Eisblock. Genau unter dem Karpfen fiel Elsa im Eis eine helle Einlagerung auf. »Sieh mal, Miene, da ist etwas im Eis, wie merkwürdig.«

Irritiert legte die Köchin den Fisch auf eine Platte, holte warmes Wasser und begoss das Eis damit. Bei näherem Hinsehen handelte es sich um einen weißen Fausthandschuh mit Zopfmuster. Miene erstarrte. Hatte sie den nicht selber für Lina gestrickt? Nach und nach gab das Eis den Handschuh frei. Mienes Herz klopfte schneller. Als sie vorsichtig nach der Spitze griff, glitt eine abgeschnittene linke Hand heraus, aus der eine diffuse rote Flüssigkeit zu tropfen begann. Miene als versierte Köchin war es gewohnt, Blut zu sehen. Aber jetzt schrie sie gellend. Die Hand mit einem Muttermal unterhalb des Zeigefingers stammte unverkennbar von ihrer Nichte. Miene war völlig außer sich und Elsa nicht minder. Wachtmeister Sieberts, den der Diener Franz sofort geholt hatte, erschien und ließ sich das corpus delicti zeigen. Seine Reaktion erwies sich als umsichtig. Er wickelte die Hand sorgfältig in ein Tuch und entzog sie damit aller Augen, um weitere hysterische Anfälle zu vermeiden. Alle redeten aufgeregt durcheinander. Sieberts befragte jeden und sein Notizbuch füllte sich. Er kündigte zusätzliche Untersuchungen im ganzen Haus an und wandte sich zum Gehen. Elsa, die ihn von Kindesbeinen an kannte, riss sich zusammen und passte ihn am Dienstboteneingang ab. »Es gibt so einiges, was wichtig sein könnte.«

»Soso, dann erzählen Sie mal, junges Fräulein.«

»Aber nur unter dem Siegel der strikten Verschwiegenheit, das müssen Sie mir versprechen. Ich möchte keinen Ärger mit der Familie von Blottnitz haben.«

»Versprochen!«

Unterdessen war Doktor Petzold, der Hausarzt der von Elßtorffs, eingetroffen. Der gab der Köchin ein starkes Beruhigungsmittel und verordnete Bettruhe.

Das Silvesterdinner nahmen die von Elßtorffs daraufhin im nahe gelegenen Kastens Hotel ein – als Stammgäste hatten sie noch kurzfristig einen Tisch bekommen. Allerdings war die Stimmung sehr gedrückt – Elsa stocherte in ihrem Essen nur herum. Lina war gewiss tot. Albert würde alles leugnen und sein Vater ihn decken, wenn er nicht sogar selber seine Hände im Spiel hatte. Hände – sofort sah Elsa wieder die abgeschnittene Hand vor sich, schauderte und schob ihren Teller zurück. Um Mitternacht stießen die von Elßtorffs noch alle mit dem obligatorischen Glas Champagner auf das Jahr 1889 an, aber niemandem war nach Feiern zu Mute. So zogen sie sich kurz nach Mitternacht in die Königstraße zurück.

Der Wachtmeister hatte Elsas Hinweise, ohne seine Informantin preiszugeben, an Kriminalinspektor Hahn weitergegeben. Der befragte die Herren von Blottnitz am Neujahrsmorgen einzeln in deren Wohnung.

Hahn fackelte nicht lange: »Albert von Blottnitz, man hat Sie mit dem verschwundenen Kindermädchen beim Schlittschuhlaufen gesehen. Haben Sie ein Verhältnis mit ihr?«

»Nein, keineswegs, das war nur eine der üblichen harmlosen Tändeleien. Das Mädchen hat sich vielleicht mehr eingebildet. Jedenfalls haben wir uns auf der Masch gestritten und Lina ist davongelaufen, Richtung Süden.«

»Und Sie sind ihr nicht nachgefahren?«

»Reisende Leute soll man nicht aufhalten«, meinte Albert und der Inspektor fand dessen Gesichtsausdruck unerträglich blasiert.

»Vielleicht ist sie gestolpert und gefallen. Ich jedenfalls habe ihr kein Haar gekrümmt.« Mehr war aus ihm nicht herauszubekommen.

Auch der Senior wusste angeblich von nichts. »Ja, ich war des Öfteren auf den Maschwiesen Schlittschuh laufen, was ja wohl nicht strafbar ist. Ja, es könnte sein, dass ich nach Weihnachten gelaufen bin, aber genau weiß ich das nicht mehr. Es fror ja einige Tage Stein und Bein. Ein Mann in meiner Position mit Verbindungen zu den höchsten Kreisen kann sich nur wichtige Dinge merken.«

Die Beweislage war zu dünn. Hahn wusste, dass er mit Hörensagen Dritter gegen diese Herren keinen Krieg gewinnen konnte. Der Informant des Wachtmeisters gehörte gewiss zum Personal und würde aus Angst um die eigene Stellung nicht aussagen.

Anfang Januar erfuhr der Inspektor, dass Albert von Blottnitz an die Westküste Amerikas aufgebrochen sei. Das verstärkte Hahns Verdacht. Er instruierte die Eisarbeiter, die Augen offen zu halten, als es Ende Februar anfing zu tauen. Erst Anfang März fand man die gut konservierte Leiche von Lina. Sie hatte Würgemale am

Hals. Und trug an der behandschuhten rechten Hand einen Siegelring.

Hahn ordnete eine Leichenschau an. Zwei Tage später studierte er den Obduktionsbericht. Das junge Ding war im 4. Monat schwanger gewesen und brutal erwürgt worden.

Der Inspektor holte tief Luft: also doch! Er wusste aus langjähriger Erfahrung, dass gar nicht so selten eine Verkettung von Zufällen zur Klärung eines Falles beitrug. Hätte das Mädchen keine Handschuhe getragen, so sinnierte er, wäre der Ring gewiss abgezogen worden, selbst bei einem Mord im Affekt. Und hätten die Arbeiter beim Eissägen in der Dämmerung nicht zu weit zum Schnellen Graben hin geschnitten und die linke Hand getroffen, wäre der Plan des Mörders aufgegangen. Dann wäre die Leiche bei Tauwetter irgendwann in der Ihme gelandet und wahrscheinlich nie gefunden worden.

Wachtmeister Sieberts überbrachte die schlimme Nachricht. Miene und Elsa trauerten gemeinsam in der Küche. Bitter sagte die Köchin: »Das arme Ding. Dabei habe ich sie doch oft genug gewarnt. So dumme Mädchen sind eine leichte Beute für die hohen Herrschaften. Für unsereins gibt es keine Gerechtigkeit.«

Oskar von Blottnitz wurde von Inspektor Hahn in die Polizeidirektion in der Brandstraße vorgeladen. »Lina war im 4. Monat schwanger. Also war es doch keine harmlose Tändelei, von der Ihr Sohn sprach.« Der Oberst hob lässig die Schultern. »Nun, wer weiß, mit wem sie sich rumgetrieben hat.«

Hahn zeigte ihm den Ring. »Den trug die Tote an der rechten Hand.«

»Unser Wappen! Also hat das Kindermädchen den Ring doch gestohlen.«

»Oder Ihr Sohn hat ihr den Ring verehrt.«

»Völlig unmöglich. Mein Sohn ist kein Narr!«

Da war sich Hahn nicht so sicher. Notgedrungen ließ er den Oberst gehen. Seufzend beendete er seinen vorläufigen Bericht.

Ich werde nie herausbekommen, ob es der Vater oder der Sohn war, dachte er wütend. Vielleicht gar beide? Bestimmt haben sie sich abgesprochen, um die Familienehre zu retten. Zu gern wüsste ich, was für ein Geheimnis der jungen Frau zum Verhängnis geworden ist. Der Sohn wird nicht auffindbar sein. Und Oskar von Blottnitz ist ein ganz harter Knochen, den kocht auch im scharfen Kreuzverhör keiner weich. Ärgerlich schlug er so heftig mit der Faust auf den Tisch, dass er schmerzlich das Gesicht verzog. Er musste an die frische Luft.

An der Wasserkunst vorbei ging er zu seiner Stammkneipe, der Klickmühle. Dort sollte schräg gegenüber bald eine große Markthalle in Eisenarchitektur gebaut werden. Er ließ sich einen eisgekühlten Doppelwacholder eingießen. »Ein Mord mit eiskalter Hand«, murmelte er vor sich hin und bestellte ein Herrenhäuser Pils, dazu das leckere Gersterbrot von Bäcker Borchers und Griebenschmalz. Das machte die Wirtin selber, mit vielen Äpfeln und Majoran.

»Und einen weiteren Schnaps, bitte!«

»Auf einem Bein kann man nicht stehen«, frotzelte die Wirtin.

»Nee, und mit einer Hand kann man niemanden erwürgen, dazu braucht man auch zwei«, murmelte der

Inspektor. »Wenn es schon keine Gerechtigkeit gibt, so wünsche ich Linas Mörder einen qualvollen und langsamen Tod: entweder dem Sohn im amerikanischen Westen am Marterpfahl oder dem Oberst im Manöver oder auf dem Schlachtfeld. Darauf trinke ich!«

DIE GÖTTINGER DREI

OLAF MÜLLER

Marley hob das Bein, Sabine schaute dem Spiel der Wolken zu. Der Pudel erleichterte sich im Sommer 2019 am Denkmal der Göttinger Sieben vor dem Landtag in Hannover. Georg Gottfried Gervinus, Professor für Geschichte und Literatur, trug es mit Fassung und in Bronze. Schließlich war er seit 1871 tot. Sabine zog an der Markenleine aus dem Hause »Fressnapf«. Marley bockte, schnüffelte, bellte kurz den 1837 von König Ernst August I. entlassenen und des Landes verwiesenen Wissenschaftler an. Sabine blickte versonnen auf des Pudels Kern und erinnerte sich an einen Donnerstag im Jahr 2018 und die Wende, die ihr Leben damals nahm. Dann rief sie ein Taxi.

Am Donnerstag, dem 27. September 2018, fiel die Entscheidung. Sie sollte in der altehrwürdigen Universitätsstadt Göttingen lange nachwirken.

Eine schwüle Spätsommerhitze waberte durch die Merkelstraße, die selbst von den nahe gelegenen Schillerwiesen keine Frischluftzufuhr erhielt. Das Klima war schwer, feucht, drückend.

Exzellenz-Universität – ja oder nein? Kommt Göttingen in die Endausscheidung? In der Merkelstraße liefen die Vorbereitungen für die Freudenfeier. Gastgeberin Sabine Behlow lag allerdings das Wort »Exzellenz-Uni« schon länger schwer im Magen. Heute sollte die Vorentscheidung für die Exzellenz-Uni mit einem kleinen Mittagessen gefeiert werden. Alfred Behlow, Bines Ehemann, Professor der Kunstgeschichte, Spezialist für das Motiv der Fruchtfliege im Oeuvre Balthasars van der Ast, hatte zwei Jahre das Exzellenzteam geleitet. Wer über spannende Positionen im öffentlichen Raum so leidenschaftlich reden konnte, der sei geeignet für eine erfolgreiche Bewerbungspräsentation – hatte die Präsidentin der Universität zwei Jahre zuvor beschlossen. Ehefrau Sabine musste deshalb auf spannende Positionen im Eheleben verzichten.

Bine nippte am Sekt. Haushaltshilfe Maria schenkte nach.

»Nur ein Fuzzimännlein, halbes Glas, Schlückilein«, murmelte Sabine. Als gute Hausfrau hatte sie an alles gedacht: Prosecco, Jahrgangswein, kaltes Bier, Schinken aus Parma von ehrlichen Metzgern, Rucola- und Eisbergsalat, Biosahne für die Bayerische Creme, Möhren aus humusreicher Bodenhaltung, frische Melone, vegetarische Extras für Frau Professor Doktor Dörte Lemmen-Augstein, Vegetarierin, Lehr- und Forschungsgebiet Genderforschung in globalen Zusammenhängen.

Hoffentlich sprechen sie nicht über die Göttinger Sieben, dachte Sabine. Immer diese alte Kamelle. Heinrich, Dekan der Philosophischen Fakultät, würde wieder mit den Göttinger Achtzehn beginnen, die 1957 gegen Adenauers Atombewaffnungspläne protestiert hatten. Oder

waren es Neunzehn? Oder Siebzehn? Noch ein Fuzzimännlein, ein Schlücksgen. Maria füllte nach.

Es klingelte. Der Dekan. Sie wollten zu viert die
Bekanntgabe der geförderten Cluster feiern und später
in die Uni fahren. All die Tage, Nächte, Wochenenden.
Immer nur Alfred und die Bewerbung. Dabei hätte er
ohne das Geld von Sabines Eltern nicht promovieren
können über die Fruchtfliegen beim alten Niederländer.

»Ah, die schöne Maria. Auch im Hause! Dann gibt
es italienische Küche. Da freue ich mich, Bella.« Der
Dekan tätschelte Maria mit feuchter Hand die Wange
und drückte sie an sich, so dass er ihren spitzen Busen
spürte. Der männliche Hang zum Küchenpersonal …

Mit ihren 55 Jahren sah Maria Sciascia aus wie Anfang
40, schlank, größer als die meisten Sizilianerinnen, glän-
zende Augen, ein voller Mund und hauchdünne Augenbrauen. Ihre Haare waren an dem Tag ergraut, als ihr
Lieblingsbruder Paolo, Personenschützer von Gio-
vanni Falcone, beim Bombenattentat auf den Richter
1992 schwer verletzt wurde. Sie brach ihr Studium der
Soziologie und Germanistik in Göttingen ab, arbeitete
fortan im Eiscafé von Onkel Vito Zammattco, um Geld
zu verdienen für Paolos Operationen. Die Familie in
Porticello, Sizilien, konnte mit dem spärlichen Fisch-
fang die Kosten nicht begleichen. Maria blieb ledig. Sie
lebte für ihren Bruder.

Heinrich Decker, zweiter Bildungsweg, jetzt Professor für Arbeitssoziologie. Sabine hörte die polternde
Stimme des Dekans. »Alfi, alter Malerfürst! Her mit
dem Sekt. Das wird ein Tag. Habe was läuten gehört.
Aus dem Ministerium und von Oppermann, unserem

Bundestagsabgeordneten.« Sein lüsterner Blick scannte die Räume. »Wo ist die süße Bine?«

Heinrich war kein Kostverächter. Der süßen Bine hatte er beim letzten Grillfest der Philosophischen Fakultät hinter einer Hecke an ihr wohlproportioniertes Hinterteil gefasst und ihr Schweinereien ins Ohr geflüstert. Bine wehrte sich auf ihre Art, mischte beim Cocktailabend in der Merkelstraße eine kleine Portion von Pudel Marleys Chappi-Mit-Huhn-Feuchtfutter ins Gulasch. Der Dekan lobte den besonderen Geschmack. Diesmal sei das Gulasch richtig pikant, geradezu ungarisch!

»Göttinger Sieben. Göttinger Achtzehn. Alfi, Farbe bekennen. Wo stehst du?«

»Göttinger Sieben, Spektabilität.«

»Quatsch, Spektabilität! Maria, Prosecco aus den Abruzzen! Pronto!« Maria füllte die Gläser bis zum Rand.

Heinrich dröhnte: »Salute! Wir gehen in die Geschichte von Göttingen ein. Exzellenz-Uni! Millionen fließen. Wir stehen in einer Tradition, Alfred. Das verpflichtet.«

Es klingelte zweimal kurz und intensiv. Manche Gäste erkannte man am Klingelton. Dörte Lemmen-Augstein, im Frauenbezug lebende Genderprofessorin, trat auf. Gerüchte machten die Runde, dass ihre Doktorandinnen vielfältige Dienste leisten mussten.

»Voilà, die Gebrüder Grimm.« Sie nickte dem Dekan zu, küsste Alfred die Wange – derselbe rotarische Distrikt. Bine stieß sich am Küchentisch von Bulthaup den Oberschenkel in der engen Armanijeans, die sie jünger als 44 Jahre machte. Eifersucht stieg in ihr auf. Während sich die anderen in wissenschaftlichen Erfolgen sonnten, hatte sie abends die Jungs versorgt, Gäste bekocht, Leo und Oscar zu Musikunterricht, Tennis und Oma und Opa in deren Großgärtnerei gefahren.

»Wo ist Bine?«, rief der Dekan, stürmte in die Küche, zwinkerte Maria zu und rief: »Carbonara! Tiramisu! Asti Spumante! Heute wird gefeiert!« Er stülpte sich über Sabine, die rasch eine Schüssel Bayerische Creme ergriff und diese in Höhe ihrer Gazellenhüfte balancierte. »Hoppla, Bine! Jetzt schon Dessert? Hier ist was los! Komm, lass dich herzen!«

Sie drückte zur Abwehr die Schüssel gegen sein kariertes Hemd. »Oh, du Armer. Ein Cremefleck auf dem Hemd. Hoffentlich kann Almut den entfernen. Nicht dass sie auf falsche Gedanken kommt.«

»Bine, Bine. Das musst du wiedergutmachen.« Oft hatte Alfred sie ermahnt, sie solle nicht so empfindlich sein. Heinrich sei nach der Schule auf dem Bau gewesen, danach Abendgymnasium, Studium, Promotion, Habilitation, Professur. Den Ton vom Bau kultiviere er als sein Markenzeichen, darum trinke er vorwiegend Bier aus der Flasche und freue sich über Frikadellen und Schnittchen. Er sei einflussreich.

»Und darum muss ich mich begrapschen lassen?«, wunderte sich Sabine. Tage des Schweigens folgten.

Es klingelte erneut.

»Das muss Franz sein, unser Althistoriker«, triumphierte Alfred. »Der hat zwar kein Exzellenzcluster im Rennen, aber freuen wird er sich. Und Heinrich braucht jetzt ein kaltes Bier!«

Dörte winkte Maria zu sich. »Kein Fleisch, kein Fisch. Verstanden, Maria?«

»Si, Professoressa.« Maria rollte das »R«, drehte sich um, ihre Augen rollten auch. In der Küche griff sie zur fetten Rinderbouillon von Lidl und bereitete damit den vegetarischen Eisbergsalat vor.

Im Edelstahlwintergarten saßen die Göttinger Vier.

»Auf die Exzellenz-Uni!« Heinrich hob das Glas, Alfred lächelte, Althistoriker Franz Olschowski zögerte einen Moment und Dörte Lemmen-Augstein bemerkte, dass der Prosecco zu warm sei.

»Grimm oder Dahlmann oder Gervinus?«, erwähnte Heinrich die drei berühmtesten Professoren der Göttinger Sieben. »Also, Alfred, du Bilderklärer. Wo stehst du, wo stehen wir?«

»Der Vergleich hinkt, mit Verlaub, lieber Heinrich. Wir stehen in der Institution. Die Sieben haben ihr Gewissen befragt und dann protestiert«, wehrte Alfred ab.

»Männer, sieben Männer. Wie immer. Alte weiße Männer, denen es damals um die Verfassung ging. Nicht um die Gleichheit. Alte weiße Männer waren, sind und bleiben das Problem unserer Gesellschaft!«, warf Dörte Lemmen-Augstein in die Runde.

»Alles zu seiner Zeit, Frau Kollegin, die Gesellschaft des 19. Jahrhunderts war noch nicht reif für Alice Schwarzer. Das müssen Sie historisch sehen.« Franz Olschowski blickte sie mit geweiteten Augen durch seine teetassengroßen Brillengläser an.

»Die Sieben waren Marketingexperten ihrer selbst. Alles gut vorbereitet. Die Studenten kopierten ihre

Schreiben. Hören Sie auf. Wenn wir Frauen nicht an die Macht kommen, geht der ganze Laden den Bach runter«, echauffierte sich die Genderspezialistin.

»Nanu, ich dachte, die Sieben stünden auf der Seite der Guten, Frau Kollegin? Freiheit, Aufbruch, Friede den Hütten und Krieg den Palästen. Die mussten das Land verlassen. Greta war noch nicht geboren. Immerhin gab es George Sand, Madame de Staël, den Salon von Rahel Varnhagen.« Franz Olschowski schluckte die Kritik der Kollegin und ein Glas Asti hinterher.

»Ach, mehr Frauen fallen Ihnen nicht ein? Übrigens, nur drei der Göttinger Sieben mussten das Land verlassen«, sagte Dörte mit kalter Stimme.

Schon wieder diese sieben alten Männer, dachte Bine verstört. Als der Grass 2011 das Denkmal für die Göttinger Sieben spendete, drehte die Hautevolee der Uni durch. Der Glanz des Nobelpreisträgers Grass fiel auf das verschlafene Göttingen. Der Dichterfürst warf bei der Einweihung des Denkmals ein liebevolles Auge auf Bine. Er nickte, sie nickte, Grass und Bine lächelten sich an. Alfred wurde feuerrot. Dörte sprach später von dem Weiberhelden Grass. Sähe man schon in der »Blechtrommel«. Müsse auf den Index. Triggerwarnung.

»Wir müssen sorgfältig mit der Tradition und Historizität umgehen«, brummte Franz Olschowski, schaute mit seinem Eulenblick erwartungsfroh in die Runde und in die Küche. Er hatte Hunger.

»Dann eben die Achtzehn, die gegen die Atombewaffnung protestierten. Wir brauchen ein Narrativ, lieber Treitschke von Göttingen. Narrativ, so heißt das heute. Sieben, Achtzehn, Exzellenz-Uni, Forschung,

Fortschritt. Ab morgen investiere ich in Studentenbuden. Was meint ihr, was hier abgeht. Exzellenz-Uni Göttingen. Das brummt, das kracht!« Der Dekan kam ins Schwärmen.

»Wie spät ist es?« Dörte störte seinen Gedankengang.

»15 Uhr. Noch eine knappe Stunde. Um 16 Uhr beginnt die Liveübertragung aus Bonn. Bonn, das Nest. Die schaffen das nie.« Heinrich war bei der ersten Flasche Holsten angekommen.

»Schinken aus Parma an Melone aus Marrakesch mit Pinienkernen aus der Provence.« Sabine und Maria trugen die Teller aus der Küche in den Edelstahlwintergarten, finanziert durch einen Zuschuss von Bines Eltern. Bine hatte noch während des Biologiestudiums in deren Gärtnerei an der Lister Meile in Hannover gearbeitet. Sie war sehr erdverbunden aufgewachsen. Die Arbeit hatte ihrer Figur gutgetan. Alfred meckerte damals über ihre rauen Hände. Aber sie konnte ihm alle Blumen und Pflanzen im Werk von Balthasar van der Ast en détail erklären, was seiner Promotion ein summa cum laude bescherte.

»Für mich solo Melone, weißt du ja, Binchen«, lächelte Dörte und ließ Bine ihre Überheblichkeit spüren.

»Achtzehn. Der Atomprotest. – Ach, Prost. Auf die Exzellenz-Uni!« Heinrich ließ den Kronkorken einer weiteren Flasche Holsten ploppen und nahm einen Zug, der jedem Maurer zur Ehre gereicht hätte. »Ah, das zischt! Achtzehn. Die Atomprotestler gegen Adenauer. Die Achtzehn blieben an der Uni. Nur die Sieben wurden entlassen.«

»Sag ich ja. Alte weiße Männer, die an sich dachten,

neue Stellen antraten und dieses Nest verließen. Auch die Göttinger Achtzehn waren nur Männer. – Geht die Melone etwas kühler, Maria?«

»Si, Professoressa. Kühler. Subito.« Maria blickte durchdringend, nahm den Teller, verschwand in der Küche und ließ Marley, den dösenden Pudel, an den Melonenscheiben lecken. Danach flog der Teller für fünf Minuten in den Tiefkühlschrank.

»In Zeiten wie diesen, mit Greta, Merkel, AKK, AfD, Pegida und einer untergehenden Sozialdemokratie, müssen wir, wir von der Wissenschaft, der Leuchtturm der Gesellschaft sein. Die Industrie der Angst nimmt überhand. Die Öko-Religion schleicht in alle Winkel. Überall nur progressive Nostalgie! Übrigens ist unser frugales Mahl lactosefrei, fast vegan und wurde ohne Umverpackung bei Luigi um die Ecke mit unserem Lastenfahrrad abgeholt.« Alfred lächelte in die Runde. Er fühlte sich auf der richtigen Seite des Lebens.

»Bravo, Alfred, bravo! Wissenschaft ist immer Fortschritt!« Der Dekan meldete sich lautstark und zack, mit einem Schluck war die Flasche Holsten leer.

»Betroffenheit, liebe Kollegin, liebe Kollegen«, predigte Alfred weiter. »Betroffenheit schleicht in das kollektive Bewusstsein wie früher Wicküler Pils in die Kehlen der Bergarbeiter. Überall herrscht Mangel an Kreativität und Fantasie.«

»Prost, Alfred. Auf die Bergarbeiter. Wenn der Pint steht, ist der Verstand am Arsch!« Der Dekan hob eine weitere Flasche an seine feuchten Lippen. Er war wieder in seine Zeit als Lehrling auf dem Bau geschliddert. Lag wohl an seinem Herrengedeck: Prosecco mit Holsten.

»Spektabilität, noch so eine geschmacklose Bemerkung und Sie können einen Beratungstermin bei der Gleichstellungsbeauftragten Kollegin Brands-Hockelei buchen. Wo bin ich denn hier gelandet? Im ›Pulverfass‹?« Dörte Lemmen-Augsteins Erregungspegel stieg.

»Spielen Sie doch nicht Schneewittchen, Frau Kollegin. War nur ein kleiner Ausrutscher. Der Prosecco, der Gerstensaft, Ihre Attraktivität, die Aufregung. Gestatten Sie der reinen Erkenntnis auch Emotionen, Gefühle, Wallungen«, entschuldigte sich der Dekan mit nicht mehr ganz sicherer Stimme und fügte erstaunt an: »Sie kennen das ›Pulverfass‹?«

Sabine verfolgte mit Maria in der Küche das Palaver. Die Söhne Leo und Oskar stürmten herein. Leo zwölf Jahre alt, Oskar zehn. Ohne zu fragen, rissen sie den Kühlschrank auf. Sabine warf sich gegen die Tür. Die Söhne erstarrten wie vom Donner gerührt. Der Weg zur Milchschnitte war versperrt.

»Meine kleinen Lümmel sagen erst mal den Gästen guten Tag. Dann, vielleicht dann, bekommen sie frische Milch oder einen Apfel oder eine Melone. Den Mist, den Papa euch mitbringt, habe ich entsorgt.« Die beiden Buben schauten sie an, als ob Darth Vader aus dem Bildschirm gesprungen sei. So hatten sie die Mutter noch nicht erlebt. Mit weit aufgerissenen Augen und gebeugten Köpfen schlichen sie nuschelnd zu den Gästen. Papa Alfred glaubte an ein Wunder. Seine vorpubertierenden Söhne begrüßten brav die Gäste, hockten sich stumm aufs Sofa. Was war geschehen? Sabine winkte dezent aus der Küche, nicht mehr ganz sicher auf den schlanken Beinen.

»Noch fünf Minuten. Schalt den Livestream ein, Alfred.« Dörte beendete die kurze Pause nach dem Bubenstück. Sabine vernichtete in der Küche ein weiteres Glas Prosecco.

Bundeswissenschaftsministerin Karliczek gab das Ergebnis bekannt. Bine verstand nur: »Heute 57 Exzellenzcluster an 34 Universitäten ausgewählt. Mit großer Spannung erwartet. Liste nicht vorlesen. Liste wird jetzt freigeschaltet. Schauen Sie auf die Details bei der Deutschen Forschungsgemeinschaft.«

Alfred stürzte zum PC, gab »www.dfg.de« ein, suchte nach Göttingen.

»Ja! Wir sind dabei!«, jubelte er. »Göttingen ist mit dem Exzellenzcluster ›Multiscale Bioimaging‹ dabei!«

»Und?« Dörte schaute fragend.

»Was und?«

»Wir brauchen noch ein Cluster, um in die Exzellenz-Uni-Endauswahl zu kommen. Mindestens zwei Cluster. Weißt du doch!«, betonte Dörte.

»Zwei Cluster? Warte mal. Göttingen, Göttingen. – *Ein* Cluster.« Alfred hauchte die beiden Wörter in die Runde.

»Wie, ein Cluster?« Der Dekan, mit Resten von Melone am Mundwinkel, riss die Augen auf.

»Nur ein Cluster. Schluss mit Exzellenz-Uni. Ende. Aus. Finito.« Alfred sackte in sich zusammen.

Sabine öffnete den Kühlschrank, portionierte die Bayerische Creme. Sie brachte den vier ernüchterten Akademikern eine Trostspeise.

»Die Präsidentin ist schuld. Sie muss zurücktreten. Wieder vergeigt. Wir werden zur Provinz.« Der Dekan verschlang die Creme, während Alfred langsam den

Löffel zum Mund führte, absetzte, wieder hob, wieder absetzte, dann mehrere Löffel zu sich nahm. »Alles umsonst«, murmelte er in die Runde. »Muss mal die Hände waschen.«

Als ob Sabine es geahnt hätte. Alles umsonst. Zwei Jahre Stress. Zwei Jahre Kindererziehung ohne Vater, zwei Jahre diese Abendtermine von Alfred und Dörte und die Grapscherei von Heinrich, diese Anbiederei. Sie nahm ein weiteres Glas Prosecco.

»Signora, basta. Es reicht. Ist genug.«

»Nur heute, Maria. Solo oggi. Du weißt.« Sabine lächelte versonnen.

Alfred starb am frühen Abend in seinem Arbeitszimmer. Er hatte um Ruhe gebeten, niemand sollte ihn nach der Niederlage stören. Darum fand ihn Sabine erst kurz nach 23 Uhr. Der Dekan kollabierte gegen 21 Uhr in einer Vorstadtkneipe mit einer Flasche Astra in der Hand. Er hatte nach dem Exzellenzdesaster seinen Bierdurst löschen wollen. Genderforscherin Dörte Lemmen-Augstein wurde kurz nach Einbruch der Dunkelheit tot auf der Toilette in ihrem Gymnastikverein von Kameradin Martina gefunden.

In den Medien und vor allem in der Landeshauptstadt Hannover war die Niederlage der Uni Göttingen das zentrale Thema des Folgetages. Erst am übernächsten Tag schafften es die Toten – die Göttinger Drei – als Aufmacher auf Seite eins. Die Kriminaltechnik untersuchte die Küche der Familie Behlow, fand Spuren von E 605 und leere Proseccoflaschen. Sabine wurde zum Verhör gebeten. Verschwunden war Maria. Unauffindbar. Auch sie ein Opfer?

Sabines Anwalt betonte den psychischen Druck der letzten Jahre, Tablettensucht, Alkoholprobleme. Ja, die Flasche Meister Proper aus der Garage enthalte E 605. Sabines Vater habe das Zeug als Großgärtner gebunkert und ins Haus gebracht. Sabine könne sich an nichts mehr erinnern. Der Anwalt schaute bedeutungsvoll: »König Alkohol.«

In den Fokus der Mordkommission rückte Maria Sciascia. Sie blieb verschollen. Auch die Nachfrage bei den Carabinieri in Porticello verlief ergebnislos. Nach zehn Tagen traf per Post, in Neapel abgestempelt, ein Geständnisbrief von ihr ein. Darin offenbarte sie Täterwissen. Maria aus Porticello war eine mitfühlende Seele. Das Leid von Sabine war ihr ans Herz gegangen. Sie habe sie erlösen wollen von einem sie vernachlässigenden Ehemann, einem übergriffigen Dekan und einer überheblichen Professorin.

Erschwerend kam hinzu, dass ihr Professor Heinrich den Erstsemesterschein in Soziologie nur gegen Sex in seinem Arbeitszimmer ausgestellt habe. Sabines Unschuld war damit erwiesen. Die Bayerische Creme mit E 605 hatte Maria angerichtet. Nur der Storico habe überleben dürfen: »Ein braver Mann«, schrieb die italienische Haushaltshilfe.

Das »Giftluder aus Palermo« verdrängte auf den Boulevardseiten die Niederlage der Uni.

Hinter den Kulissen gärte die Niederlage in den Gremien der Georg-August-Universität Göttingen. Im Juli 2019, als die Exzellenz-Universitäten benannt wurden, tauchte das Thema wie ein Phantomschmerz auf. Die Präsidentin wurde zum Rückzug gedrängt, die Findungskommission berief einen auswärtigen Berater, der sich nicht beworben hatte. 49 Professorinnen und Professoren protestierten dagegen.

In der Merkelstraße dachte Witwe Sabine, dass es immer mehr wurden: Sieben, Achtzehn, Neunundvierzig. Dazu die toten Drei. Sie setzte ihre zeitlose Ray-Ban-Sonnenbrille auf, packte Pudel Marley ins Körbchen und radelte zum Bahnhof. Mit dem Zug fuhren beide nach Hannover. Sie ging zum Denkmal der Göttinger Sieben vor dem Landtag, verharrte einige Minuten, Marley verrichtete sein Geschäft. Sabine rief ein Taxi und fuhr zur Georgstraße, wo sie bei Ria Money Transfer, wie in den letzten Monaten zuvor, 5.000 Dollar in bar auf ein Konto in Palermo einzahlte. Stichwort: Ospedale.

SCHANDE IN CHANGDE

KIRSTEN PÜTTJER & VOLKER BLEECK

Der Duft von Brathuhn weht den Fluss hinab. Man könnte glauben, dass irgendwo eine Garküche ist. Zwei Spaziergänger unterhalten sich erregt, ihr Gespräch wird lauter. Als der eine abrupt stehenbleibt, läuft der andere fast in ihn hinein. Er stutzt und guckt, was da los ist. Dann übergibt er sich beinahe geräuschlos auf das Rasenstück neben der Parkbank.

Der erste Mann dreht sich weg von dem grausigen Anblick und holt sein Mobiltelefon aus der Manteltasche. Als sich jemand meldet, bringt er kaum ein Wort heraus.

Auf der Bank sitzt eine Gestalt, man könnte sie im ersten Moment für eine Schaufensterpuppe halten. Aber die schwarzbraune Farbe und der Brandgeruch lassen keinen Zweifel aufkommen: Hier ist ein Mensch verbrannt, bis zur Unkenntlichkeit. Sitzend auf einer Parkbank. Er scheint sich nicht gewehrt zu haben. Oder konnte es nicht mehr.

Kommissarin Li war eigentlich gar nicht mehr im Dienst. Doch dann kam der Anruf: Leichenfund im Park. Gemeinsam mit ihrem Kollegen Wong fuhr sie los. Es ging Richtung Chuanzi Fluss. Während Wong den Wagen steuerte, warf Li wieder mal einen amüsierten, leicht irritierten Blick auf die Fassaden, die sie passierten. Man hätte meinen können, diese »Hannoversche Straße«, wie das Viertel hieß, sei irgendwo in Niedersachsen, tatsächlich lag sie aber in der chinesischen Sechsmillionenstadt Changde. Li wusste, dass die Bauweise in Deutschland Fachwerk genannt wurde und dass sie dort ein Zeichen für Alter und Tradition war. Hier war es nur: ein Plagiat. Sie hatte nie verstanden, wieso jemand in Changde ein norddeutsches Viertel baut.

Der deutlich jüngere Wong bemerkte ihren Blick und meinte: »Warst du hier schon öfter?«

Li schüttelte den Kopf. »Nur zur Eröffnung. Wie lange ist das her, drei Jahre?«

Wong zuckte mit den Schultern. »Kann sein, keine Ahnung. Ich war mal in dem deutschen Restaurant essen.« Sein Blick zeigte keine Begeisterung. »Nichts für mich. Das ist auch schon länger zu.«

Li spürte, dass er seine persönliche Abneigung gegen das Essen in direkten Zusammenhang mit der Schließung des Restaurants brachte, als habe er höchstpersönlich dafür gesorgt. Vielleicht hatte er das sogar. Wong war ein Großneffe eines hohen Funktionärs, und man musste ihm gegenüber immer vorsichtig sein. Li achtete genau darauf, was sie ihn wissen ließ und was nicht. Beim deutschen Viertel schien aber keine große Gefahr zu bestehen, also sprach sie aus, was sie schon lange dachte. »Eine deutsche Straße in China, angeblich authentisch, aber alles ist nur Show!« Sie zeigte aus dem Fenster, jetzt steigerte sie sich fast ein bisschen in ihre Empörung hinein. »Zur Eröffnung gab's bayerische Blasmusik – das hat mit Hannover und Norddeutschland wirklich nichts zu tun!«

Wong grinste. »Also, die Musik hat mir gefallen. Ich fand die …« Er suchte nach Worten und trommelte mit den Fingern auf dem Lenkrad herum. »Für mich klang sie so – deutsch. Das fand ich gut.« Er nickte wie zur Bekräftigung. »Und weißt du, was ich noch mag?«

Li schüttelte ergeben den Kopf. »Nein, was denn?«

»Den Kaffee.« Wong schnalzte mit den Lippen. »Den Kaffee in diesem Rösthaus. Der ist wirklich gut, besser als Starbucks!« Sein Blick deutete an, dass Starbucks ansonsten für ihn das Nonplusultra in Sachen Kulinarik war.

Li zog den Reißverschluss ihrer Jacke zu, sie näherten sich jetzt dem Fundort der Leiche. »Dann muss ich den vielleicht auch mal probieren. Obwohl ich ja eigentlich Tee trinke, da bin ich Traditionalistin.« Den kleinen Seitenhieb auf Wongs westliche Begeisterungsfähigkeit konnte sie sich dann doch nicht verkneifen. »Aber mich erinnert das trotzdem alles sehr an Disneyland …«

Wong bremste abrupt, ein Mülleimer kippte um. Er schaltete den Motor aus. »Disneyland find ich toll.« Dann stieg er aus.

Der Geruch von Currywurst liegt in der Luft. Man könnte glauben, dass irgendwo ein Imbisswagen steht. Zwei Nordic Walker sind auf ihrer Strecke am Maschsee unterwegs. Etwas außer Atem, wollen sie eine Parkbank ansteuern, doch die scheint besetzt zu sein. Dann sehen sie mit Schrecken, was da los ist: Auf der Bank sitzt eine Gestalt, man könnte sie im ersten Moment für eine Schaufensterpuppe halten. Aber die schwarzbraune Farbe und der Brandgeruch lassen keinen Zweifel aufkommen: Hier ist ein Mensch verbrannt. Sitzend auf einer Parkbank. Er scheint sich nicht gewehrt zu haben. Oder konnte es nicht mehr. Die beiden Walker wählen entsetzt den Notruf der Polizei in Hannover, während zwei Touristen auf E-Rollern unbekümmert ziemlich nah an ihnen vorbeizischen.

Changde, einen Tag später: Ein Stück weiter weg von der Leiche war in einem Gebüsch ein Mantel gefunden worden. Hatte der etwa dem Toten gehört? Die Hoffnung auf eine schnelle Identifizierung durch Brieftasche oder Papiere erfüllte sich nicht für Li und Wong, in der Innentasche fand sich lediglich ein gefalteter Flyer, in der Außentasche die zerknickte Visitenkarte eines deutschen Unternehmers aus Hannover: Torben Möller, Geschäftsführer der E-Scooter-Firma »Kickster«. Ohne zu zögern, wählte Kommissarin Li die aufgedruckte Mobilnummer. Einen Versuch war es wert, vielleicht konnte dieser Möller erklären, warum in der Nähe einer Leiche seine Visitenkarte auftauchte. Doch sie hörte lediglich eine englischsprachige Automatenansage, der Teilnehmer sei zurzeit nicht erreichbar. Auf dem Flyer, einer Art Speisekarte, konnte sie die Begriffe »Purer Genuss«, »Mischko« und »Holländische Kakaostube« entziffern.

Hannover, am Tag danach: Die Papiere des Toten vom Maschsee wurden in einem Gebüsch ein Stück weiter in einer Sporttasche gefunden, darin neben dem Mobiltelefon des Toten auch ein Studentenausweis mit Foto: Marc Sun Ying, chinesischer Sportstudent, seit fünf Jahren in Hannover. Seine Eltern, beide angesehene Wissenschaftler an der Uni Hannover, hatten vor einiger Zeit mit einer bahnbrechenden Entwicklung im Bereich der Erbgutforschung für viel Aufmerksamkeit, aber auch deutliche Kritik gesorgt. Alle Zeitungen waren voll davon gewesen. Könnte der vermutlich gewaltsame Tod ihres Sohnes damit etwas zu tun haben? Die Kriminalpolizei Hannover in Gestalt des Amtsleiters Polizeioberrat Robert Heumann wusste sofort, wer mit dem Fall des Toten auf der Parkbank zu beauftragen war.

Hannover, Südstadt, zwei Tage später: Die chinesischstämmige Polizeihauptkommissarin Kim Wu schloss gerade die Wagentür vor dem Asia-Imbiss ihres Cousins auf, als ihr Mobiltelefon klingelte. Im Display erkannte sie die Nummer ihres Kollegen Kämmers. Kim ließ sich auf den Fahrersitz gleiten. »Na, Kämmi, was gibt's? In spätestens einer halben Stunde bin ich im Büro, wenn der Verkehr mitspielt.« Sie zog die Tür zu.

Kämmers klang etwas belegt, irgendwie förmlich. »Du sollst gleich zu Heumann kommen. Es geht um den Chinesen auf der Parkbank.«

Kim stutzte. »Damit hab ich doch gar nichts zu tun, das macht doch Hansen Zwo.«

»Nein, du sollst das übernehmen.«

»Ups, warum das denn? Ach, bestimmt, weil der Tote Chinese war. Und wissen wir da schon was? Der hatte hier studiert, oder?« Sie quetschte ihr Mobiltelefon in die Halterung für die Freisprechanlage und startete den Wagen.

»Ja, aber er war auch Mitinhaber einer Firma für diese neue Pest: E-Roller.« Kämmers spuckte das letzte Wort regelrecht aus. »Alles Weitere erfährst du direkt von Heumann.« Kämmers klang immer noch komisch. »Und beeil dich, er hat mal wieder eine seiner Kacklaunen.«

Kim lachte und trat auf die Bremse. Auf der Hildesheimer Straße staute sich mal wieder alles. »War ja klar. Aber fangt ruhig schon mal ohne mich an. Du kannst mir ja später erzählen, was ich verpasst habe.«

Kämmers räusperte sich. »Ich bin raus. Nur du sollst zum Chef.«

»Wie, nur ich?« Kim bedeutete einem Spurwechsler ungeduldig, dass er sich gefälligst beeilen solle. »Ich übernehme doch einen potenziellen Mordfall nicht allein, wie stellt der sich das denn vor?«

»Du bist nicht allein.« Kämmers atmete geräuschvoll aus. »Du bekommst für den Fall einen neuen Partner an die Seite gestellt, wobei …« Er raschelte mit einem Zettel. »Der leitet auch die Untersuchungen, du bist ihm sozusagen unterstellt.«

Kim schlug empört mit der flachen Hand aufs Lenkrad. »Was? Spinnt der? Heumann weiß doch, dass ich mehr als genug Erfahrung habe, auch wenn er nicht so wahnsinnig viel von meiner Arbeit hält.« Sie stutzte. »Und wer ist dieser neue Partner?«

Kämmers schwieg. Dann kam es fast widerwillig aus dem Lautsprecher: »Max Rahmer.«

Kim bremste abrupt, fast wäre ihr der Wagen hinter

ihr ins Heck gekracht. Es folgte ein wütendes Hupen, das sich nach hinten fortsetzte. Sie hob entschuldigend die Hand und gab wieder Gas. »Rambo-Rahmer? Aber der ist doch in Hamburg!«

Kämmers lachte kurz und trocken auf. »Nicht mehr. Jetzt ist er hier in Hannover.«

Kim suchte mit einer Hand im Handschuhfach nach ihrem geheimen Schokoladenvorrat für absolute Notfälle. »Rahmer. Ach du Scheiße!«

Changde, zwei Tage zuvor: Als die Ergebnisse der Autopsie aus der Gerichtsmedizin kamen, schnappte Wong sich gleich die Mappe, klappte sie auf und rief aufgekratzt: »Na, woran ist denn unser Grillhähnchen gestorben? Vielleicht Vogelgrippe?« Er lachte laut über seinen blöden Witz, viel zu laut, wie Li fand, aber sie sagte nichts und vertiefte sich wieder in ihren Rechner. Als ihr Kollege danach aber stumm blieb, blickte sie wieder hoch.

Er sah ungläubig auf den Zettel. Immer wieder las er lautlos die Worte, die dort standen. Man konnte sehen, wie sich seine Lippen dabei bewegten, Lesen war offenbar nicht seine Lieblingsbeschäftigung.

»Nun?« Li blickte ihn erwartungsvoll an. »Was ist es?«

»Ertrunken.« Wong sah sie ungläubig an. »Das verbrannte Opfer ist tatsächlich ertrunken. Wie geht das denn?«

»Das geht einfacher, als du denkst.« Li stand auf, um sich den Bericht genauer anzusehen. Sie las und nickte. »Wenigstens wissen wir jetzt, dass die Parkbank nicht der Tatort war. Gibt's denn schon was Neues über diesen Möller, den von der Visitenkarte?«

Wong blätterte. »Ja. Der ist oft in China, sagen die Kollegen der Ausländerbehörde. Aber sie haben ihn nicht kontaktieren können, auch seinen Kompagnon nicht, einen Chinesen, der in Hannover studiert.«

»Dann schau doch mal, ob du in Hannover jemanden erreichst.«

Wong sah sie ratlos an. »Wen soll ich denn da erreichen?«

Resigniert schüttelte Li den Kopf. »Wie wär's mit den örtlichen Behörden?« Sie schloss die Augen und wünschte sich in eine Welt ohne Dämlichkeit.

Hannover, »Holländische Kakaostube«, am selben Tag:
Der Kellner servierte die Tasse Kakao mit großer Geste und zusammengepressten Zähnen: »Sobitteschönderherrihrkakaowohlbekomms.« Max Rahmer schaute ihm irritiert hinterher, war aber froh, dass er gleich wieder verschwand. Nichts hätte ihn mehr genervt als ein Kellner in Plauderlaune. Schon der Taxifahrer, der ihn vom Hauptbahnhof in das Hotel in der Nähe des Maschsees gebracht und vollgelabert hatte, hatte ihm gereicht.

Im Hotel, das wie Rahmer ein bisschen in die Jahre gekommen war, hatte er erst einmal die wenigen Sachen im Zimmer verteilt, die er aus Hamburg mitgebracht hatte. Er reiste immer mit leichtem Gepäck. Rahmer hatte seinen Blick über die Skyline von Hannover schweifen lassen, diverse Kirchtürme, daneben ein seltsames Hochhaus, das wie übereinandergesta-

pelte Schuhkartons aussah. Dann hatte er sich zu Fuß
auf den Weg hierher gemacht, zum Treffen mit Heumann.

Changde, eine Woche später: Kommissarin Li wollte
den Fall jetzt schnell aufklären. Sie hatte noch andere
Baustellen: Für eine interne Bewerbung brauchte sie
Fürsprecher, die ihre Sozialbewertung unterstützten.
Ein unkomplizierter Aufklärungserfolg würde ihr Plus-
punkte verschaffen.

In der Sache des Toten auf der Parkbank hatte Li
inzwischen Kontakt zu den Kollegen in Hannover aufgenommen und es kaum glauben können: Torben Möllers chinesischer Kompagnon, Nachwuchsschwimm-
star Marc Sun Ying, war tot, sogar mit fast identischer
Auffindesituation wie die Leiche auf der Parkbank in
Changde. Und mit derselben Todesursache: Ertrinken.
Bei Li klingelten sämtliche Alarmglocken, das konnte
kein Zufall sein. An einen Zusammenhang mit den
Erbgutforschungen von Yings Wissenschaftlereltern
glaubte sie nun nicht mehr. Möller und Ying hatten das
Start-up »Kickster« gegründet, das tausend E-Scooter
auf Hannovers Straßen brachte. »Kickster«, so erfuhr
Li von den Kollegen der Wirtschaftsbehörde, arbeitete mit chinesischen Zulieferern zusammen, die vorher mit Produktfälschungen aufgefallen waren. Ging es
hier um eine groß angelegte Betrugssache mit gefälschten E-Scootern? Möller war Ingenieur, hatte außerdem
BWL studiert. Li hätte ihn gerne zu alldem befragt, aber
dazu mussten sie ihn erst einmal finden. Inzwischen
hatte sie auch einen ganz anderen Verdacht: Was, wenn

der Tote auf der Parkbank in Changde Torben Möller selbst war?

Hannover, Holländische Kakaostube, noch am selben Tag: Rahmer winkte Heumann heran, der sich im Halbdunkel suchend umsah. Das Café atmete die Atmosphäre vergangener Zeiten, großer Zeiten, es gab eine Empore, Sitznischen und verschnörkelte Leuchter. Im vorderen Bereich lockte eine gigantische Kuchenauswahl, auch Pralinen, Kekse und Plätzchen konnte man kaufen. Heumann bestellte keine der Kakaospezialitäten, sondern einen doppelten Espresso. Mit Verwunderung hatte Rahmer auf der Karte etwas entdeckt, das sich »Mischko« nannte, offenbar eine Mischung aus Kaffee und Kakao. Innerlich schüttelte es ihn. Er hatte nichts gegen beide Heißgetränke, wäre aber nie auf die Idee gekommen, sie zu mischen.

Heumann schob Rahmer eine Mappe über den Tisch und seufzte. »Das sind die bisherigen Ergebnisse, einiges hatte ich dir ja vorab schon geschickt.«

Rahmer klappte die Mappe auf, sah die Fotos der Leiche und die Berichte aus der Rechtsmedizin. Er blätterte weiter. »Aha, der Tote hatte geschäftliche Verbindungen nach Changde. Was wissen wir über seinen Kompagnon?«

Bevor Heumann antworten konnte, kam der Kellner mit klapperndem Tablett an den Tisch. »Soderherrdawäredannauchihrespressowohlbekommswünscheich.« Er verschwand wieder.

Rahmer sah ihm nach. »Komisch. Dann stimmt das doch nicht, was man immer über Hannover sagt.«

Heumann blickte ihn verständnislos an. »Was meinst du?«

Rahmer grinste. »Na, dass die Hannoveraner immer so artikuliert, deutlich und ausgesprochen klares Hochdeutsch sprechen.«

Heumann lachte kurz und grimmig auf. »Also, dieser Torben Möller ist zurzeit unauffindbar. Wir versuchen es weiter.«

Rahmer nippte an seinem Kakao und studierte das Dossier gründlich. Dann klappte er es zu. »Muss ich nach Changde?«

Heumann winkte dem Kellner und zog die Brieftasche aus seinem Jackett. »Erst mal musst du mit aufs Revier. Da werd ich dir deine neue Partnerin vorstellen.« Er registrierte Rahmers wenig begeisterten Gesichtsausdruck. »Keine Diskussion, das machst du diesmal ausnahmsweise nicht im Alleingang.«

Der Kellner trat heran mit einem Zettel. »Sehrwohldieherren.« Er hüstelte vornehm. »Zusammenodergetrennt?«

Rahmer grinste, Heumann warf einen Blick auf die Rechnung, gab dem Kellner einen Geldschein und meinte: »Stimmt so.«

Der Kellner verbeugte sich formvollendet. »Bestendankichwünschedenherrennocheinenschönentagundbiszumnächstenmal.«

Als er weg war, meinte Rahmer: »Zusammen oder getrennt? Getrennt geht bei dem doch gar nicht!«

Hannover, zwei Wochen später: Kim Wu hatte sich vorgenommen, Max Rahmer erst einmal grundsätzlich scheiße zu finden. Und man konnte sagen, dass er bei der allerersten Begegnung durchaus ihren Erwartungen entsprochen hatte. Aber er kannte sich in Sachen China wirklich exzellent aus, sowohl was Land und Leute, als auch was Handel und Wirtschaftsbeziehungen betraf. Er hatte an den richtigen Stellen die richtigen Leute befragt und in kürzester Zeit eine Menge über Möller, Ying und »Kickster« herausgefunden. Schnell war klar geworden, dass sie sich das Hannoveraner Büro von »Kickster« genauer würden ansehen müssen. Kim sah noch einmal auf die Adresse, die Rahmer ihr auf ihr Mobiltelefon geschickt hatte, sie war im Gewerbegebiet im Norden Hannovers. Auch chinesische Firmen hatten sich dort angesiedelt. Inzwischen war China auch industriell eine Macht, für den Hamburger Hafen war das Land längst größter Handelspartner, hatte Rahmer ihr erklärt. Ein großes Thema dabei war Produktfälschung – nicht nur Adidas-Schuhe und Gucci-Taschen, sondern auch Elektronik- und Fahrzeugbauteile bis hin zu scheinbar Banalem wie Bremsscheiben. Rahmer hatte eine Vermutung, der er in mehreren Videotelefonaten mit Kommissarin Li und seinen Industriekontakten in Changde in den letzten Tagen nachgegangen war.

Kim bog jetzt in die Zielstraße ein, der Eingang zum Büro von »Kickster« lag etwas versteckt. Rahmer hatte ihr gesagt, sie solle auf jeden Fall auf ihn und die Kollegen warten, aber das kümmerte sie jetzt nicht. Sie schlich zum Gebäude, durchs Fenster nahm sie drinnen eine Bewegung wahr. Sie zögerte einen Moment. Sollte sie doch auf Verstärkung warten? Wenn Rahmer recht hatte, wusste sie zwar, auf wen sie hier treffen würde –

aber auch, dass er nicht vor Mord zurückschreckte. Sie blickte ins Innere; der Typ, der gerade eifrig dabei war, Dateien zu löschen, war offensichtlich allein, alle Beweise wären dahin. Kim musste handeln.

Etwa zur selben Zeit raste Rahmer los. Irgendwie hatte er es im Gefühl, dass seine neue Partnerin nicht auf ihn warten würde – er hätte es wahrscheinlich nicht anders gemacht. Was Kommissarin Li ihm bei ihrem letzten Videotelefonat berichtet hatte, war besorgniserregend. Die Bauteile der E-Scooter von »Kickster« waren größtenteils Fälschungen, billige Plagiate. Vor allem die Bremseinheit konnte dem Fahrer nach mehrmaligem Betätigen komplett um die Ohren fliegen. Und eine weitere neue Erkenntnis bestätigte seinen ersten Verdacht: Der Tote in Changde war nicht Torben Möller.

Hannover, Gewerbegebiet: Kim öffnete lautlos die Tür und trat vorsichtig näher an die Gestalt, die gerade ein weiteres Laufwerk anklickte. Sie räusperte sich, der Mann schreckte hoch und verlor fast die Balance. Er zitterte.

»Polizei Hannover! Es hat keinen Sinn mehr, Herr Möller, wir wissen, was Sie getan haben.«

In seinem Gesicht zuckte Panik auf, aber auch Trotz. Möllers Hand näherte sich einer Taste am Computer.

»Finger weg! Wir wissen, dass Sie die E-Scooter mit gefälschten, billigen Bauteilen aus China auf die Straße bringen. Und weil Ihr Kompagnon dabei nicht mitmachen wollte, musste er sterben. Ich verhafte Sie wegen Mordes an Marc Sun Ying in Hannover und wegen Anstiftung zum Mord an einem bislang noch Unbekannten in Changde. Sie haben das Recht zu schweigen ...«

Kim verlas ihm seine Rechte, aber Möller schien gar nicht zuzuhören. Resigniert saß er auf der Schreibtischkante, mit hängenden Schultern. Dann kickte er plötzlich den Stuhl zur Seite und versuchte, an der Kommissarin vorbei aus dem Büro zu stürmen. Geistesgegenwärtig stellte sie ihm ein Bein, drehte dem am Boden liegenden Möller die Arme auf den Rücken und fixierte ihn mit Handschellen. Als Rahmer und die Verstärkung eintrafen, ließ er sich widerstandslos festnehmen.

Rahmer gab ein paar Anweisungen, dann zog er Kim in eine Ecke des Büros. Sie erwartete eine große Standpauke, was sie alles falsch gemacht habe, so nicht machen dürfe und hoffentlich auch nie wieder machen werde. Rahmer blies die Backen auf und ließ dann die Luft geräuschvoll entweichen. »Sie haben sich meinen Anweisungen widersetzt.« Es klang eher wie eine Feststellung als ein Vorwurf. »Gut gemacht.« Er klopfte ihr kurz auf die Schulter und ging. Rahmers Ruf war eindeutig schlimmer als er selbst.

Hannover, zwei Wochen später: Diesmal nahm Rahmer einen Mischko. Ihm war danach. Heumann saß ihm gegenüber und blätterte in Rahmers Bericht. Vor Kim stand ein Holländischer Kakao mit Sahne, der ihr großartig schmeckte und wahrscheinlich fünftausend Kalorien hatte.

Heumann legte die Mappe auf den Tisch. »Wissen wir jetzt, wer der Tote in Changde ist?«

Mit Sahne im Mund konnte Kim nur den Kopf schütteln, Rahmer sprang ein: »Unsere chinesische Kollegin Li ist noch dran. Sie vermutet, es war ein Mittelsmann, der Möller im Weg war bei seinen neuen Geschäften.«

Heumann trank einen Schluck Wasser. »Also wollte Möller weitermachen?«

Rahmer nickte. »Ja. Immerhin hatte er ein großes Netzwerk aufgebaut. Da ging's um Millionenbeträge.«

»Aber warum die beiden verbrannten Toten auf der Parkbank?«

»Marc Sun Ying wollte bei der Sache nicht mitmachen …« Rahmer sah Kim aufmunternd an.

Die schluckte schnell ihren Kakao runter. »Auf die Idee kam Möller tatsächlich durch eine Netflixserie, in der es um Riten der chinesischen Mafia ging. Er wollte eine falsche Fährte legen. Außerdem sollte man annehmen, er sei ebenfalls tot. Im Büro habe ich gefälschte Papiere und Flugtickets nach Tokio gefunden.«

Heumann war verblüfft. »Tokio, aha. Und wieso mussten Ying und der Tote in Changde überhaupt ertrinken?«

Rahmer faltete die Hände. »Mit Ying kam es wohl zu einer Auseinandersetzung, als Möller ihn spätabends im Schwimmbad beim Training aufsuchte, wir haben einen entsprechenden Kalendereintrag und Textnachrichten gefunden. Der Abgleich der Wasserproben hat das ebenfalls bestätigt. Und dann hat Möller sich wohl gedacht, dass dieselbe Todesart in Changde noch mehr den Eindruck erweckt, sie seien beide Opfer der Mafia.« Er nippte vorsichtig am Mischko.

Heumann nahm die Mappe in die Hand. »Was ich aber immer noch nicht verstehe …« Er winkte dem

Kellner. »Diese Speisekarte in der Manteltasche – was hat die Holländische Kakaostube damit zu tun? Die hat doch gar keine Verbindung nach Asien.«

Rahmer stellte die Tasse weg. Mischko war definitiv nicht sein neues Trendgetränk. »Oh doch. Es gibt sogar eine Filiale.« Er machte eine Kunstpause. »Und zwar in Tokio.«

Heumann rieb sich die Schläfen. »War das dann auch eine falsche Fährte oder wollte Möller sich tatsächlich dahin absetzen? Und warum gerade nach Tokio?«

Kim fuhr genüsslich mit dem Löffel durch den Kakaosahnerest und leckte ihn mit einem zufriedenen Schmatzen ab. »Vielleicht mochte er einfach nur diesen Kakao so sehr. Und nach Hannover konnte er ja nun nicht mehr.«

Auf dem Weg von der Holländischen Kakaostube schlenderte Rahmer über die Karmarschstraße, vorbei an dem Musikgeschäft, in dem er vor ein paar Tagen eine sehr ordentliche Westerngitarre ausprobiert hatte – natürlich made in China, wie man ihm dort wie selbstverständlich erklärt hatte. Als er gerade die Schmiedestraße überqueren wollte, donnerte ein E-Scooter an ihm vorbei und krachte ungebremst in einen Gemüsestand. Rahmer warf im Vorbeigehen einen Blick auf den Anbieter. Es war kein Roller von »Kickster«.

SILKE, BRIGITTE UND MELANIE

RALF KRAMP

Im Morgendunst sieht alles irgendwie verwaschen aus. Es ist wirklich verdammt früh.

»Ich hätte gar nicht ins Bett zu gehen brauchen«, mault Eumel und unterdrückt ein Gähnen.

Panofsky reibt sich das stoppelige Kinn. »Kaffee wär jetzt gut.«

Nur Heiko schweigt. Er ist voll konzentriert. Sein Zeigefinger dreht an dem Rädchen des Fernglases, durch das er ununterbrochen den Blick über die Uferpromenade gleiten lässt.

Gleich werden sie auftauchen. Sie kommen immer von Norden, daher, wo die Leine eine abrupte Biegung vollzieht. Eine Straßenbahn hält auf der Goethebrücke und sammelt ein paar besonders frühe Fahrgäste auf. Sonst ist kein Mensch unterwegs.

»Warum laufen die denn um diese Uhrzeit?« Eumel zieht die Nase hoch. Mit seinem Armstumpf, der aus dem verwaschenen T-Shirt herausguckt, und seiner klobigen Kassenbrille sieht er erbärmlich aus. Überhaupt machen alle drei einen insgesamt kläglichen Eindruck. Panofsky trägt einen mehrfach geflickten Bundeswehr-Parka und ausgeleierte Sandalen. Wegen seines eingewachsenen Zehennagels, wie er nicht müde wird zu betonen.

Heiko sieht noch am normalsten aus. Sauber gescheiteltes Haar und zart gemusterter Pullunder. Er achtet auf sein Äußeres. Dafür ist er dürr wie ein Grillspieß.

»Genau!« Panofsky lässt die Fingergelenke knacken. »Um die Zeit! Ist ja noch fast dunkel.«

»Seid froh. Dann kriegt auch keiner mit, dass wir sie einkassieren.« Heiko presst die Worte aus dem Mundwinkel.

Panofsky tritt gelangweilt nach einem Steinchen und zieht dann scharf die Luft ein. »Mist, mein eingewachsener Zehennagel …«

»Trotzdem komisch. So früh joggt doch keiner«, knurrt Eumel.

»Oh doch«, zischt Heiko. An seinem dürren Hals treten jetzt plötzlich vor Anspannung die Sehnen hervor. »Die da wohl!«

»Sind sie das?«, fragt Eumel aufgeregt. »Sind das die drei?«

»Das sind sie.«

»Oh, Scheiße«, haucht Panofsky. »Verstehe. Deshalb so früh.«

Aus der Entfernung können sie das ganze Ausmaß dessen, was sich da schnaufend und trampelnd nähert, nur erahnen. Sie sehen grellbunte Sportkleidung, zum Zerreißen über unglaublich voluminöse Körper gespannt. Neonfarbene Stirnbänder, Leggings in allen Farben des Regenbogens, XXXL-T-Shirts, unter denen monströse Brüste im Takt der Laufbewegungen hin und her wogen. Drei erhitzte, pausbäckige Mondgesichter,

Schweiß auf allen unbedeckten Hautpartien in Tropfenform und auf den Textilien als sich stetig ausbreitende Flecken. Jeder der drei Körper wiegt mindestens zwei Zentner.

Eumel und Panofsky haben die Münder in ungläubigem Erstaunen weit geöffnet. Sie glauben, spüren zu können, dass die Erde bebt.

Heiko lässt das Fernglas sinken und öffnet die Heckklappen des Kombis. Der Anblick dieser drei Frauen kann ihn nicht mehr schocken. Er hat jetzt mehrere Tage lang ihr Ritual beobachtet. Sie tauchen in aller Frühe aus dem unübersichtlichen Straßengewirr der Kreuzung von Goethestraße, Brühlstraße und Leibnizufer auf, trampeln wie eine Horde nordamerikanischer Büffel die Uferanlage entlang, passieren die Schlossbrücke und die großen, formlosen, komisch bunt angemalten Kunstwerke und halten dann unter den Bäumen kurz vor dem Parkplatz an. Jeden Morgen. Die Stelle liegt mitten in der Innenstadt von Hannover, aber trotzdem ist sie ideal. Hier sind sie alle drei beisammen.

Der entscheidende Moment ist gekommen. Die drei Walküren stellen sich im Dreieck auf und beginnen, ihre Gelenke zu lockern. Sie machen absurde Versuche, mit den Fingern ihre Zehenspitzen oder ersatzweise die Knie oder wenigstens die Kuppeln ihrer gewaltigen Bäuche zu erreichen. Sie hüpfen auf und ab und klappen dabei die Beine scherenartig auf und zu. Die bratpfannengroßen Hände klatschen sie über den Köpfen zusammen.

»Oh Mannomann«, murmelt Panofsky.

»So was hab ich noch nie gesehen«, haucht Eumel heiser und rückt sich die eckige Brille zurecht.

»Kommt, Jungs, wir haben nur ein paar Minuten«, sagt Heiko mit ruhiger Stimme. »Alle auf Position, bevor sie weiterlaufen.«

Er holt das Gewehr aus dem Wagen. Panofsky nimmt die Gurte und Karabinerhaken aus dem Fußraum, und Eumel schwingt sich hinters Steuer und umfasst das Lenkrad mit seiner einzigen Hand. Gut, dass es eine Automatik-Karre ist. Der Transporter einer Estrich-firma aus Bückeburg, den Heiko auf einer Raststätte bei Bad Nenndorf leergeräumt hat. Am Vorabend geklaut. Bisschen verdreckt, aber geräumig.

Es kann losgehen!

Es muss jetzt sogar losgehen, denn eine zweite Chance gibt es nicht.

Heiko kriegt eine SMS: »Klappt alles?«

Strasser wartet. Und Strasser wartet nicht gerne. Dann wird er schnell pampig.

Heiko tippt: »Geht los!«

Mit Strasser ist er immer gut zurechtgekommen, schon seit Jahren. Er klaut alles, was Strasser von ihm verlangt. Eine Dampfwalze in Bremen, ein Turnierpferd in Warendorf, eine Kirchenglocke in irgendeinem bay-erischen Kaff … Einmal sogar die Hollywoodschaukel aus dem Garten von Florian Silbereisen.

Strasser hat für alles Abnehmer.

In Hannover hat er vor ein paar Jahren auch schon mal was für Strasser geklaut: Den Bahlsen-Keks. Das war so eine Benefiz-Kiste für den Tierschutz und Kin-derheime gewesen. Da hatte Strasser anscheinend wegen seiner Krebserkrankung einen schwachen Moment gehabt. Sonst ist er knallhart.

So wie bei diesem Job. Vor anderthalb Wochen hat ihn Strasser angerufen und mit einem neuen Auftrag versorgt.

Drei dicke, knallbunte Weiber, die am Leineufer Sport machen. Er hat auch Namen genannt: Sophie, Caroline und Charlotte. Den Nachnamen hat er nicht verstanden. Irgendwas mit Na…

Über seine Auftraggeber spricht Strasser nie. Dieses Mal hat er sich aber ein bisschen verplappert. Nach Dubai sollen sie gehen. Strasser hat was von einem Scheich gefaselt, der die drei unbedingt haben will. Ob das Schwestern sind?

»Wer bestellt denn drei fette Weiber?«, fragt Eumel vom Fahrersitz, während Heiko einen Pfeil einlegt.

»Scheich«, knurrt Heiko und zielt jetzt auf die drei Frauen.

Sein Finger krümmt sich langsam am Abzug.

Das Gewehr samt Pfeilen hat er von seinem Schwager Ingolf, dem Zoowärter. In den Pfeilen ist die Hellabrunner Mischung drin, Xylazin und Ketamin. 0,5 Milliliter pro 10 Kilo Körpermasse. Heiko hat ein bisschen Sorge, dass es nicht reichen könnte. Das Gewicht der drei Wuchtbrummen ist schwer zu schätzen.

»Scheich, soso«, sagt Panowsky und kaut auf der Unterlippe. »Die stehen da unten ja auf solche Geräte, weiß man ja. Was so ein Scheich wohl zahlt?«

»Egal«, raunt Heiko. Mit Strasser sind neuntausend abgesprochen. Drei für jede Frau. Die Jungs kriegen jeder einsfünf. »Klappe jetzt!«

Er schießt.

Der Pfeil landet in der linken Hüfte der Brünetten.

»Sauber«, sagt Eumel.

»Konnte er ja wohl kaum verfehlen«, meint Panofsky trocken.

Es geht ziemlich schnell. Während die fette Frau auf die Knie geht, lädt Heiko nach. Zack, jetzt in die rechte Brust der Blonden.

Die Schwarzhaarige kapiert jetzt, dass hier was gewaltig schiefläuft, und fängt an zu quieken. Zack, der dritte Pfeil.

Sie purzeln übereinander wie riesige Gummitiere.

Eumel haut den Rückwärtsgang ein, Panofsky und Heiko halten sich fest, als der Wagen mit Karacho zu der Stelle rast, an der die drei liegen. Die knallbunte, formlose Masse könnte auch eine große, schlappe Hüpfburg sein.

Der Wagen steht so, dass er halbwegs das verdeckt, was jetzt geschieht. Heiko und Panofsky springen raus.

Panofsky stöhnt auf. »Mein eingewachsener Zehennagel!«

Eumel guckt sich intensiv um. Auf der Goethebrücke sind welche, aber die nehmen keine Notiz von ihnen. Auf der Brühlstraße rollen jetzt ein paar Autos vorbei. Sie müssen sich beeilen.

Welche zuerst? Die sehen alle gleich schwer aus. Zu dritt packen sie bei der Schwarzhaarigen zu. Das ist nicht zu schaffen.

Eumel flucht. »Ich mit meinem einen Arm!«

»Scheiße, mein eingewachsener ...«, setzt Panofsky an.

»Fresse!«, schnauzt Heiko. Er ist sauer, dass er das

mit diesen zwei Krücken durchziehen muss. Manni ist im Urlaub, Haubitze im Knast, Ulf und Madagaskar liegen im Krankenhaus, Kojak ist vor zwei Wochen gestorben, Maoam ist untergetaucht, weil die Ukrainer hinter ihm her sind.

Sie quälen sich und schwitzen und keuchen, sie probieren zu ziehen, zu drücken und zu rollen.

»Warum hast du nicht 'nen Kranwagen geklaut?«, greint Eumel.

»Will der Scheich die unbedingt am Stück haben?«, presst Panofsky hervor.

Schließlich entwickeln sie ein System. Zuerst ein Bein auf die Ladefläche legen, dann das zweite daneben. Dann packen Heiko und Panofsky von oben die Handgelenke und ziehen, Eumel kriecht drunter und drückt mit dem Rücken nach. »Jetzt bloß nicht loslassen«, wimmert er von irgendwo unter der Fleischmasse.

Heiko hat Sorgen, dass sie was beschädigen. Blaue Flecken, Schürfwunden ... das gibt unter Umständen Abzug.

Die Schwarzhaarige ist endlich drin.

So machen sie es jetzt auch bei den anderen!

Als Nächste ist die Blonde dran. Ihr Unterarm hat ungefähr den Umfang von Heikos Bauch.

Jetzt sind sie schon geübter. Es klappt fast auf Anhieb.

Die Brünette schaffen sie mit der allerletzten Kraftreserve.

Dann nur noch festzurren und an den Halteösen im Wagen fixieren.

Als schließlich die Heckklappen zudonnern, lehnen sie sich einen Moment lang keuchend gegen das Blech.

Eumel weint. Panofsky sagt: »Ich spüre meinen eingewachsenen Zehennagel nicht mehr.«

Niemand in der um sie herum erwachenden Stadt scheint bemerkt zu haben, was sich hier gerade abgespielt hat.

Eumel startet den Wagen. Sie haben geknobelt. Panofsky muss hinten drin bei den Frauen bleiben.

Angstvoll presst er sein Gesicht gegen das Sichtfensterchen zum Führerhaus.

Heiko schickt eine SMS an Strasser: »Haben sie!«

Strasser antwortet sofort: »Alle drei?«

Heiko nickt und tippt: »Klar, was denkst du denn?«

Es folgt eine Adresse, die Heiko in die Navi-App eingibt. Gute zehn Minuten Fahrzeit. Bei den leeren Straßen vielleicht schneller.

»Da war ich schon mal«, sagt Eumel. »Das ist am Lindener Hafen.«

Strasser hält sich stets in sicherer Entfernung. Wichtig ist auch immer die Autobahnnähe.

»Dass ich mal beim Frauenhandel mitmische«, sinniert Eumel und zeigt fast ein Lächeln, als er aufs Gaspedal tritt.

Sie schaffen es in neun Minuten. Einmal begegnen sie einem Polizeiwagen, und ihr Puls erhöht sich für einen kurzen Moment.

An der Adresse, die Strasser geschickt hat, steht eine heruntergekommene Autowerkstatt. Als Eumel vorfährt, geht das Rolltor hoch.

Strasser steht da mit zwei Jungs und raucht. Er ist ein kleiner Kahlköpfiger mit Proletenschnauzbart und Ohrring. Als sie an ihm vorbei in die leere Halle fahren, guckt er um die Ecke, in die Richtung, aus der sie gekommen sind.

»Wo sind die anderen?«, fragt er, als der Wagen hält und Heiko aus der Seitentür springt.

»Die anderen?«

Strasser beäugt skeptisch den Transporter. »Die anderen Wagen? Was hast du? Möbelwagen? Container?«

Heiko legt die Stirn in Falten. »Versteh ich nicht. Die sind da drin.« Er packt den Türgriff der Heckklappe.

»Da drin?«

»Klar.« Heiko grinst unsicher.

»Eh, Scheiße, du hast die doch nicht zersägt, oder was?«

»Spinnst du?« Heiko öffnet langsam die Klappe. »Alle drei sind hier drin.«

Die Türflügel schwingen auf. Ein Schwall schweißgeschwängerter Luft schlägt ihnen entgegen. Panofsky kommt zitternd rausgeklettert. »Eine ist nicht richtig betäubt«, keucht er. »Ich hatte echt Angst, dass die jetzt alle wach werden.« Im Hintergrund ist ein leises Stöhnen zu hören.

Strasser starrt auf die am Boden liegenden dicken Frauen. Sämtliche Gesichtszüge entgleisen ihm in diesem Moment. Seine Lippen bewegen sich, aber er bringt kein Wort heraus.

»Fangfrisch, unbeschädigt, ohne irgendwelche Macken oder Knicke«, sagt Heiko stolz.

»Du Idiot«, flüstert Strasser mühsam beherrscht. »Du verdammter Idiot.«

»Hä? Was?«

»Was bringst du mir da?«

»Die drei fetten Tanten vom Leineufer, die da immer rumturnen.«

Da bricht es aus dem Kahlköpfigen hervor: »Du verdammtes Riesenarschloch! Sag mal, haben sie dir ins Gehirn geschissen?« Strassers ganzer Kopf wird feuerrot. »Die Nanas! Wo sind die Nanas, du Arschpfeife? Wo, verdammt noch mal, sind sie?«

»Na, da!« Heiko weiß nicht so richtig, was jetzt falschläuft. Er sieht, dass die Jungs von Strasser in die Jackentaschen greifen.

»Die Nanas, du verfluchter Idiot!«

»Keine Ahnung, wie die heißen. Du nuschelst ja immer so am Telefon.« Heiko wird jetzt langsam sauer. »Charlotte, Conny ... irgendwie so was.«

Panofsky zupft ihn am Pullunder und raunt: »Die Blonde hat mir gesagt, sie heißen Silke, Brigitte und Melanie.«

Eumel denkt angestrengt nach. Er macht dann immer ein Gesicht, als habe er in eine Zitrone gebissen. »Nanas? Nanas?« Zu Heiko gewandt, sagt er langsam: »Sind das nicht diese fetten bunten Skulpturen von der französischen Künstlerin ... Phallus Irgendwas?«

Und jetzt dämmert auch Heiko, was hier gerade falschläuft.

Plötzlich wird Motorengeräusch laut, und hinter ihnen kommt eine breite, schwarze Limousine in die Halle gerollt. Hinter dem Steuer und auf dem Beifahrersitz sitzen dunkelhäutige Betongesichter mit pechschwarzen Haaren, Bärten und Sonnenbrillen. Wie im Film.

Die hinteren Scheiben sind getönt. Auf dem Nummernschild steht nur die Ziffer 5 und der Schriftzug »Dubai«.

»Ich dreh durch«, haucht Strasser. »Jetzt sitzen wir aber so richtig in der Scheiße. Und zwar bis zum Scheitel.«

Im weißen Kombi regen sich jetzt die ersten Körperteile. Heiko hat gleich geahnt, dass die Dosis zu gering war.

Strasser wieselt zu der Nobelkarosse, bei der jetzt eins der hinteren Fenster heruntergefahren wird. Er redet mit Händen und Füßen auf jemanden im Inneren des Wagens ein, lacht nervös, kichert albern.

Dann kommt ein Arm im weißen Stoff nach draußen geschossen. Die dunkelhäutige Hand packt Strasser beim Kragen.

Strassers Leuten gefällt das gar nicht. Sie haben augenblicklich die Pistolen gezückt. Aber da sind sie nicht die Einzigen. Auch die Araber fackeln nicht lange. Ihre Pistolen sind größer. Und sie schießen schneller. Irgendwer fängt an. Kugeln sausen durch die Luft. Strasser schreit auf und versucht, sich loszureißen. Er taumelt nach hinten, die Autotür springt auf, ein Mann im weißen Kaftan stürzt heraus. Ein schwarzer Aktenkoffer rutscht ihm dabei vom Schoß. Das Geballer geht weiter. Strassers Männer fallen einer nach dem anderen um, die Sonnenbrillentypen sacken auf ihren Sitzen hinter der zerberstenden Frontscheibe der Limousine zusammen. Ein weiterer Mann vom Rücksitz kippt tot aus dem Wagen.

Strasser zuckt noch zwei-, dreimal und bleibt dann

auf dem ölfleckigen Boden liegen und macht keinen Mucks mehr.

Dann ist es still.

Heiko, Eumel und Panofsky trauen sich jetzt endlich wieder zu atmen. Sie haben sich wohlweislich aus dieser Sache rausgehalten.

»Junge, Junge!«, sagt Eumel mit zitternder Stimme.

Panofsky zischt zwischen den Zähnen hindurch: »Ich glaube, die haben mir in den Zeh geschossen.«

»Sonst alles okay?«, fragt Heiko.

Die Jungs nicken stumm.

Im Kombi regen sich die Frauen. Ein Bein zuckt, Hände tasten, ein Kopf wird hin und her gedreht. Offenbar haben sie nichts abgekriegt.

Ganz im Gegensatz zu den anderen. Da bewegt sich gar nichts mehr.

Langsam geht Heiko zu Strasser hin und tippt ihn mit dem Fuß an. Der ist weg vom Fenster.

Er riskiert einen Blick in die Limousine. Sieht auch alles extrem übel aus. Die schönen Sitze.

»Der Koffer«, sagt Panofsky heiser.

Ja, der Koffer.

»Was diese knubbeligen Kunstdinger wohl wert sein werden?«, murmelt Heiko.

»Hab mal was von dreieinhalb Millionen gehört«, sagt Eumel und kratzt sich am Armstumpf. Er kommt langsam näher.

Heiko hebt den Aktenkoffer vom Boden auf. Ein Zahlenschloss.

»Krieg ich auf«, sagt Panofsky.

Heiko guckt seine beiden Kumpels an und nickt.

»Okay, wird Zeit, dass wir verschwinden.« Mit dem Koffer in der Hand kehrt er zum Kombi zurück. »Eumel, du fährst wieder, Panofsky, du setzt dich daneben.«

»Wohin?«

»Irgendwo, wo es nett ist. Wenn die Mädels aufwachen, soll es freundlich aussehen.«

»Seelhorster Wald soll schön sein.«

»Okay, dann Seelhorster Wald. Ich klettere hinten rein und teile die Kohle.«

»Ob da echt Millionen drin sind?«, fragt Eumel.

»Ganz egal, was drin ist. Ihr kriegt jeder einsfünf, ich kriege das, was Strasser mir versprochen hat, klar?«

»Und der Rest?« Panofsky starrt ihn ungläubig an.

Während Heiko durch die Heckklappe in den Wagen klettert, murmelt er bedächtig vor sich hin:

»Da können die sich mal schön neue Sportklamotten kaufen. Vielleicht mal was Geschmackvolles, in gedeckten Farben. Damit es da keine Verwechslungen mit diesen komischen bunten Klumpen mehr gibt. Oder die leisten sich einen Promi-Fitnesstrainer. Oder die Mega-Luxus-Schlankheitskur. Fettabsaugung ginge auch, Magenverkleinerung, all so was …«

Er guckt die drei Frauen an, die inzwischen die Augen geöffnet haben, und lächelt ihnen unsicher zu. »Hallo, Silke, hallo, Brigitte, hallo, Melanie.« Dann schließt er die Klappe hinter sich, und der Wagen fährt los.

HANNOVERBRECHEN ODER: DIE TÖDLICHE KUNST

KARR & WEHNER

Geschreddert!

Der Gaszählerableser Gert Schroeder wurde mit seinem Wagen auf einem Autofriedhof in Hannover-Nord von einer Schrottpresse zerquetscht. Die Kriminalpolizei ermittelt.

Hannoversche Allgemeine Zeitung, 16.3.2020

Gepfählt!

Mit einem Holzstamm zur Sicherung einer Baumpflanzung auf dem Lindener Bergfriedhof wurde der Baumarktgehilfe Christian Wulf getötet. Mitarbeiter entdeckten den von dem Stamm aufgespießten Toten am Morgen auf dem Außengelände des Baumarktes zwischen zwei Pflanzkübeln. Die Kripo hat eine Mordkommission eingerichtet.

Neue Presse, 25.3.2020

Gefrostet!

In der Kühlanlage eines Supermarktes an der Davenstedter Straße starb die Fleischereifachverkäuferin

Uschi van Leyen eines schrecklichen Todes. Nach ersten Ermittlungen der Polizei wird ein Unfall ausgeschlossen, da sowohl die Warnanlage ausgeschaltet war als auch die Tür des Kühlhauses von außen verriegelt wurde. Die Ermittlungen werden fortgesetzt.

NDR 1, 3.4.2020, 11-Uhr-Nachrichten

Getötet!

Der Toiletten-Servicemann Klaus Meine von der A7-Raststätte Hannover-Wülferode West ist an zwei Urinal–Reinigungssteinen erstickt. Die Polizei ermittelt, da aufgrund der Tatortspuren von einem Verbrechen auszugehen ist. Dies ist bereits der vierte Todesfall in den letzten vier Wochen, bei dem das Opfer eine auffällige Namensgleichheit mit einem prominenten Hannoveraner aufweist. Zur Ermittlung wurde im LKA eine Sonderkommission mit der internen Bezeichnung »Promi-Morde« gegründet.

Lesen Sie auch: »Das sagt TATORT-Kommissarin Maria Furtwängler zu den Promi-Morden an der Leine«.

Bild am Sonntag, 12.4.2020

Geschnappt?

Polizeieinsatz in Linden. SEK sprengt Ateliertür – Künstler verhaftet.

Von BILD-Reporter Hans Esser

Ist er der irre Promikiller? Angus I. (42), Maler, wurde in seinem Atelier verhaftet. Erst krachte die Ramme gegen die Tür, dann flogen zwei Blendgranaten und zuletzt stürmten sechs schwer bewaffnete SEK-Polizisten das Atelier in Hannover-Linden. Handschellen für

Zielperson Angus I. Lieferte die Ausstellung »Hannover FACES« des langmähnigen Popart-Künstlers (Sternzeichen Löwe, Polo-Fahrer) die Vorlage für den irren Promikiller von Linden? Ist er der Täter? Nachbarin Ilona Z.: »Er war immer nett! Nur seine dauernden Selbstgespräche waren komisch.«

Weiter auf Seite 3: »Tür an Tür mit dem irren Promikiller!«

Ab morgen unsere neue BILD-Serie: »Haarmann und Co – die brutalsten Killer aus Hannover«.

BILD Hannover 18.4.2020

Vernissage
Ein Raum. Lichtdurchflutet. Ein Spiegel.
Ein Raum. Stimmen. Bilder.

Polizei Hannover, KK11. Sonderkommission. Supervision: KHK Uli Pleitgen
Verhör Angus Iffland, geb. 5. August 1978 in Hannover, bildender Künstler, zum Vorwurf des Mordes zum Nachteil der Geschädigten Schroeder, van Leyen, Wulf und Meine. Beginn 11.34 Uhr. Verhör geführt von KHK Henrik Nannen.

»Sie haben sich entschieden, keinen Anwalt hinzuzuziehen?«

»Richtig.«

»Herr Iffland, Sie haben als Künstler die Ausstellung ›FACES‹ im Pavillon des Linden Friedhofes gestaltet, die vor zwei Monaten eröffnet wurde. Das Konzept dieser Ausstellung ist …«

»Wenn ich das übernehmen darf, Herr Kommissar – ›Hannover FACES‹! Das Konzept umfasst insgesamt ein Dutzend künstlerisch gestalteter Porträts bekannter Hannoveraner Persönlichkeiten aus Vergangenheit und Gegenwart. Die Porträts sind jeweils in unterschiedlichen Techniken und Stilen ausgeführt, so dass ein vielschichtiges und vielgestaltiges Supra-Porträt dieser Stadt und ihrer Bürger entsteht. So, jetzt haben Sie sicher einige Fragen dazu.«

»Wir haben hier die Liste der Porträtierten – wie und von wem wurde die Auswahl zusammengestellt?«

»Von mir. Von wem denn sonst? Die Verwaltung, das Kulturamt und die Sponsoren haben mein Konzept, das ich ihnen Anfang letzten Jahres aufgrund der Ausschreibung eingereicht hatte, umgehend genehmigt. Ich hatte dazu den Pavillon auf dem Lindener Bergfriedhof als geeigneten Ausstellungsort vorgeschlagen – und das fand ebenfalls Zustimmung. Und auch, dass die Ausstellung dann im Zusammenhang mit diesem Literaturfestival …«

»Der ›Criminale‹ …«

»Genau, dass die ›Hannover FACES‹ zum Rahmenprogramm dieses Krimifestivals stehen sollte, fand ich … reizvoll. Um es mal so zu nennen.«

»Reizvoll? Inwiefern? Haben Sie etwas mit Krimis zu tun?«

»Nein …«

»Aber Sie hatten schon mal mit der Kriminalpolizei zu tun, nicht wahr?«

»Jetzt kommen Sie mir doch nicht mit diesem Kleinkram.«

»Gefährliche Körperverletzung ist mehr als eine Kleinigkeit, Herr Iffland. Man hat vor knapp zehn Jahren einmal im Zusammenhang mit einem tätlichen Angriff auf eine Frau gegen Sie ermittelt, die auf dem Heimweg über den Friedhof in Linden überfallen wurde und …«

»Und? Haben Ihre Kollegen mir das nachweisen können?«

»Wenn ja, dann säßen Sie heute in Haft oder in der Psychiatrie.«

»Das ist interessant – dass Sie jetzt mit Ihren Fragen nach diesem Promikiller kommen, nur weil zufälligerweise die Opfer so ähnlich heißen wie vier Promis aus meiner Ausstellung.«

»Schroeder, van Leyen, Wulf und Meine … Sie halten das für Zufall?«

»Sie nicht?«

Ein Raum. Halbdunkel. Ein Gesicht im Spiegel.

Schwarz. Die Wände. Weiß.

Die Stimmen. Die Atemzüge.

»Sie heißen Iffland? Angus W. Iffland?«

»Ja. Und?«

»Sie kennen August Wilhelm Iffland, Schauspieler und Dramatiker, geboren 1759 in Hannover?«

»Ja, sicher. Ich habe ihn sogar gelesen. ›Verbrechen aus Ehrsucht‹, 1784.«

»Sie haben ein Selbstporträt als Schlussbild in Ihre Ausstellung gehängt. Warum?«

»Weil ich Künstler bin! KÜNSTLER! Weil ich das für richtig hielt. Vor allem, weil ich es kann!«

»Was wollten Sie dann bei dem Gaszählerableser Gert Schroeder? Am 14. März dieses Jahres?«

»Dazu mache ich keine Angaben.«

»Schroeders Nachbar hat Sie gesehen, als Sie zu ihm in den Wagen stiegen, in dem er später …«

»Mich? Sind Sie sicher? Ist er sicher? Der Nachbar?«

»Sie erinnern sich an die Gegenüberstellungsparade, in der Sie heute Morgen gestanden haben?«

»Diese Aufreihung von langhaarigen Typen, die mir ähnlich sehen sollten?«

»Man hat Sie identifiziert. Die Nummer 3. Verschiedene Zeugen, verschiedene Lichtverhältnisse, aber immer die Nummer 3. Nicht nur die Nachbarn von Gert Schroeder, auch ein Straßenarbeiter, der Sie mit Christian Wulf in der Nähe des Baumarkts sah, dort, wo der Mann dann aufgespießt wurde. Und eine Putzfrau auf dem Weg zur Arbeit hat Sie und Rudi Augstein erkannt, in Hannover-Linden, als Sie vor einigen Tagen dort beim Pavillon zusammenstanden.«

»Augstein? Von dem war bisher nicht die Rede!«

»Nein, weil wir nicht alle Fälle veröffentlicht haben, in denen wir ermitteln. Rudi Augstein, Automatenaufsteller aus Ricklingen, gehört dazu. Genau wie Oliver Kalkofe, Erotik-Tänzer im ›Gentleman's Club‹ in der Hallerstraße, und Theo Lingen, stellvertretender Platzwart beim SV Linden 07.«

»Ich … soll dazu etwas sagen oder was?«

»Die Namen sollten Ihnen bekannt vorkommen.«

»Alles Porträtierte aus meiner Ausstellung. Berühmte Hannoveraner. Der einen oder anderen Art. Ist das der einzige Hinweis, wegen dem Sie diese ... diese Morde mit mir in Verbindung bringen?«

»Sie sprechen von Morden – ich habe nichts dergleichen über diese drei Fälle gesagt.«

»Ich sage jetzt nichts mehr.«

»Können Sie mir irgendwelche Angaben zu diesen Personen machen? Augstein, Kalkofe, Lingen?«

»Ich sage dazu nichts mehr. Gar nichts!«

»Verständlich, angesichts Ihrer Lage. Wollen Sie immer noch keinen Anwalt hinzuziehen?«

»Anwalt, Anwalt, ich höre immer Anwalt. Anwalt. Anwalt ...«

»Herr Iffland! Setzen Sie sich!«

»Sehe ich aus, als ob ich einen Anwalt brauche?«

»Sie sollen sich setzen!«

Ein Raum. Ein Spiegel. Blind.
Ein Tisch. Stimmen. Schatten.
Schatten und Stimmen.

»Geht es wieder?«

»Es ging nie besser.«

»Also ... Augstein, Kalkofe, Lingen. Wissen Sie, wo sie sich aufhalten?«

»Sie vermissen sie also?«

»Die drei sind in der vergangenen Woche verschwunden, am Montag, Dienstag und Mittwoch. Augstein auf dem Weg zur Arbeit, Lingen in seiner Mittagspause, Kalkofe ... nun ja, da wissen wir noch nichts Genaueres. Und es gibt eine Reihe von Zeugen, die Sie jeweils kurz vor ihrem Verschwinden mit Ihnen gesehen haben.«

»Womöglich wollte ich sie warnen.«

»Sie geben also zu, dass Sie mit den dreien gesprochen haben?«

»Wenn Sie schon so viele Zeugen haben … was soll ich da noch abstreiten?«

»Was meinen Sie damit, dass Sie die drei womöglich haben warnen wollen?«

»Eine Idee, auf die eigentlich Sie hätten kommen müssen, Herr Kriminalhauptkommissar. Dass womöglich alle Hannoveraner mit einem prominenten Namen in Gefahr sind.«

»Zumindest, wenn sie auch zu den Porträtierten Ihrer Ausstellung gehören.«

»Aber das ist Ihnen nicht eingefallen, nicht wahr?«

»Aber Ihnen, wenn ich Sie richtig verstanden habe.«

»Nun ja. Möglicherweise. Die drei standen auf der Liste meiner Porträts. Augstein, Kalkofe, Lingen. Leicht zu finden mit einem Telefonbuch und einem Internetanschluss. Und was soll ich Ihnen sagen, keiner hat etwas davon gehört, dass ein Porträt seines Namensvetters in meiner Ausstellung zu sehen ist. Ich habe mich gefragt, wer betreibt eigentlich das Marketing für diese Stadt? Landeshauptstadt!«

»Aber Sie haben es ihnen natürlich gesagt.«

»Selbstverständlich. Ich habe ihnen die Ausstellung auch gezeigt, wenn sie es wollten. Lingen wollte, Kalkofe wollte. Sie fanden den Küchengartenpavillon auf dem Friedhof exzellent, die Atmosphäre im Ausstellungsraum, die ich geschaffen habe, einfach brillant. Ich habe ihnen von der Blaustern-Blüte im Frühjahr berichtet. Scilla bifolia, bevor Sie das nachschlagen müssen.

Und wie mich dieses Naturschauspiel bei meiner Arbeit inspiriert hat. Bloß Augstein wollte davon nichts wissen, hat versucht, mich wegzuschicken, aber …«

»Aber?«

»Aber was?«

»Sie haben die drei also gewarnt – wovor?«

»Dass ihnen was passieren könnte.«

»Dass man sie umbringen könnte?«

»Das lag ja nahe. Nach allem, was mit den vieren zuvor passiert war, Wulf, van Leyen, Schroeder und Meine.«

»Und wie haben die drei reagiert?«

»Sie … waren mir dankbar. Bis auf Augstein, wie gesagt … das war ein spezieller Fall.«

»Inwiefern?«

»Sie sollten das wissen.«

»Meinen Sie vielleicht die geköpfte Leiche, die man gestern wenige Stunden vor Ihrer Verhaftung auf dem Lindenfriedhof gefunden hat, gefesselt an den großen Grabengel eines Familiengrabes? Ein Mann, Anfang 40, keine besonderen Kennzeichen, abgesehen von einer Lilientätowierung am linken Oberarm.«

»Na, sehen Sie.«

»Können Sie bestätigen, dass es sich bei dem Toten um den vermissten Rudi Augstein handelt?«

»Es liegt doch nahe, nicht wahr? Er war, wie gesagt, ein etwas schwieriger Fall, wollte nicht begreifen, dass er in Gefahr sein könnte. Wegen seines Namens. Hat gemeint, er sei es leid, dauernd wegen dieser Namens-geschichte angesprochen zu werden.«

Der Raum. Der Spiegel. Gesichter. Zwei.

Die Atemzüge. Im Kopf die Stimmen.

Das Echo der Wände.

»Und die anderen beiden? Kalkofe, Lingen? Waren die – verständnisvoller?«

»Das kann man so sagen. Sie haben … sich unter meinen Schutz gestellt.«

»Das heißt?«

»Ich habe sie in Sicherheit gebracht.«

»Wohin?«

»An einen sicheren Ort.«

»Sicher wovor? Vor Ihnen – dem Promikiller? Wie soll das funktionieren?«

»Es hat funktioniert, da können Sie sicher sein! Sehr sicher!«

»Sie wollen also sagen, dass Sie Oliver Kalkofe und Theo Lingen irgendwo versteckt haben? Gefangen halten? Oder wie soll ich das verstehen? Von beiden fehlt jedes Lebenszeichen, seit man sie mit Ihnen zusammen gesehen hat.«

»Und Sie sollten sich langsam Gedanken darüber machen, wie es ihnen gehen wird, wenn sie nun nichts zu trinken mehr bekommen. Und nichts mehr zu essen.«

»Verstehe ich das richtig? Sie versuchen hier, eine Drohkulisse aufzubauen? Indem Sie behaupten, beide Personen an einem unbekannten Ort gefangen zu halten?«

»Es liegt in Ihrer Hand … ich meine, ob Sie sich bedroht oder erpresst fühlen. Fakt ist, dass sich die zwei aktuell an einem, sagen wir mal, locus poenitentiae befinden, den sie nicht aus eigener Kraft und Initiative verlassen können.«

»Lokus …?«

»Ort der Buße. Mit einem bisschen abendländischer Bildung …«

»Und Sie stellen … jetzt eine Forderung? Oder worauf läuft das hinaus?«

»Ich versuche dem Herrn Ermittler nur zu vermitteln, welche Folgen die Entscheidungen haben, die Sie jetzt treffen. Sie können mir nicht glauben, Sie können das alles für eine reine Behauptung meinerseits halten, einen Bluff, und nichts unternehmen. Mich einfach weiter verhören, in die Zelle zurückbringen lassen.«

»Sie halten sich wohl für besonders clever, was? Versuchen, mich hier zu manipulieren, indem Sie …«

»Sie reagieren unnötig aggressiv. Ich versuche, Sie bei Ihrer Tätigkeit zu unterstützen. Begreifen Sie das nicht?«

»Unter Unterstützung stelle ich mir etwas anderes vor. Zum Beispiel, dass Sie uns mitteilen, was Sie über die beiden verschwundenen Personen wissen.«

Die Wände. Rücken näher.

Das Licht. Flackert. Die Schatten.

Sitzen zu Tisch. Zu zweit. Zu dritt.

»Wie ich schon sagte – sie sind in Sicherheit. Und es hängt von Ihnen ab, ob das so bleibt, denn beide haben nur einen sehr begrenzten Vorrat an Wasser und Nahrung, so dass sie über kurz oder lang in einen kritischen Zustand geraten werden. Es liegt ganz an Ihnen, ob es gelingt, sie zu befreien.«

»Es liegt an mir?«

»Ja.«

»Sie stellen also hier Forderungen?«

»Ich mache Ihnen ein Angebot.«

»Na, dann lassen Sie mal hören.«

»Ich gebe Ihnen Auskunft darüber, wo die beiden sich aufhalten, wenn Sie mich …«

»Ja?«

»Töten.«

»Das ist nicht …«

»Nein, lehnen Sie nicht voreilig ab. Ich kann Ihnen versichern, dass Sie ohne meine Information die beiden niemals finden werden. Oder höchstens irgendwann einmal, in Monaten, Jahren, durch einen Zufall, bei Bauarbeiten oder einem Abriss. Also – Sie erhalten die Koordinaten des Ortes, an dem die beiden sich aufhalten, sobald Sie mich getötet haben. Sie fragen sich jetzt, wie das gehen soll – schauen Sie, ich habe die GPS-Koordinaten des Ortes notiert und in einer Kapsel verstaut, die ich inkorporiert habe, geschluckt, wenn das für Sie verständlicher ist. In dem Moment, in dem ich verhaftet wurde. Die Kapsel befindet sich also in mir, und Sie haben keine Möglichkeit, an sie heranzukommen.«

»Seien Sie sich da nicht so sicher. Es gibt Drogenschmuggler, die haben da ganz andere Erfahrungen gemacht.«

»Sie wollen mich doch nicht etwa auf eine Stufe mit irgendeinem beliebigen Bodypacker stellen? Dem Sie eine Portion Rizinus einflößen und auf eine Spezialtoilette setzen. Ich bitte Sie!«

»Soll ich Ihnen mal was sagen? – Sie sind krank. So was von krank.«

»Schauen Sie im Einsatzbericht des SEK nach. Da sollte stehen, dass sich die Zielperson, … also ich, unmittelbar, bevor sie überwältigt wurde, noch etwas in den Mund gesteckt hat. Außerdem hat man bei mir noch einige leere Retard-Kapseln gefunden, Medizinbedarf aus dem Großhandel. Die sollten inzwischen untersucht worden sein, und es wird sich herausgestellt haben, dass es Kapseln sind, wie sie für die Depot-Medikamente verwendet werden. Blutdrucksenker und Psychopharmaka und Ähnliches, die sich nicht gleich im Magen auflösen, sondern erst nach einem gewissen Zeitraum, meist vierundzwanzig oder achtundvierzig Stunden, und dabei ihren Wirkstoff abgeben. Wenn sich die Kapsel in meinem Magen auflöst, wird sie nur die Notiz mit den GPS-Koordinaten der beiden Gesuchten freigeben … und sie wird sich im Magensaft auflösen … spurlos, sozusagen.«

»Ich glaube Ihnen kein Wort.«

»Aber im Einsatzbericht des SEK steht dieser Vermerk, oder?«

»Sie können weiß der Teufel was verschluckt haben.«

»Sie wollen es also wirklich darauf ankommen lassen?«

»Sie meinen, Sie können hier bestimmen …«

»Ich bestimme gar nichts, ich mache lediglich ein Angebot. Wenn Sie möchten, kann ein Rechtsmediziner bei einer sofort vorgenommenen Obduktion meinen Mageninhalt sicher mitsamt der Kapsel … Sie verstehen, was ich meine. Dazu müssten Sie sich allerdings

jetzt zügig entscheiden. Die Kapsel wird sich bald auflösen und damit auch die Spur … und die Hoffnung für
die beiden Gesuchten.«

»Was wollen Sie damit erreichen? Wenn Sie Suizid
begehen wollen, gibt es einfachere Möglichkeiten. Sogar
in der U-Haft. Was soll das, dass Sie uns hier zu manipulieren versuchen … Sie wissen doch, dass ich nicht
allein hier bin. Hinter der Scheibe sitzt meine Kollegin und überwacht das Gespräch und die Video-Auf-
zeichnung …«

Der Spiegel. Öffnet sich. Die Stimme im Raum.
    Licht. Grell-weiß. Die Wände.
    Die Schatten. Wandern um den Tisch.

»Ja, gewiss. Ich grüße Sie, dort hinter der Scheibe. Ver-
zeihen Sie, dass ich vorhin nicht daran gedacht habe.
Sie können ebenfalls Teil dieses einzigartigen Vorgan-
ges werden, Teil eines perfekten Kunstwerkes. Denn
wenn Ihr Kollege und Sie mich jetzt töten, wird mein
Selbstporträt in der Ausstellung auf dem Lindener Bergfriedhof zum perfekten Kunstwerk, … zusammen mit
den Porträts der anderen in der Ausstellung. Sie sollten sich mal die Porträts von Schroeder, van Leyen und
Wulf genau anschauen … Sie finden an meinen Bildern
unten rechts meine Signatur … mit Blut … und zwar
dem Blut des Namendoppelgängers, dessen Leiche Sie
gefunden haben. Sobald Sie mich getötet haben, dürfen
Sie mich nicht nur obduzieren, Sie dürfen auch mit meinem Blut mein Selbstporträt in der Ausstellung signie-
ren, mit Ihrem Namen. Perfekt, nicht wahr …«

»Hören Sie endlich auf mit diesem Blödsinn.«

»Moment, ich unterhalte mich noch mit Ihrer Kollegin dort drüben hinter der Scheibe. Sie können sich gleich gern mit ihr besprechen, die Sache abklären. Ob Sie sich dazu entscheiden, auf mein Angebot einzugehen. Nun kann es natürlich auch sein, dass Sie nicht darauf eingehen, ... dass Sie mit der ganzen Sache nichts zu tun haben wollen. In diesem Fall empfehle ich Ihnen, jetzt einfach eine Pause zu machen. Eine Viertelstunde, eine halbe Stunde. Gehen Sie runter in die Kantine, essen Sie etwas, trinken Sie einen Kaffee. Und wenn Sie zurückkommen, werden wir weitersehen ... was sich so ergeben hat ...«

Der Raum. Der Tisch. Der Spiegel.

Im Kopf die Stimme. Verstummt.

Das Atmen der Wände. Der Stuhl. Leer.

Tod in der Forensik

Unter bisher ungeklärten Umständen starb der vor drei Tagen festgenommene sogenannte Popart-Künstler Angus Iffland in der Nacht von Dienstag auf Mittwoch in der forensischen Klinik Hannover-Wunstorf. Angus Iffland behauptete, mindestens fünf Morde verübt zu haben. Iffland war bei einem spektakulären Polizeieinsatz festgenommen worden, nachdem Nachbarn über Schreie und heftigen Lärm in dessen Atelier berichtet hatten. Der Polizeipressesprecher von Hannover erklärte, Angus Iffland habe nach der Festnahme immer wieder gesagt, der Tod sei der größte Künstler. Das größte Kunstwerk sei der Tod. Er habe es vollbracht.

Wegen besonderer Selbstgefährdung war Angus Iffland in die Klinik Wunstorf verbracht und laufend überwacht worden. Dennoch gelang es ihm, sich zu töten. Die Umstände werden derzeit im Rahmen einer Obduktion ermittelt.

»Der Mann hat die ganze Zeit Selbstgespräche geführt!«, berichtet ein Mitarbeiter aus Wunstorf unserer Redaktion im vertraulichen Gespräch. »Manchmal klang es, als seien zwei Personen im Raum. Manchmal drei oder noch mehr. Es war auch für uns äußerst ungewöhnlich. Vor allem die Intensität und die Dauer. Er hat Beruhigungsmittel erhalten. Als es stiller wurde, waren wir zunächst erleichtert. Ein Beamter von der Kriminalpolizei hat noch mit ihm zu sprechen versucht. Aber das war wohl vergeblich. Später hat ein Pfleger nach ihm geschaut. Er schien zu schlafen.«

Zugleich wurde bekannt, dass sich die Identität des Beschuldigten, der unter dem Namen Angus Iffland als Künstler auftrat, nicht feststellen lässt. Ein im Rahmen der Ermittlungen vorgenommener Abgleich seiner Fingerabdrücke mit den Abdrücken, die vor mehr als zehn Jahren bei einem anderen Ermittlungsverfahren gegen einen Angus Iffland genommen wurden, ergab keine Übereinstimmung. Alle weiteren Nachforschungen liefen ins Leere. Seine Identität könnte – so die Vermutung der Behörden – ungeklärt bleiben.

NDR, Hallo Niedersachsen, 19.32 Uhr

KURZBIOGRAFIEN
CRIMINALE-ANTHOLOGIE

Joachim Anlauf, geboren 1967 in Bielefeld, ist Diplom-Volkswirt und Medienmanager (VWA). Nach der Jugendzeit in Minden führten ihn Studium und berufliche Aufgaben von Osnabrück über München, Herford, Dresden und Hannover schließlich nach Leipzig, wo er seit 2008 lebt. In der Buchstadt beschäftigt sich der ehemalige Pressesprecher (u. a. CDU-Landtagsfraktion Niedersachsen, Polizei Sachsen) beruflich mit der Stadt- und Regionalentwicklung. Für seinen Debütroman »Völkers Schlacht« wurde er 2012 mit dem Publikumspreis des Leipziger Krimipreises ausgezeichnet. Rund um das Thema Krimi organisiert Joachim Anlauf Lesungen zur Leipziger Buchmesse und Reisen durch Großbritannien. 2018/19 gehörte er dem Vorstand des SYNDIKATs an.

www.joachim-anlauf.de

✳

Peter Gerdes, geb. 1955, lebt in Leer (Ostfriesland). Studierte Germanistik und Anglistik, arbeitete als Journalist und Lehrer. Schreibt seit 1995 Krimis und betätigt sich als Herausgeber. Seit 1999 Leiter des Festivals »Ostfriesische Krimitage«. Die Krimis »Der Etappenmörder«, »Fürchte die Dunkelheit« und »Der siebte Schlüssel« wurden jeweils für den Literaturpreis »Das neue Buch«

nominiert. Gerdes betreibt mit seiner Frau Heike das
»Tatort Taraxacum« (Krimi-Buchhandlung, Veranstal-
tungen, Café und Weinstube) in Leer. Seit 2018 ist er der
CRIMINALE-Festivalbeauftragte des »SYNDIKATs«.
Neuere Veröffentlichungen: »Friesisches Inferno« und
»Ostfriesen morden anders«. Im Juni 2020 erscheinen
im Gmeiner-Verlag die Kriminalromane »Langeooger
Dampfer« und »Langeooger Lügen«.
    www.petergerdes.com, www.tatort-taraxacum.de

*

Jean Bagnol ist das gemeinsame Pseudonym des Schrift-
steller-Ehepaares Nina George und Jens »Jo« Kramer.
Die Spiegel-Bestsellerautorin George und der Journalist, Ex-Pilot und Schriftsteller leben in Berlin und der
Bretagne, schreiben unter insgesamt sieben Namen
und Pseudonymen und veröffentlichten bisher insgesamt 29 Solowerke. Als Jean Bagnol erfanden sie die
»Commissaire Mazan«-Reihe, die im provenzalischen
Vaucluse spielt und französische Lebensart, menschli-
che Abgründe und felinische Philosophie mit Spannung,
Humor und ungewöhnlichen Kriminalfällen mischt.
    www.jeanbagnol.com

*

Richard Birkefeld, 1951 in Hannover geboren, His-
toriker und Politologe. Er veröffentlichte zahlreiche
Texte zur hannoverschen Stadtgeschichte und feuille-
tonistische Beiträge in verschiedenen Kulturmagazinen.

Gleich sein erster Roman »Wer übrig bleibt, hat recht« wurde mit dem Deutschen Krimipreis und dem Friedrich-GLAUSER-Preis fürs beste Debüt ausgezeichnet sowie in Dänemark und Frankreich für nationale Literaturpreise nominiert. Es folgten die Romane »Deutsche Meisterschaft« und »Entwurzelte und Verblendete« sowie zahlreiche Kurzgeschichten. Birkefeld lebt heute als freier Autor in Hannover.

✳

Christine Bonvin ist im Aargau (Schweiz) aufgewachsen und über Schottland und das Zürcher Oberland im Wallis gestrandet. Die Lust am Schreiben erwachte in reiferen Jahren. Vorher setzte sie ihre Energien ein, um ihren Sohn großzuziehen und ein Ingenieurbüro aufzubauen. Die Geschichten schlummerten in einer Schublade, bis es Zeit war, sie herauszuholen. Daraus sind zwei Genusskrimis entstanden und diverse Kurzgeschichten. Wenn sie nicht in die Tasten haut, empfängt sie Gäste in ihrem B&B oder arbeitet im Naturgarten. Sie kocht gerne und trinkt mit Genuss ein Glas Wein.
bonvinc.bonne-eau.ch

✳

Max Bronski (Franz-Maria Sonner) wuchs in München auf. Er studierte Soziologie (Dipl. Soz.) und Neuere Deutsche Literatur (Dr. phil.) an der Ludwig-Maximilians-Universität München. Sonner ist Produzent und Herausgeber von elektronischen Medien und Hörbüchern, er schreibt Hörspiele und Romane. Seit 2006 ist er unter dem Pseudonym Max Bronski Autor von Kriminalromanen. Seine Reihe um den Münchner Antiquitätenhändler Gossec (zuletzt erschien 2018 »Schneekönig«) ist inzwischen Kult. Große Beachtung fand auch sein Roman »Der Tod bin ich« (2013). Für »Oskar« erhielt er 2019 den GLAUSER-Preis für den besten Kriminalroman des Jahres. Der Autor lebt in München. www.maxbronski.de

*

Karr & Wehner, geboren 1955 und 1949 in Saalfeld und Werdohl, leben im Ruhrgebiet und schrieben bisher zahlreiche Storys, Hörspiele und die »Gonzo«-Thriller »Geierfrühling«, »Rattensommer«, »Hühnerherbst« und »Bullenwinter«. 1996 erhielten sie den Friedrich-GLAUSER-Preis für den besten Krimi des Jahres und 2018 den Friedrich-GLAUSER-Preis für den besten Kurzkrimi des Jahres. Zuletzt erschien von ihnen der Jugendkrimi »Schneekönige« (2011), der Storyband »Gonzo!« (2014) und die »Essener Geschichten« (2016). www.karr-wehner.de und www.hpkarr.de

*

Jürgen Kehrer, geboren 1956, lebt in Berlin. Mit zwanzig Kriminalromanen und fast ebenso vielen Drehbüchern ist er der geistige Vater des Buch- und Fernsehdetektivs Georg Wilsberg aus Münster. Neben Kriminalromanen veröffentlichte Jürgen Kehrer auch historische

Romane und Sachbücher. Seine Gesamtauflage beträgt über 800.000 Exemplare. Zuletzt erschien von ihm »Wilsberg – Sag niemals nein«.
www.juergen-kehrer.de

*

Michael Kibler wurde 1963 in Heilbronn geboren. 1992 begann er, im Bastei-Verlag für mehrere Heft-Reihen Romane zu schreiben. Den ersten Krimi »Madonnenkinder« veröffentlichte er 2005. Dem Ermittlerteam um Steffen Horndeich, das in der südhessischen Kleinmetropole Darmstadt ermittelt, ist er in inzwischen dreizehn Büchern treu geblieben. Der jüngste Wurf ist »Zornesglut«. Aber Kibler schreibt auch Sachbücher und hat schon einige Krimi-Kurzgeschichten veröffentlicht. Neben dem Verfassen von Büchern arbeitet er als Texter und PR-Profi. Er lebt und arbeitet in Darmstadt.

*

Bernd Köstering wurde 1954 in Weimar/Thüringen geboren und lebt heute in Offenbach am Main. Er ist verheiratet, hat zwei Töchter und drei Enkelkinder. Seine Romane und Kurzgeschichten zeigen ein feines Gespür für die Beweggründe der handelnden Menschen. Er entwickelte zusammen mit dem Gmeiner-Verlag das Genre des Literaturkrimis, in dem ein bekanntes Werk der Weltliteratur den jeweiligen Fall auslöst oder auflöst. Seine Goethekrimis um den Privatermittler Hendrik Wilmut haben unter Fans inzwischen Kultcharakter. Köstering veröffentlichte bisher sieben Romane und zahlreiche Kurzgeschichten.

www.literaturkrimi.de

*

Ralf Kramp, geboren 1963 in Euskirchen, lebt in einem alten Bauernhaus in der Eifel. Für sein Debüt »Tief unterm Laub« erhielt er 1996 den Förderpreis des Eifel-Literaturfestivals. Seither erschienen vom ihm mehrere Kriminalromane und zahlreiche Kurzgeschichten. In Hillesheim in der Eifel unterhält er zusammen mit seiner Frau Monika das »Kriminalhaus« mit dem Deutschen Krimi-Archiv (30.000 Bände), dem Krimi-Café Sherlock, einem Krimi-Antiquariat und der Buchhandlung Lesezeichen. Mit seinen schwarzhumorigen Kurzkrimis hat er sich nicht nur ein treues Lesepublikum erobert, sondern tourt auch mit unterhaltsamen Leseabenden durch den deutschsprachigen Raum.

www.ralfkramp.de, www.kriminalhaus.de

*

Cornelia Kuhnert lebt und schreibt in Isernhagen. Sie war nach dem Geschichts- und Germanistikstudium Lehrerin an verschiedenen Schulen. Seit einigen Jahren arbeitet sie freiberuflich als Autorin von Kriminalromanen und Kurzkrimis aus dem niedersächsischen Kleinstadtmilieu.

Seit 2014 hat sie ihre mörderischen Ermittlungen nach Neuharlingersiel verlegt. Zusammen mit Christiane Franke startete sie eine heitere Krimi-Reihe (zuletzt »Zum Teufel mit den fiesen Friesen«, 2019). Sie ist Herausgeberin von Anthologien in verschiedenen Verlagen und hat das Krimifest Hannover aus der Taufe gehoben und mehrere Jahre organisiert. In dem Buch »111 Orte in Hannover, die Sie gesehen haben sollten« und »111 Orte rund um Hannover, die man gesehen haben sollte« zeigt sie Superlative und geheime Schätze ihrer Heimatstadt. Außerdem hat sie »111 Orte für Kinder in und um Hannover« in Szene gesetzt.

www.corneliakuhnert.de; www.kuestenkrimi.de

*

Sandra Lüpkes, geboren 1971, ist Autorin zahlreicher Romane, Sachbücher, Drehbücher und Erzählungen. Aktuell erschienen: »Die Schule am Meer«, ein Gesellschaftsroman, der zur Zeit der Weimarer Republik auf Lüpkes' Heimatinsel Juist spielt. Sandra Lüpkes ist mit dem Krimi- und Drehbuchautor Jürgen Kehrer verheiratet, lebt in Berlin und ist Sängerin der Krimiautorenband, deren Name streng geheim ist.

www.sandraluepkes.de

*

Beate Maxian ist österreichische Autorin mit bayerischen Wurzeln. Ihre Kindheit brachte sie in die Vereinten Arabischen Emirate, nach Jordanien und Afrika. Heute lebt sie in Oberösterreich und Wien. Sie war Produktions- und Regieassistentin für Spielfilmproduktionen und Redakteurin und Moderatorin fürs Fernsehen. Sie schreibt Familien- und Kriminalromane und Kurzgeschichten. Ihre Wien-Krimis mit der Journalistin Sarah Pauli sind Bestseller in Österreich. Sie erhielt das Stipendium des Literaturhauses Wiesbaden, wurde mehrfach für Preise nominiert und begründete das »Krimi Literatur Festival.at«

www.maxian.at

*

Susanne Mischke, geboren in Kempten im Allgäu, hat über zwei Dutzend Kriminalromane veröffentlicht, darunter Psychothriller, Jugendkrimis, All-Age-Thriller und zahlreiche Kurzgeschichten. Ihre Werke »Mordskind« und »Die Eisheilige« wurden vom ZDF verfilmt. Mit dem Roman »Der Tote vom Maschsee« begann ihre erfolgreiche Hannover-Krimiserie um Hauptkommissar Bodo Völxen, sein Ermittler-Team und seine Schafe, die mittlerweile Kult ist. Der 9. Band der Reihe erscheint im Frühjahr 2020. Die Autorin lebte lange Zeit in der Nähe von Hannover und seit kurzem wieder im Allgäu.

www.susannemischke.de

*

Olaf Müller, 1959 in Düren geboren. Abitur, Bundeswehr, Buchhändlerausbildung. Studium an RWTH Aachen: Germanistik, Komparatistik, Linguistik. Seit 1996 bei Stadt Aachen. Zuständig für euregionale Kooperation mit Hasselt, Heerlen, Lüttich, Maastricht. Seit 2007 Leiter Kulturbetrieb: Museen, Archiv,

Musikschule, Bibliothek, Route Charlemagne. Vorträge u. a.: »Auf der Suche nach Heimat und Identität«. Hrsg. zahlreicher Bücher zum Karlspreis. Krimis im Gmeiner-Verlag: »Rurschatten« 2018; »Allerseelenschlacht« 2019; »Die Macht am Rhein« 2019 zusammen mit Maren Friedlaender. Syndikatsmitglied.

*

Die gebürtige Hamburgerin Kirsten Püttjer und der Niederrheiner Volker Bleeck sind verheiratet, schon länger, und schreiben auf St. Pauli kurze und auch längere Geschichten, Krimis und Sachbücher, mal gemeinsam, mal getrennt. Neben zwei Fällen am Niederrhein und dem norddeutschen Landkrimi »Bauer, Trecker, Tod« erschienen auch diverse Kurzgeschichten in unterschiedlichsten Anthologien von Allgäu bis Nordsee. Beide gehören außerdem zur siebenköpfigen Krimiautorenband, die bundesweit on the road und deren Name streng geheim ist.

*

Dr. Barbara Schlüter ist seit 35 Jahren selbstständige Kommunikationstrainerin, Coach und Managementberaterin. Als wissenschaftliche Assistentin (damals Barbara Kroemer) am Historischen Seminar der Universität Hannover bot sie als Erste Veranstaltungen zum Thema »Frauen in der Geschichte« an. Mit ihrem Sachbuch »Rhetorik für Frauen« (1987) hat sie Pionierarbeit geleistet. Sie lebt wieder in ihrer Heimatstadt Hanno-

ver und auf La Palma. Bücher: Die historische Roman-
Reihe um 1890 mit Detektivin Elsa: »Vergiftete Liebe«,
»Verheimlichte Liebe« und »Gerächter Zorn«. Historische Mord(s)geschichten »Ausgerechnet zum Feier-
tag« um 1900 spielen in Hannover und der weiten Welt.
www.dr.b-schlueter.de

*

Carsten Schütte wurde 1960 in Hannover geboren, hat
zwei erwachsene Töchter und lebt mit seiner Frau in
der Region Hannover. Er hat in 40 Dienstjahren viel-
seitige Erfahrungen in verschiedenen Polizeibehörden
sammeln können. So war er unter anderem als Personenschützer beim BKA tätig und hat im Kriminaldau-
erdienst Hannover seine dienstliche Leidenschaft, den
Bereich der Tötungs- und Sexualdelikte, entdeckt. Nach
dem Fachkommissariat für Kapitaldelikte wechselte
er 2002 in die noch relativ unbekannte Fachabteilung
»Operative Fallanalyse« des LKA Niedersachsen, welche er seit 2016 leitet.

*

Erich Weidinger ist ausgebildeter Erzieher. Nach einigen Berufsjahren Wechsel in den Buchhandel, parallel als Autor tätig. Publikationen: Bücher zur österrei-
chischen Sagenwelt und diverse Kinderbücher, Hrsg.
von Jugendkrimianthologien wie zuletzt »Schlauer als
die Angst«, etliche Kurzkrimis in diversen Anthologien, von denen er mehrere mit Jeff Maxian heraus-

gegeben hat, wie »Mords-Salzkammergut« und drei »Mords-Bescherung«-Anthologien. 2014 wurde die mit Beate Maxian verfasste Krimikomödie »Nachbarleider« uraufgeführt. Sein Krimi-Romandebut »Seelenfriede« ist 2015 erschienen. Aktuell: »Grüße Gustav: Gustav Klimt – Persönliche Momente« (Gmeiner 2018) und Goethes »Zauberlehrling«, für Kinder neu erzählt. Seit 2018 ist er für die Jury-Organisation des GLAUSER-Preises für den Kinder- und Jugendkrimi zuständig. www.erich-weidinger.at

*

Heike Wolpert, Jahrgang 1966, lebt und arbeitet seit beinahe 30 Jahren in Hannover. Abwechslung von ihrem Alltag als Businessanalystin bei der Norddeutschen Landesbank findet sie im Schreiben von Krimis und Kurzgeschichten. Ihre Reihe rund um den tierischen Schnüffler Kater Socke erfreut sich sowohl bei Katzen- als auch Krimifreunden großer Beliebtheit und die Liebe zu ihrer Wahlheimat inspiriert sie zu immer neuen Geschichten, die in der Stadt an der Leine spielen.

*

Günther Zäuner, geb. 1957 in Wien. Abitur, Studium (Geschichte, Zeitgeschichte, Klass. Philologie), musikal. Ausbildung; TV-Journalist; TV-Dokus u. a. in Kolumbien; freier Schriftsteller; zahlreiche Krimis und Kurzkrimis, Sach- und Drehbücher, Theaterstücke. Experte für Organisierte Kriminalität, Drogen, Sektenunwesen,

Rechtsextremismus, Terrorismus, Geheimdienste, Politik. »Zäuners Krimisalon« auf YouTube. Mitgliedschaften: PEN Club Österreich, SYNDIKAT, AIEP, ÖSV, FÜRWORT (Verein für mitteldeutsche Literatur).

www.guenther-zaeuner.at

DANK AN DIE KOMPLIZEN

Was wäre das SYNDIKAT ohne seine Komplizen? Wie viel kriminelle Energie würde ungenutzt verpuffen! Tut sie aber nicht. Und dafür ziehen wir dankend den Hut.

Zunächst einmal vor dem gesamten Team des Büros für Popkultur, insbesondere Volker Petri für seine tollen Ideen und seinen enormen Einsatz bei der Organisation unseres Festivals. Außerdem danken wir natürlich der Polizei Hannover, vor allem CRIMINALE-Schirmherr und Polizeipräsident Volker Kluwe und dem Team um Kerstin Wolff, für die tatkräftige Hilfe.

Wir danken ebenfalls allen Unterstützern der CRI-MINALE, namentlich dem Kulturbüro der Stadt Hannover, der Kulturstiftung der NORD/LB, der VGH Stiftung und der STIFTUNG Sparda-Bank Hannover. Außerdem bedanken wir uns bei all den Institutionen, Organisationen und kreativen Menschen, in deren Einrichtungen wir während der CRIMINALE zu Gast und aktiv sein durften.

Wir danken den Kolleginnen und Kollegen vom Gmeiner-Verlag, die dieses Buch so professionell und liebevoll produziert und es dadurch erst möglich gemacht haben.

Und wir danken allen Leserinnen und Lesern – wie auch allen Gästen unserer CRIMINALE-Veranstaltungen. Teilnahme bereichert! Und zwar beide Seiten.

Das SYNDIKAT